De stamhouder

Voor Ellen en Wera

Alexander Münninghoff

De stamhouder

Een familiekroniek

2022 Prometheus Amsterdam

Eerste druk 2014
Zevenentwintigste druk 2022

Omslagontwerp Tessa van der Waals
Foto omslag Familie Münninghoff
Foto auteur Willy Slingerland
Zetwerk en opmaak Willem Morelis
www.uitgeverijprometheus.nl
ISBN 978 90 446 5233 8

Ik ben geboren op 13 april 1944 in Posen, een oude Poolse stad die eeuwenlang Poznań werd genoemd. Maar toen ik er geboren werd, te midden van bombardementen die het einde der tijden leken aan te kondigen, was Posen een Duitse stad, een logistiek knooppunt vanwaaruit Hitler-Duitsland zijn Heerestruppen *een paar jaar eerder in drie aanvalsgolven naar de Sovjet-Unie had gestuurd. Voor dat avontuur kreeg Posen nu de ellendige afrekening terug: de afgrijselijk verminkten, de schreeuwende gewonden in hun onmenselijke lazaretten, de stapels doden die op karren werden geladen om in greppels te worden gedumpt. En de onafzienbare stoeten vluchtelingen, die maar één ding wilden: weg van hier.*

Mijn familie had deel aan dat drama. Over hen gaat dit boek. En over de gevolgen van de oorlog. Over een sluwe grootvader, die op spectaculaire wijze een van de rijkste mensen van Letland was geworden, maar twee dagen voordat de oorlog uitbrak met zijn Russische vrouw en vier kinderen, met achterlating van al zijn bezittingen, moest vluchten naar Nederland. Over een naïeve vader die aan het oostfront, in het uniform van de Waffen-ss, uit idealisme tegen de Sovjets vocht en vervolgens in Nederland ten onder ging. Over een moeder, die na de scheiding naar Duitsland vluchtte en mijn moeder niet mocht zijn. En over mij, de kleinzoon, de zoon, de stamhouder.

Den Haag, januari 2014
Alexander Münninghoff

DEEL 1

DE HERENKAMER

–EEN–

Mijn eerste aanraking met de geheimen die mijn leven zouden gaan beheersen, was de vondst die ik op een verloren namiddag op de zolder van ons huis in Voorburg deed. Achter een paar hermetisch gesloten kisten ontdekte ik in de klerenkast, verscholen achter een dikke haag van zwaar naar mottenballen ruikende uitgehangen winterjassen, nog een kist die – achteraf wonderlijk genoeg – geopend bleek te kunnen worden. Er lag, naast wat hemden, broeken en prullaria, een helm in. Zwart en dreigend glanzend, met aan de ene kant een zwart-wit-rood embleem en aan de andere kant twee helwitte kleine bliksemschichten. Instinctief begreep ik dat het ding een geheim vertegenwoordigde. Ik zette hem op en liep ermee naar beneden, naar de herenkamer, waar op dat moment de hele familie aan de borrel zat, in afwachting van het dagelijkse canastaritueel waar de Oude Heer het startsein voor moest geven.

Het was 1948 en ik was vier jaar. De helm zakte diep over mijn ogen, maar door mijn hoofd achterover te buigen kon ik, als door een kijkspleet in een bunker, waarnemen wat er voor me gebeurde.

De eerste die me zag toen ik op de drempel van de zoals altijd zeer rokerige herenkamer verscheen was natuurlijk Wera, mijn moeder. Ze zei niets, maar ik zag aan haar blik dat het erg was wat ik deed. Ze leek even aanstalten te maken om overeind te komen om mij bij zich te nemen, maar nog geen tel later was er al iets van berusting in haar houding gekomen en kroop ze weg in een hoekje van de sofa. De rest van het gezelschap, rond de borreltafel geschaard, reageerde heftiger.

Vrijwel gelijktijdig sloegen Omi en tante Trees een hand voor hun mond en Xeno, mijn oom, wees met uitgestoken wijsvinger naar me. Guus en tante Titty keken elkaar aan en richtten vervolgens hun ogen, groot als wagenwielen, op mij. De enige die lachte was dokter Van Tilburg, de huisarts annex huisvriend.

De Oude Heer verbrak als eerste de stilte. 'Frans! Ik had je toch gezegd dat je die rommel weg moest doen?' beet hij met zijn schorre fluisterstem, waar iedereen als de dood voor was, mijn vader toe. Die zat met zijn rug naar de deuropening gekeerd en zag me dus als laatste, pas nadat hij half was opgestaan en zich had omgedraaid. 'Bully, zet dat ding onmiddellijk af. Waar heb je nou weer rondgehangen? Geef hier!' commandeerde hij met harde stem. 'Wera, verdomme, kun je niet beter op hem passen? Sorry, vader, ik was er nog niet aan toegekomen. Alles gaat nu meteen de deur uit.' En de daad bij het woord voegend, griste hij de helm van mijn hoofd en beende met grote passen de kamer uit en de trap op. Even later hoorden we op de eerste verdieping de deur naar de zolder dichtslaan.

'Kom eens hier, jongen,' zei Opa. Het gezelschap leek, na het vertrek van mijn vader, opeens van een last bevrijd. Iedereen, behalve mijn moeder, die zwijgend voor zich uit keek, was druk bezig met net doen alsof er niets gebeurd was. Dokter Van Tilburg had vanzelfsprekend weer een grap achter de hand, waar Omi, tante Trees en tante Titty heel hard en lang om moesten lachen. Luidruchtig werden de kaarten geschud voor canasta, het bridge der katholieken. Frau Kochmann, onze uit het *Baltikum* meegevoerde belegen keukenprinses, werd er via de huistelefoon van verwittigd dat er om halfzeven opgediend kon worden en dat dokter Van Tilburg zou mee-eten. Genoeg tijd voor nog een borrel en een paar oefenrondjes om erin te komen voor de canastasessie na het eten, als er om geld gespeeld zou worden.

Ik ging op Opa's knie zitten, zoals ik gewend was. Vaak zat ik daar, terwijl hij de grote *Andrees Handatlas* voor me opensloeg en

Europa met me doornam. Nooit het Amerikaanse continent, waar hij overigens ook goede zakelijke contacten mee onderhield, en ook nooit Afrika of Azië, maar altijd Europa. De in 1926 te Leipzig vervaardigde atlas toonde uiteraard slechts de grenzen van voor de Tweede Wereldoorlog. Opa's grenzen, waarbinnen hij zijn fabuleuze rijkdom had opgebouwd vanuit het nietige Letland, waar hij door het blinde lot gedreven zijn vrouw en zijn fortuin had weten te vinden.

Ik hield van de Oude Heer, en in elk geval was ik zo ongeveer de enige in huis die niet bang voor hem was. De genegenheid was wederzijds: Opa's strenge gelaatstrekken verzachtten als hij mij in het vizier kreeg en zijn donkere ogen, die doorgaans vorsend en lichtelijk argwanend rondkeken, wierpen dan hun floers van waakzaamheid af en kregen een jolige twinkeling, waarbij ik me erg thuis voelde. Meestal stond hij dan op vanachter het monumentale eikenhouten bureau waaraan hij in de herenkamer zat te werken, pakte me op, zwierde me een paar keer rond en zette me op zijn knie. Daar haalde ik ogenblikkelijk zijn gouden horloge, dat aan een gouden kettinkje vastzat, uit zijn vestzak, klapte het open en wond het op, waarna ik hem vroeg hoe laat het was. Dat deelde hij me dan altijd tot op de seconde nauwkeurig mee, waarna we naar de grote eikenhouten boekenkast liepen, de glazen schuifdeuren openden en aan het ritueel met de atlas begonnen.

Ik kreeg op zulke momenten altijd het idee dat ik een voor Opa belangrijke functie vervulde, dat ik afleiding bracht in zijn door talloze zakenzorgen gekwelde bestaan. Zo was het ook, geloof ik. In elk geval was ik voor Opa voorwerp van grote, niet-aflatende aandacht. Bij enkele gelegenheden had hij me uitgelegd hoe belangrijk ik als stamhouder voor de familie en voor hem persoonlijk was. Veel had ik er niet van begrepen, al snapte ik wel dat het helemaal niet onvoordelig was om enig kind te zijn als je een rijke opa had.

'Niet meer op de zolder rondsnuffelen, stoute jongen,' zei Opa. En, zijn stem verheffend zodat iedereen weer even stil werd om te kunnen luisteren: 'We gaan de hele zaak daarboven grondig opruimen, ik heb er nou genoeg van. Wie weet waar Bully de volgende keer mee aan komt dragen als we andere gasten hebben, die ons minder goed kennen.'

Mijn vader was inmiddels van de zolder teruggekeerd en leunde tegen de deurpost. 'Er ligt verder niets bijzonders,' zei hij toonloos. 'In elk geval niets waar jullie je ooit ongerust over hoeven te maken.'

Gezeten op Opa's knie als het kindeke Jezus voelde ik mijn grootvader bij die laatste woorden van zijn oudste zoon verstarren. Maar nog voor dat hij kon reageren kraaide Omi, die dol was op canasta, met haar door doofheid vervormde stentorstem: '*Kommt, Kinder, spielen wir jetzt mal endlich!*' Zwijgend schoof mijn vader aan de kaarttafel aan, waar behalve Omi, Trees, Guus, Titty en Xeno al hadden plaatsgenomen. Opa zette me neer op de grond, excuseerde zich en vertrok naar boven. Wera bleef op de sofa zitten en keek uit het raam. Ik voelde dat ik het middelpunt was geweest van iets belangrijks en ging op zoek naar Freddy, mijn hond. Die zou ik alles tot in de kleinste details gaan vertellen, zoals we hadden afgesproken.

–TWEE–

Het huis waarin ik opgroeide was een forse villa in Voorburg. Die staat er nu nog steeds, maar heeft zijn grote, geheimzinnige achtertuin grotendeels aan oprukkende flatgebouwen moeten prijsgeven. In die tuin van 1948 zwierf ik dagelijks urenlang rond. Voordat ik dat deed had ik vanaf het achterbalkon mijn landgoed in ogenschouw genomen, meestal met een veelkleurige Russische shawl van mijn grootmoeder als teken van grafelijke waardigheid om mijn schouders geslagen. Er heerste een bedrieglijke rust, maar ik voelde dat er naar me geloerd werd. Ik wist na enige tijd op grond van heimelijke verkenningstochten precies waar mijn vijanden zaten, bedacht plekken waar ik me kon verstoppen om hen te bespieden en bepaalde zorgvuldig met welke middelen ik de beslissende veldslag, die onafwendbaar naderbij kwam, zou gaan winnen. Ik had daarbij een bondgenoot nodig. Freddy lag voor de hand, maar hij was helaas dikwijls onvindbaar. Hoe vaak mijn grootvader niet een advertentie in de krant had gezet als Freddy weer eens de hort op was! 'Waarom heb je hem laten weglopen?' vroegen mijn huisgenoten dan ontsteld. 'Omdat hij me dat heeft gevraagd,' antwoordde ik steeds, en dat was ook zo. Freddy was dus onbetrouwbaar en vriendjes had ik nog niet.

De familie was uiteindelijk in januari 1940 in Voorburg terechtgekomen, na een overhaaste vlucht uit Riga, de stad waar Opa een kwarteeuw eerder, aan het begin van de Eerste Wereldoorlog, vanuit zijn geboorteplaats Laren naartoe was getrokken. Zijn beweegredenen voor deze expeditie zijn altijd enigszins onduidelijk gebleven. Volgens Xeno, die hem van al zijn kinderen ongetwijfeld het best gekend heeft, was het een diep pacifistisch gevoel geweest dat Opa oostwaarts had gedreven: 'Hij was bang dat Nederland bij de oorlog betrokken zou raken en dat hij zou moeten meevechten. Daar was hij principieel tegen.' Ik was toen ik dit hoorde nog te klein om de logische vraag te stellen waarom hij dan uitgerekend naar Letland was gegaan, een omstreden gebied aan de rand van het overkokende revolutionaire Rusland. Later ben ik daar nooit meer op teruggekomen; misschien wel omdat ik onbewust het raadsel rond mijn grootvader wilde vergroten, maar ook omdat ik inmiddels een even bizarre als romantische verklaring van een en ander had opgevangen.

Opa was in eerste instantie naar Denemarken gegaan, met de bedoeling daar een exportbedrijf in groenten en fruit op te zetten. Hoewel de aard van deze bezigheid mij, vanwege de vermeende burgerlijkheid ervan, met diepe schaamte vervulde, kon ik er nog wel begrip voor opbrengen. In oorlogstijd zijn producten uit de groene sector nu eenmaal schaars en zijn appels en peulen dus gewilde handelswaar. Dat Opa, toen de zaken eenmaal begonnen te lopen, zijn aanbod verruimde tot spullen waar vechtende legers blij mee zijn, vond ik meteen al een stuk interessanter. Hij had van zijn agrarische winsten een trawler gekocht en was daarmee de havens aan de Oostzee gaan bevaren, met duistere, maar daarom niet minder intrigerende lading. Die spullen had hij betrokken van al even obscure tussenhandelaren in Antwerpen.

Op een van die tochten had hij, in 1917, de oude Hanzestad Riga aangedaan. Bij vertrek uit Kopenhagen had een Deense kennis van hem, de jonge arts Arnold Berg, een brief aan hem meegegeven voor een Russische gravin, luisterend naar de curieuze naam Erica Fanny von Schumacher. Berg had deze jonge vrouw het jaar daarvoor ontmoet in Astrachan aan de Kaspische Zee, waar ze als verpleegster de Russische gewonden die van het front kwamen verzorgde. Berg, die leidinggaf aan een internationale hulpbrigade van het Rode Kruis, was tot over zijn oren verliefd geraakt op deze struise suffragette, die in alles leek te beantwoorden aan de traditionele noordse gevoelens over de vrouw: ze was zelfstandig, doortastend, zeer geestig en origineel. Niet buitengewoon mooi, maar wel heel aards en warm.

Dat ze in Astrachan verkeerde, diep in het Russische achterland, had ook een aantrekkelijke reden: als adellijke Russische jongedame leek ze, zeer tegen haar zin, voorbestemd om de opleiding tot hofdame aan het Smolny Instituut in Sint-Petersburg te volgen – haar vader was hofraad bij Nicolaas II –, maar toen de koets voorreed om haar af te halen, explodeerde haar afkeer van de loze *pompe* van de Romanovs en verborg ze zich in een kast. Dit signaal werd gelukkig goed opgepakt door haar ouders, die verder niet aandrongen en erin slaagden (de tsaar had wel andere dingen aan zijn hoofd op dat moment) haar als vervangende dienst in het Astrachanse *Hinterlandlazaret* te laten plaatsen. Daar was ze dokter Berg tegengekomen.

'Geen bijzondere kerel,' zoals ze me een halve eeuw later toevertrouwde. 'Wel een goede dokter, maar meer een *prostak*, begrijp je, Boelitsy. Een sukkel.' Natuurlijk had ze gezien hoe deze Deense sukkel reddeloos in haar netten verstrikt raakte.

Toen echter de Nederlandse koopman Joannes Münninghoff de brief van Berg – waarin ongetwijfeld, naast allerlei zoetgevooisdheden, een nadere precisering van de huwelijksvoorbereidingen stond vermeld – aan het hem opgegeven adres in Riga bij de gravin Von Schumacher afleverde, veranderden drie levens radicaal. Mijn grootvader zag de vrouw van zijn leven en verklaarde niet meer zonder haar te kunnen, het gravinnetje kon niet op tegen zijn overtuigingskracht, en Berg werd stilzwijgend afgeserveerd. Het huwelijk tussen Joannes Münninghoff en Erica von Schumacher werd uiteindelijk op 19 oktober 1919 in de Dom van Riga gesloten.

Mijn grootvader was toen al redelijk welgesteld. Nog niet zo puissant rijk als hij vijftien jaar later door een bizarre speling van het lot zou worden, maar hij behoorde al wel tot de bovenste laag van de buitenlandse kolonie in Letland, waarin Duitse, Scandinavische en Nederlandse handelaren de boventoon voerden. Hoe hij dat in zo korte tijd voor elkaar had gekregen is nooit geheel duidelijk geworden.

Als twaalfjarige, toen mijn antennes voor familieroddels eindelijk goed waren afgestemd, hoorde ik de soms bittere discussies die over de toenmalige activiteiten van de Oude Heer, die inmiddels al een paar jaar dood was, op verjaardagen gevoerd werden. 'Natuurlijk is hij de wapenhandel in gegaan,' zei oom Jimmy, de tweelingbroer van oom Xeno en met afstand de slimste van de kinderen. 'Wat dacht je dan? Dat hij soms tomaten en komkommers in die schepen van hem vervoerde? Die oorlog, dat was een buitenkans voor hem. En die kans heeft hij zeker gegrepen. Zo iemand was hij wel.' Dat moesten de anderen toegeven, zelfs Xeno, die als enige met Opa op goede voet had gestaan en hem vereerde.

'Kansen, ja. Maar het hoeven toch niet per se wapens geweest te zijn?' bracht Xeno in het midden. 'Dekens of veldflessen, dat kan toch ook?'

Daar moest iedereen om lachen, vooral Trees, Xeno's roodharige Wassenaarse vrouw, die uitmuntte in sarcasme. 'Ja, of misschien wel baretten of condooms,' gierde ze, waardoor Xeno weer nijdig werd en met trillende onderlip uitriep: 'Het is een schande, zoals jullie hier mijn vader te kijk zetten!'

Zijn vader. Het verbaast me nu dat niemand in de lacherige mêlee over deze woorden schamperde, zoals het me ook verbaast dat niemand de Oude Heer in wezen echt kende.

Het hardnekkige verhaal in de familie was immers dat het Sylvesterfeest op 31 december 1924 in huize Münninghoff te Riga zeer uit de hand was gelopen en was ontaard in een losbandig bacchanaal, waarbij de echtelieden en de ongeveer dertig gasten in bonte afwisseling de ruime hoeveelheid slaapkamers in dat huis hadden opgezocht. Dat was geheel conform de tijdgeest, die in die jaren omsloeg van melancholiek de naweeën van de Grote Oorlog ondergaan naar een soort ongecontroleerde wildebrasserij met veel seksuele vrijheid en een hang naar experimenteren. De gevolgen daarvan werden in onze familie in september 1925 zichtbaar, want toen beviel Omi van een tweeling, Xeno en James.

Al snel na de geboorte waren de kreten van ongelovige verbazing tijdens de kraambezoeken niet van de lucht, want een tweeling die zo weinig op elkaar leek had men nog nooit eerder gezien. Dat de kinderen verschillende bloedgroepen bleken te bezitten, versterkte natuurlijk de geruchten die onmiddellijk op gang kwamen. James, die vrijwel direct de koosnaam Jimmy kreeg, die hij zijn hele leven heeft behouden, was donkerharig en vertoonde duidelijke familietrekken, maar Xeno was lichtblond en leek meer op – ja, op wie eigenlijk? Schalkse toespelingen werden in het bijzijn van mijn grootvader uiteraard onderdrukt, maar iedereen die zich de gastenlijst nog in herinnering kon brengen kwam algauw tot de conclusie dat de gravin na of voor een liefdesdaad met haar wettige echtgenoot diezelfde nacht ook had toegegeven aan de charmes van een van hun huisvrienden, de zakenman Hermann Sänger.

Zelf van Baltische komaf had deze Sänger, een marineofficier die in Riga een imperium van houtzagerijen en meelfabrieken had opgebouwd, in de eerste jaren van Opa's zakenavontuur in Letland de jonge Nederlander meerdere malen geholpen, en al was dat natuurlijk altijd een zaak van wederzijds profijt geweest, toch was er naast een commerciële relatie ook een echte vriendschap tussen beide mannen ontstaan. Het was voorts een publiek geheim dat Erica Münninghoff en Lotte Sänger hartsvriendinnen waren geworden, die af en toe gezamenlijk op mannenjacht gingen. Meestal bleef het bij intensieve flirtpartijen, maar er waren uitzonderingen.

–DRIE–

De stap van obscure sjacheraar naar gerespecteerde oligarch zette mijn grootvader in het begin van de jaren dertig. Letland was in die tijd net als nu een eigenheimerige boerensamenleving. Maar het na de Eerste Wereldoorlog zelfstandig geworden land had natuurlijk wel, grenzend aan de bedreigende gigant USSR, een strategisch interessante ligging, en Riga, van oudsher als Hanzestad erg internationaal georiënteerd, was een ideale post voor spionnen, correspondenten en diplomaten. Dat verhief de lokale Letse politiek automatisch tot een veel belangrijker niveau dan waar ze eigenlijk recht op had. Er speelden op politiek terrein heel wat intriges, die nauwlettend door de buitenlandse gemeente gevolgd werden.

Vooral in 1934, toen er verkiezingen voor de deur stonden. Een van de kandidaten was Karlis Ulmanis, die al in 1905, toen Letland nog deel uitmaakte van tsaristisch Rusland, geprobeerd had Letland aan de greep van de Russen te ontworstelen. Dat mislukte en Ulmanis vluchtte naar Amerika, waar hij aan de universiteit van Nebraska docent landbouwkunde werd. Maar in 1913, na de grote amnestie die tsaar Nicolaas II had afgekondigd ter gelegenheid van het driehonderdjarig bestaan van het huis Romanov, keerde hij direct terug. 'Ik ben getrouwd met Letland,' placht deze gedreven man te zeggen als hem gevraagd werd waarom hij geen vrouw en kinderen had.

Ulmanis was zeer populair onder het gewone volk, maar hij had daardoor, zo wist iedereen, geduchte vijanden, zowel in kringen van Letse industriëlen als in het Duitstalige establishment van de Koerlandse baronnen, die niets zouden nalaten om hem in de aanloop naar de verkiezingen een hak te zetten. Mijn grootvader hield zich buiten de lokale Letse politiek – als buitenlander had hij geen stemrecht –, maar hij volgde de gang van zaken wel nauwlettend, omdat hij begreep dat het voor hem als zakenman van groot belang was om zich in het kamp van de toekomstige premier te kunnen profileren. Het lot bezorgde hem een uitgelezen kans hiertoe.

Op een dag moest hij voor zaken naar Berlijn. Terwijl hij op het vliegveld Spilva van Riga in de eersteklaslounge zat te wachten op de aankondiging dat men aan boord kon gaan, namen twee mannen plaats aan een tafeltje naast hem. Kennelijk dachten ze dat mijn grootvader een buitenlander was: gesoigneerd tot het uiterste, een Duitstalige krant lezend, niet reagerend op het gesprek dat zij in het Lets waren begonnen. Kortom, duidelijk een Duitser op weg naar zijn *Heimat*. Maar mijn grootvader sprak en verstond het Lets als geen ander in mijn familie en luisterde vanachter zijn krant met groeiende belangstelling naar wat het tweetal te bespreken had.

Het bleek dat Ulmanis ter bekostiging van zijn verkiezingscampagne financiële verplichtingen was aangegaan die hij niet zou kunnen nakomen. De twee mannen waren hier kennelijk uitstekend over geïnformeerd: ze noemden getallen en bespraken het zeer nabije moment waarop ze met deze zaak naar buiten zouden komen, met de bedoeling om Ulmanis – duidelijk niet hun politieke vriend – in het openbaar in diskrediet te brengen en aldus zijn kans op het premierschap te torpederen.

Mijn grootvader hoefde niet lang na te denken. Hij liet het vliegtuig naar Berlijn zonder hem vertrekken en begaf zich spoorslags naar het centrum van Riga, waar hij Ulmanis wist te traceren. Toen deze van de schrik bekomen was – het was uiteraard nooit de bedoeling geweest dat een en ander naar buiten zou komen –, bood mijn grootvader aan in het diepste geheim al zijn schulden te betalen onder voorwaarde van een renteloze lening. Als de tegenstanders van Ulmanis triomfantelijk met hun verhaal kwamen, konden ze het hele geval als een domme canard afdoen en de verspreiders ervan desavoueren. Bij deze opzet bedong mijn grootvader ook dat zijn naam als geldschieter nooit ofte nimmer genoemd zou worden. Hij had immers zelf, al was het maar door zijn huwelijk, goede connecties met de Duits-Baltische elite. Een voorbeeld van de dubbelheid die eigenlijk zijn hele leven heeft gekenmerkt: nooit wilde hij zich voor de volle honderd procent openlijk committeren, altijd was er in zijn doen en laten een andere kant, een achterkant van de spiegel die hij zijn omgeving voorhield. En soms was die achterkant duister.

Alras bleek dat mijn grootvader met Ulmanis goed had gegokt. De oppositie kwam inderdaad met de financiële zeepbel op de proppen, die vervolgens vakkundig werd doorgeprikt, en Ulmanis won de verkiezingen met grote cijfers. Vanaf dat moment steeg de ster van de Oude Heer in Letland als een raket naar astronomische hoogten.

Welke faciliteiten, licenties of staatsleningen hij ook wilde, de dankbare premier – die zich overigens in korte tijd ontwikkelde tot een dictator eerste klas en binnen de kortste keren het parlement en alle politieke partijen had opgeheven (en hetzelfde gebeurde in die tijd in het aangrenzende Estland en Litouwen) – zette zonder vragen zijn handtekening onder de goedkeuring. Zo slaagde mijn grootvader erin een aantal fabrieken te bouwen en zich behalve als handelsman ook als industrieel te ontwikkelen. Natuurlijk kwam er wel kundigheid op het gebied van management en financieel beheer aan te pas, maar dat was nu juist een eigenschap die mijn grootvader van nature leek te hebben meegekregen. Dat hij er evenwel in slaagde om binnen een paar jaar een waar imperium op te bouwen dat een broodfabriek (van strategisch belang voor elke regering), een aantal houtzagerijen, beton- en textielfabrieken alsmede een kleine vloot van drie schepen, een eigen bank en een handelshuis omvatte, was zonder de actieve steun van het Letse bewind, dat in principe door een soort Boer Koekoek-achtig nationalisme was bezield en niet veel van buitenlanders moest hebben, niet goed denkbaar geweest.

In 1939, toen de droom uiteenspatte, was mijn grootvader een van de meest in aanzien staande en gefortuneerde mensen in Letland geworden. Hij had inmiddels zijn woning aan de statige Reimerstrasse in het centrum van Riga (waar onder anderen ook president Ulmanis een huis had) verruild voor een klein landgoed in Ilgeciems, een wijk aan de andere kant van de Daugava en op loopafstand van de meeste van zijn fabrieken.

Op dit buiten, Von Lomani geheten, liet hij een grote villa bouwen, compleet met zwembad en tennisbaan. Aan de rand van de enorme tuin verrees een eigen manege met drie paarden: Egli, Nora en Jurka. Omdat hij zich bij bepaalde transacties ook in natura, in casu grond, liet uitbetalen, verwierf mijn grootvader in 1937 een nog veel groter landgoed, Balta Muiza geheten – Weissenhof in het Duits. Het had ooit aan Catharina de Grote toebehoord en lag even buiten het centrum van Riga in een rustige, lommerrijke omgeving. Mijn grootvader, net vijftig geworden, wilde hier een villa bouwen om er een rustige levensavond te kunnen doorbrengen, maar Omi wilde daar nog niets van weten. Daar voelde ze zich, hoewel de echtelieden maar vijf jaar scheelden, nog veel te jong voor, en zo bleef Balta Muiza braakliggend terrein.

Toen ik er in de jaren negentig ging kijken, woonden er ruim twintigduizend mensen, weggestopt in *chroesjtsjovki*, de naar de voormalige partijsecretaris van de Communistische Partij van de Sovjet-Unie vernoemde lelijke, benauwende arbeiderskazernes uit de jaren zestig van de vorige eeuw.

Von Lomani daarentegen werd in de jaren dertig het centrum van een spetterend sociaal leven met jaarlijks tientallen feestelijke partijen waar de beau monde van Riga zich graag vertoonde. De eetkamer bevatte een eettafel met plaats voor vierentwintig mensen; het kwam geregeld voor dat de drie huishoudsters assistentie nodig hadden van Reichmanis, de poortwachter, of Purings, de paardenman, die daartoe een speciaal pak kregen aangemeten, om de bediening van een maximaal bezette dis naar behoren te laten verlopen. Daarbij beperkte het gezelschap zich niet tot volwassenen: de vrienden en vriendinnen van mijn vader Frans en mijn tante Titty (de tweeling was nog te jong), zonder uitzondering tieners van adellijke of zeer gegoede Duits-Baltische komaf, waren evenzeer welkom, en niet zelden bood Von Lomani in dit laatste decennium voor de Tweede Wereldoorlog daardoor de kekke aanblik van in smoking en feestelijke cocktailjurken gestoken *jeunesse dorée*. Vrolijke, zelfverzekerde jongelui die na afloop van het diner met de machtige vaders en de pralende moeders het terras bij het zwembad opzochten of joelend afreisden in auto's met chauffeur naar de bar van Hotel Otto Schwarz of Hotel Rom, de meest exclusieve nachtclubs die Riga in die jaren rijk was. Voor Frans en zijn vrienden stond Susternich, de chauffeur van de Münninghoffs, tot in de kleine uurtjes met de Cadillac te wachten om een veilige thuiskomst van de jongeheren en hun vriendinnen te garanderen. Het was duidelijk dat de Oude Heer van zins was de volgende generatie Münninghoff een soepele entree in de wereld van de Baltische happy few te verschaffen. Een aanbod om minister van Economische Zaken te worden had hij intussen afgeslagen; daarvoor moest hij de Letse nationaliteit aannemen en dat wilde hij niet. Het is overigens veelzeggend dat de eenkennige Letten, die in principe geen buitenlanders in de machtscentra van hun land wilden, tot een dergelijk aanbod bereid waren.

–VIER–

Het succes in het zakendoen ging evenwel gepaard met een ongunstige ontwikkeling in het huiselijk leven. Naar buiten toe kon de Oude Heer in de omgang met vreemden buitengewoon charmant, wereldwijs en vertrouwenwekkend zijn. Maar binnenshuis toonde hij zich afstandelijk tegenover degenen die hem het meest na stonden, zijn vrouw uitgezonderd, op wie hij dol was en die hij niets kon weigeren. Voor de opvoeding van de kinderen en de dagelijkse huishoudelijke beslommeringen schermde hij zich evenwel zoveel mogelijk af. Die zaken liet hij het liefst geheel aan Omi over, en toen dat niet bleek te lukken nam hij een gouvernante in huis. Omi, van huis uit al extreem op zelfstandigheid gesteld en wars van elke vorm van autoriteit, had namelijk een sterke neiging om zich, met deze tycoon als echtgenoot, in het openbaar als supergeëmancipeerde vrouw voor te doen.

Daartoe maakte ze geregeld onaangekondigde reizen, vaak naar landgoederen van vriendinnen in Koerland, waar de dames broeierige bezinningsbijeenkomsten hielden waarbij Omi het hoogste woord voerde. Maar ook kwam het voor dat ze, vergezeld van een of twee hartsvriendinnen, er in haar Hanomag-cabriolet opeens voor een week of zes vandoor ging naar exotische bestemmingen als Venetië en vooral Nice (door haar in haar verhalen tegen mij steevast 'Nizza' genoemd, wat ik erg chic vond klinken). Dan kwam er opeens een onstuitbare begeerte naar *débauche* in haar opzetten en dan gebeurde het zelfs dat ze er na een paar dagen door haar vriendinnen aan herinnerd moest worden dat ze in Riga nog een tweeling in de box had liggen.

Wat de dames aan de Côte d'Azur precies uitspookten is nooit helemaal duidelijk geworden, maar wel dat het verblijf in Hotel Negresco aan de Promenade des Anglais, trefpunt van de oude Russische adel aan de Rivièra, veel geld kostte. Geld dat de Oude Heer overigens prompt overmaakte als Omi daarom vroeg; je krijgt als je zijn brieven aan haar leest onwillekeurig de indruk dat hij enerzijds veel van haar hield, maar het anderzijds wel best vond zo. Zelf was hij ook veel op reis, waarbij hij er een meester in was om zaken en plezier te combineren. En hij kon het gemakkelijk betalen. Vragen werden wederzijds niet gesteld.

Uiteraard moest dit gebrek aan cohesie binnen het gezin op zeker moment mislopen. Maar de manier waarop vervolgens een en ander zijn beslag kreeg zal menig pedagoog de haren te berge doen rijzen.

Tot zijn schrik had de Oude Heer gemerkt dat de tweeling zo rond hun zevende levensjaar onderling een soort Russisch-Duits boeventaaltje sprak; van kindsbeen af hadden ze een authentiek Russische *njanja*, Anna geheten, als dagelijks verzorgster gehad en hun gouvernante Eulenka (zo genoemd omdat Xeno en Jimmy het woord '*Fräulein*' niet konden uitspreken) was een Baltische van Russische komaf. En zo, door zowel de vader als de moeder grotendeels alleen gelaten, stond deze Eulenka voor de onmogelijke taak om in haar eentje de taalkundige ontwikkeling van de twee kleuters in goede banen te leiden.

Duits als eerste taal was de bedoeling, maar dat liep helemaal mis: de 'h' leerden de kinderen uit te spreken als 'ch', de lidwoorden werden in navolging van het Russisch weggelaten, de 'ü' werd 'joe', de 'o' zakte een octaaf en werd zoiets als 'owa', het dagelijks spraakgebruik wemelde van de Russische tussenwerpsels ('*noe*', '*davaj*'), en niet zelden gingen de jongens zonder nadere aankondiging over van het Duits op het Russisch of andersom, met, om het extra ingewikkeld te maken, het Lets dat ze van het personeel oppikten als hulptaal in de achterzak.

En niet alleen de tweeling, maar ook Frans en Titty, die op de Städtische Deutsche Grundschule zu Riga geacht werden Hoogduits te leren, hadden er kennelijk plezier in om thuis met alle taalwetten de draak te steken. Dat er voor welke vorm van Nederlands dan ook totaal geen plaats was in deze Babylonische mallemolen, was duidelijk. Nederlands, dat was de taal van de Oude Heer, de taal van een land ver achter de horizon dat ooit het zijne was geweest maar waar zijn kinderen niets mee te maken hadden.

Deze situatie was mijn grootvader een doorn in het oog. En zo stuurde hij Frans en Titty nog voor hun twaalfde naar Nederland, teneinde daar acht jaar lang een soort Hollandse hersenspoeling op school te ondergaan. Er moet iets van verbittering in de gedachtenwereld van mijn grootvader geslopen zijn. Misschien vond hij dat zijn eigen achtergrond, in de baaierd van successen waarin hij was terechtgekomen, te zeer was vervaagd en door zijn eigen kinderen veel te vanzelfsprekend als niet ter zake doende was afgedankt. Misschien was het een verkapte wraakactie tegen zijn losbandige Baltische vrouw. Misschien ook was zijn vurig katholicisme, dat hij in de overwegend lutherse kerkwereld van Letland niet goed overeind kon houden, zijn drijfveer.

Welke van deze overwegingen mijn grootvader uiteindelijk ook tot zijn actie heeft gebracht, het resultaat was in het geval van Frans desastreus.

Terwijl Titty op haar tiende naar het Rooms-Katholiek Instituut Onze-Lieve-Vrouwe van Lourdes in Voorschoten werd verbannen, kwam mijn vader in de vroege zomer van 1932 – hij was toen elf – terecht bij de Fraters van Tilburg, die zich hadden gevestigd in het Instituut Sint-Nicolaas te Oss. Dat was eigenlijk een klooster; briefkaarten die hij naar Riga stuurde tonen een sobere refter waarin aan lange houten tafels gegeten werd. De jongens, zonder uitzondering van de betere burgerlijke katholieke stand, zaten op banken zonder rugleuning. De eetzaal werd gedomineerd door een kruisbeeld, geflankeerd door beelden van Maria en Petrus. Aan de wand hingen schilderijen met uitsluitend religieuze motieven. De fraters droegen lange zwarte pijen en voerden een strak bewind; voor sport en ontspanning was weinig tijd ingeruimd, veel minder in elk geval dan voor gebed en voor de drie diensten die dagelijks in de kloosterkapel werden gehouden en die de jongens verplicht moesten bijwonen.

Voor Frans is de overgang van het rijke, enigszins baldadige leven met zijn Baltische vriendjes in Riga naar de saaie burgerlijkheid van het roomse plattelandsinternaat van meet af aan te veel van het goede. Hij voelt zich eenzaam, omdat zijn Hollandse klasgenoten hem, de vreemdeling, links laten liggen en, als de fraters even niet opletten, ongenadig pesten. Daar kwam nog bij dat de Oude Heer aan frater Gerardo, de directeur van Sint-Nicolaas, had laten weten dat zijn zoon in Riga op school als een belhamel werd betiteld. Op het laatste rapport staat het duidelijk te lezen: '*Hat häufig durch Schwatzen und Unruhe den Unterricht gestört.*'

Of de fraters in Oss daar alsjeblieft corrigerend in konden optreden. Dat doen ze door Fransje, zoals hij in de correspondentie tussen Gerardo en de Oude Heer wordt genoemd, fanatiek te catechiseren, een exercitie waarvoor speciaal een monnik, frater Ildefonso, werd vrijgemaakt. Aanvankelijk lijkt deze aanpak nog succes te hebben ook, want Frans laat zich, murw door de radicale veranderingen die hem in zo'n korte tijd overkomen, gedwee inpakken. Hij vraagt per brief aan zijn ouders om een nieuw knielkussen, omdat hij het kennelijk met een versleten afdankertje moet doen – over prioriteiten gesproken – en begint er na enkele weken zelfs over te klagen dat hij, als enige van de klas, nog geen Heilige Communie gedaan heeft.

De Oude Heer laat, desgevraagd door frater Gerardo, weten dat hij van plan is om zijn zoon door de bisschop van Danzig, die hem ook gedoopt heeft en een huisvriend is, persoonlijk naar dat moment van geloofsbeleving te laten begeleiden, en dat er dus gewacht moet worden op een voor monseigneur geschikt moment. Waarop Gerardo hem verzekert dat het een het ander niet in de weg hoeft te staan: 'Hij kan hier bij ons een eenvoudige H. Communie doen en later bij monseigneur een plechtige communie, met vernieuwing der Doopbeloften en de Opdracht van de Heilige Maagd,' zo staat er letterlijk, met als toevoeging: 'Fransje verlangt er sterk naar, weiger hem dat genoegen niet.'

Op dat moment heeft Frans er al bijna een halfjaar in eenzaamheid op zitten, zes maanden waarin hij zijn vrije tijd in de leeszaal gebruikt om brieven naar huis te schrijven, gemiddeld zo'n zes à zeven brieven per week. Desolate lectuur van een wanhopige balling. Zo schrijft hij na anderhalve maand aan zijn moeder: 'Ik heb pas twee brieven van je gekregen. En ik heb er al vijf geschreven!' Aan haar schrijft hij meestal in het Duits, aan zijn vader om begrijpelijke redenen in het Nederlands, een taal die hij evenwel niet goed onder de knie krijgt. Al die acht jaren, ook als hij vanaf 1933 in het gerenommeerde internaat Huize Katwijk bij de jezuïeten in Den Haag terechtkomt, blijft hij schrijffouten maken en bereikt hij noch in het Nederlands, noch in het Duits een bevredigend uitdrukkingsniveau. Een voorspelbaar gevolg van deze aanpak. Dat hij aan zijn vader en moeder aparte brieven schrijft is intussen veelzeggend.

Hij mist zijn vrienden in Riga heel erg: aan Manfred Dolgoi, Hans Erich Seuberlich en Wolf Meskeris, zijn drie beste maten, stuurt hij vertwijfelde postkaarten: 'Schrijf me minstens twee keer per week! Ook als je niets te melden hebt!' Maar daar hebben die beginnende pubers natuurlijk geen tijd voor of geen zin in, en zo drijven hun werelden langzaam uit elkaar.

Het contact wordt pas hersteld als Frans met Kerstmis 1932 voor de eerste keer naar huis mag. Hij verheugt zich daar enorm op en laat in november, als hij een pijnlijke amandeloperatie in Breda moet ondergaan, weten dat hij dat allemaal best kan verdragen, want: '*Bald ist wieder Weihnachten, dann können wir uns ja wiedersehen.*' Dat hij ten slotte, vlak voor vertrek in december, in Oss ter communie mag gaan, wordt door de Oude Heer met vreugde geregistreerd. Frans zelf lijkt er, ondanks het feit dat hij door de fraters die dag met 'gelukkige Frans' wordt aangesproken, niet meer zo erg naar te verlangen als hij een paar maanden eerder had doen voorkomen.

Voor de eerste keer terug in Riga zoekt hij, nog naduizelend van wat hem allemaal in korte tijd overkomen is, met kerst zijn vrienden van de *Grundschule* weer op. Tijdens een paar lange ritten te paard door de besneeuwde velden buiten de stad nemen de jongeheren de situatie grondig door. Unaniem zijn ze het erover eens dat het een rotstreek is geweest van de Oude Heer om Frans naar het buitenland te sturen. En dan nog wel naar Nederland, een landje van niks dat eigenlijk bij het Duitse *Reich* hoort, net als het Baltikum. Wat spreken ze daar voor een taaltje? Frans laat een paar rare volzinnen los: 'Dat gaat naar Den Bosch toe, zoete lieve Gerritje. Wie zal dat betalen, klootzak. In Oss lopen alle koeien los. Wat niet weet, dat niet deert. Het hemd is nader dan de rok, godverdomme.'

Is dat Nederlands? Om je dood te lachen, vinden zijn kameraden. Manfred, Hans Erich en Wolfi nemen griezelend kennis van de Nederlandse eigenaardigheden, zoals het eeuwige gezeur dat alles te duur is, de koekjestrommel bij de thee – Frans mimet er een overtuigend zuinig mondje bij – en de kaasschaaf, die ogenblikkelijk tot symbool van Hollandse schraperigheid wordt verheven. Maar ook het feit dat veel mensen zich per fiets voortbewegen oogst grote verbazing. 'Een fiets?! Dat is toch iets voor op het platteland?' vinden de jonkers. En dat je in dat kikkerlandje niet elke dag kunt paardrijden is helemaal een dieptepunt.

Hoofdschuddend steken ze een paar van de sigaretten op die Frans heeft meegenomen. In zijn eenzaamheid is hij 'als een waanzinnige' gaan roken, zoals hij in een brief aan Omi heeft opgebiecht. De fraters in Oss leggen hem, treurig twaalfjarig jongetje, daarbij vreemd genoeg geen strobreed in de weg. Een van hen vraagt hem zelfs om Letse sigaretten uit Riga voor hem mee te nemen – 'Dan gaan we er samen eentje roken,' zoals hij in een briefje laat weten.

Tussen kerst en oud en nieuw bezoekt de familie het landgoed Rusgie, waar Omi's zuster Litty woont met haar man, de chirurg Walter Lehmann. Deze van huis uit zachtmoedige intellectueel heeft zich in de afgelopen jaren gaandeweg ontwikkeld tot een vurig aanhanger van Adolf Hitler. '*Wir brauchen Anschluss mit dem deutschen Reiche*,' is zijn vaste overtuiging, '*denn sonst sind wir Deutschbalten verloren.*' De Letten en de Esten, zo is *Onkel* Walter onder de kerstboom van mening, zullen niet in staat zijn hun zelfstandigheid tegenover het bolsjewistische monster aan hun oostgrenzen te bewaren, en hetzelfde geldt voor de Litouwers, die ook nog eens met de Polen te maken hebben. De Duits-Baltische gemeenschap in Lijfland en Koerland heeft dus dringend een beschermer nodig, en dat kan alleen maar Hitler zijn, de man die juist in deze maanden zijn sprong naar de macht maakt.

'*Was meinst du, Joan?*' vraagt Walter op gemoedelijke toon aan de Oude Heer.

Die ontwijkt een duidelijke stellingname, maar wijst er en passant wel op dat het op straat aanvallen en mishandelen van joden in Berlijn in een bedenkelijke volkssport schijnt te zijn ontaard.

Lehmann wimpelt af: 'Jij bent Nederlander. Jullie kennen de joden niet zoals wij ze hier al eeuwen kennen. Ze zijn brutaal en denken dat ze van de bolsjewieken kunnen profiteren. Kijk maar eens naar de mensen rondom Lenin, die in 1917 de revolutie begonnen zijn: praktisch allemaal joden. Diezelfde joden gaan ons straks verraden en aan de bolsjewieken uitleveren, let op mijn woorden. Dus moeten ze worden aangepakt, zoals nu in Berlijn gebeurt. Ze moeten hun plaats kennen.'

Jij bent Nederlander. Het zijn woorden die bij de meeluisterende Frans een beslissend mechanisme op gang brengen. Ja, zijn vader is Nederlander gebleven, dat was hem al duidelijk en dat wordt nu door Onkel Walter nogmaals met onverholen minachting, zo interpreteert hij, benadrukt. Maar hijzelf verzet zich tegen dat Nederlanderschap, tot in zijn vezels. Bij dat suffe land en bij die oninteressante mensen wil hij niet horen, zo weet hij. Zijn plaats is hier, in het Baltikum, bij zijn vrienden en familie! Dat hij over anderhalve week alweer terug moet naar die fraters in Oss ervaart Frans Münninghoff als een straf en hij vraagt zich af waaraan hij die verdiend heeft.

En zo voltrekt zich gaandeweg bij hem een innerlijke omslag, die hem, nu de puberteitsjaren zich aandienen, in snel tempo tot een gefrustreerde, onzekere jongen maakt. Het Hollandse leven waartoe de Oude Heer hem veroordeeld heeft, wijst hij categorisch af. Het Baltische leven waarin hij is opgegroeid en dat hij steeds meer idealiseert, wordt daarentegen een voorwerp van permanente hunkering.

Eenmaal terug in Oss begint hij zijn dedain voor Nederland te afficheren. Hij wordt uitgescholden vanwege zijn Duitse accent, maar daar staat hij ver boven. Als er voorgelezen wordt uit Karl May, met al die Amerikaanse avonturen van Winnetou en Old Shatterhand, zegt hij hardop in de klas dat ze goed moeten opletten, want dit is het werk van een Duitse schrijver. Een klasgenoot herinnert zich hem als 'een zeer zelfstandige figuur, iemand die nooit probeerde weg te kruipen, maar altijd rechtop liep, voor niemand bang en erg provocatief'. Over Letland of zijn familie sprak hij met geen woord. Dat was zijn domein, waar hij niemand uit Nederland toeliet.

Dat verandert ook niet als hij na de zomer van 1933 naar het fameuze rooms-katholieke internaat Katwijk wordt overgeplaatst. Dit exclusieve instituut aan de Raamweg in Den Haag heeft natuurlijk veel meer te bieden dan het Instituut Sint-Nicolaas in Oss. Er heerst een enigszins Engels aandoende kostschoolsfeer, met veel teamsport op eigen velden, al neemt het verplichte kerkbezoek gemiddeld toch nog bijna drie uur per dag in beslag. De jongens bij hem in de klas zijn vrijwel allemaal van goede, gefortuneerde katholieke komaf: Brenninkmeijer, Drion, Wibaut, Smits van Waesberghe, Van Nispen tot Sevenaer, Van Hövell tot Westerflier. Een elitaire clan, waar hij niet bij hoort, zo voelt hij, al weet hij ook dat zijn vader hem er met alle geweld tussen wil duwen.

Het valt de paters van Katwijk al snel op, zoals het ook zijn klasgenoten niet ontgaat: Frans Münninghoff is afwezig, vaak ook neerslachtig. Tot ieders verbazing hangt hij een portret van tsaar Nicolaas II in zijn kamertje aan de muur; als zijn omgeving naar het waarom daarvan vraagt, komt hij met een compleet verzonnen verhaal dat erop neerkomt dat hij eigenlijk de meest gerechtigde opvolger voor de Russische troon is en dat ze daar maar beter rekening mee kunnen houden met hun domme kaaskoppen. Arrogant en agressief probeert hij zich een houding te geven in de voor hem vreemde, ontoegankelijke wereld van Katwijk. Gelukkig kan hij goed vechten, maar vrienden maakt hij niet. Hij blijft een einzelgänger.

Pas als de vakanties aanbreken met kerst, Pasen of in de zomer, fleurt hij weer op. Met een zonnige glimlach stapt hij dan in de taxi die hem naar het station brengt, vanwaar de trein hem in twee etmalen naar Riga zal vervoeren. Daarbij is een vaste stop 's morgens vroeg in Berlijn inbegrepen, waar hij door een plaatselijke zakenrelatie van de Oude Heer enkele uren onder de hoede wordt genomen, totdat hij de directe trein naar het Baltikum kan nemen.

De eerste keer wordt Frans getrakteerd op een ontbijt in het beroemde café Kranzler aan de Kurfürstendamm. Voor Frans, die nog nooit in Berlijn is geweest, is dit een enorme openbaring. De knipmessende, vlekkeloze bediening, de chique drukte op straat met opvallend veel goedgeklede, artistiek ogende mensen, de niet-aflatende stroom van auto's: Riga, laat staan Den Haag, is er niets bij.

De dynamische *Reichshauptstadt* overweldigt hem en als ze even later de aflossing van de wacht van de *Leibgarde* van Hitler gaan bekijken bij het *Reichskanzlerpalais* in de Wilhelmstrasse, ook wel het *Hitlerpalais* genoemd, is hij helemaal verkocht. De kracht, het zelfvertrouwen en de macht die de gehelmde, boomlange soldaten uitstralen wekken bij hem een fascinatie op die aan betovering grenst.

Als hij die namiddag op de trein stapt en via Poznań, Radziwiliszki, Saulen en Mitau ten slotte de Letse hoofdstad bereikt, kan hij, eenmaal thuisgekomen, over niets anders meer praten. Zijn vrienden, die allen al eens in Berlijn geweest zijn, knikken instemmend: '*Berlin ist unsere Hauptstadt*,' vinden ze.

De Oude Heer mag dan bedenkelijk kijken bij al deze opgewonden schooljongensverhalen, de kogel is inmiddels ruimschoots door de kerk. Als Frans die zomer ook nog eens een paar weken gaat logeren bij Omi's nichtje Maggi Strandmann op een landgoed nabij de badplaats Jurmala, is er al geen weg terug meer: de man van Tante Maggi is namelijk Onkel Arno Hartmann, politieprefect van Riga. Een uitstekend ruiter, van wie Frans de kneepjes van de paardensport tot in de finesses leert. Een prima gastheer ook, die best wel weet dat de jongelui op hun feestjes de *Dzidrais*, het lokale wodkamerk, niet schuwen en daarom ook niet moeilijk doet als er bij de borrel op zijn veranda iets aan de minderjarigen wordt geschonken.

Dat praat ook wat makkelijker, vindt hij, en Frans is het daar zeker mee eens. Zoals hij het ook eens is met de stellingen van Onkel Arno, die immers geheel overeenkomen met wat hij van Onkel Walter heeft gehoord. 'Hitler mag dan wel een burgerlijke pummel zijn,' nuanceerde Onkel Arno, 'maar hij is er toch maar in geslaagd Duitsland uit het slop te halen. Misschien staat hij in zijn *Benehmen* ver van ons af en zijn spraak is niet om aan te horen, maar daar gaat het niet om. *Hauptsache ist: der Mann lässt uns nicht im Stich, er wird uns zusammenbringen*.'

Het zijn woorden die Frans tot de zijne maakt. En zo loopt het door de Oude Heer bedachte project van vernederlandsing uit op een tragische mislukking – ja, het verkeert zelfs in zijn tegendeel. Want er is innerlijk algauw niets Nederlands meer aan Frans, al probeert hij, na de vakanties terug in Nederland, wel de schijn op te houden voor de Oude Heer. Daarbij gebruikt hij de moederkerk als rookgordijn: 'Elke dag bid ik een hele rozenkrans voor je. Dat is mijn plicht, want anders gaan je zaken slecht, toch?' schrijft hij, als ware hij een vroom katholiek Nederlands scholiertje.

Maar de werkelijkheid is totaal anders: op de tussenstops in Berlijn koopt hij voortaan ansichtkaarten van Hitler en swastika's, onder meer voor zijn vrienden in Riga, want daar komt in die jaren een Lets nationalisme op dat probeert de Duitsgezinde *Oberschicht* te ontmoedigen. Alles wat aan het nieuwe Duitsland van Hitlers nazi's appelleert wordt in Letland onderdrukt, en swastika's en andere Germaanse parafernalia zijn verboden. Dat geldt zelfs voor Duitse kranten: Frans, die ervan hoort in Den Haag als hij Omi om een exemplaar van *Die Wehrmacht* vraagt, schrijft briesend dat het toch '*eine kolossale Schweinerei*' is dat er in Letland geen Duitse kranten te krijgen zijn. En hij tekent, inmiddels zestien jaar oud, met een hakig handschrift dat woede verraadt: '*Mit deutschem Gruss, Dein Sohn Franz.*' Zijn naam Duits geschreven, met een 'z', wat zijn vader hem nadrukkelijk verboden had.

Maar de Oude Heer krijgt de correspondentie tussen zijn vrouw en Frans niet te zien. Er ontstaat in deze jaren een heilloos geheim verbond tussen moeder en zoon, dat ook zal bijdragen tot de radicale stappen die Frans later zal nemen. Bij zijn moeder kan hij terecht voor zowel materiële zaken – wat hij ook vraagt, zij zorgt ervoor dat de Oude Heer betaalt – als voor begrip voor zijn *Weltanschauung*. Want Omi deelt – natuurlijk – de meningen van haar stamgenoten en ziet het Baltikum ook liever vandaag dan morgen onder de beschermende paraplu van Berlijn komen.

Een paar keer wordt Frans voor de vakantie opgehaald door zijn moeder met haar Hanomag-cabriolet en haar kleurige lange shawls of stola van sabelbont, en dan is het telkens een geforceerd feestelijk gedoe, met getoeter en juichend zwaaien bij het grindspattend wegrijden. Heel anders in elk geval dan die keer dat zijn vader hem kwam afhalen; aan dat vertrek ging een langdurig gesprek in de rectorskamer vooraf en de Oude Heer was met een gezicht als een donderwolk vertrokken.

Want het gaat niet goed met Frans op Katwijk. Niet met zijn taalgebruik, dat nog steeds wankel balanceert tussen Nederlands en Duits: '*Du kannst dir voorstellen*', '*Wir wurden allen gevragt ein Antwoord zu geben*', '*Ich habe bijna keen Zeit*' – het is allemaal niet om aan te zien of te horen, en een van de paters die het heeft kunnen opbrengen om met de weerbarstige jongen te praten en inzicht in diens situatie heeft gekregen, zegt dan ook terecht tegen de Oude Heer dat deze moet beseffen dat Nederlands voor Frans de vadertaal is en Duits – het is niet anders – de moedertaal. Dientengevolge scoort de jongen matig tot slecht in de meeste vakken.

Maar ook het gedrag van Frans laat sterk te wensen over. Hij is onbenaderbaar, doet niet mee met de groep en – misschien wel het allerergste – hij onttrekt zich aan de verplichte plechtige geloofsbelijdenis. De rector heeft hem dienaangaande een laatste termijn aangezegd, die in dat najaar – 1936 – afloopt. '*Nur für Dich allein*,' schrijft Frans hierover aan zijn moeder: '*Ich werde ihm Theater vorspielen, denn sonst werde ich rausgeschmissen.*'

Aan alles is te merken dat Frans inmiddels een geheel eigen agenda heeft ontwikkeld. Daarin staan zich verdiepen in de nazidenkbeelden, paardrijden en meedoen aan de fascistische Bereden Wacht van baron Degenhardt, een ver familielid, veruit centraal. Met zijn paard Egli traint Frans elke vakantie mee met deze illegale Baltische kozakkentroep, die een eigen, van runentekens voorzien uniform heeft en die precies datgene vertegenwoordigt waar hij als ongeleid puberaal projectiel voor staat:

Auf einsamen Wegen und Stegen
da reitet bei Tag und bei Nacht
dem Feinde, dem Feinde entgegen
der Balten berittene Wacht.
Wir fegen mit eisernen Besen
die roten Horden hinaus
nur so kann die Heimat genesen
und Frieden herrschen im Haus.

Op de landhuizen van Omi's familie zijn deze *Engelhärdtsche Reiter* na afloop van hun oefeningen, waarvan een charge met de blanke sabel vast onderdeel is, van harte welkom voor een borrel en een goed evaluatiegesprek. Frans, die op voorspraak van Onkel Arno in een soort jeugdafdeling terecht is gekomen, glorieert als hij bij een military voor de ogen van zijn oom de tweede prijs behaalt. Hij hoort er honderd procent bij; Katwijk betekent niets voor hem. Hij zit daar, na in totaal drie keer doubleren, nog steeds in de tweede klas, maar het kan hem niets schelen. De jongetjes om hem heen worden steeds kleiner, wat er alleen maar toe leidt dat zijn minachting voor zijn omgeving evenredig groeit.

De Oude Heer merkt van dit alles vrijwel niets, vooral ook omdat Omi hierover zwijgt. Het enige wat hij van Frans zelf hoort zijn diens herhaalde verzekeringen dat hij op school zijn uiterste best doet, alsmede trivialiteiten zoals dat hij op een treinreis naar Riga gebruik van de slaapwagen heeft uitgespaard, wat hem veertien mark heeft opgeleverd. Hollandse zuinigheid, waar hij op een rare manier mee koketteert om bij zijn Hollandse vader in het gevlij te komen. Van het geld heeft hij 'een wetenschappelijk boek over paardenfokken' gekocht, wat hij meteen ook nadrukkelijk laat merken: 'Egli is míjn paard,' verordonneert hij parmantig vanuit Den Haag. 'Zij mag niet, ik herhaal: níet gedekt worden.'

Het is dan zomer 1936. Op Von Lomani heeft zich inmiddels een drama afgespeeld waardoor de familie haar laatste restjes samenhang lijkt te zullen verliezen.

– VIJF –

De tweeling Jimmy en Xeno, geboren in 1925, was in principe eenzelfde lot in Nederland beschoren geweest als Frans en Titty, maar dat liep anders. Jimmy was in september 1935 op zijn tiende verjaardag tijdens een cowboy- en indianenspel met zijn vriendjes van de gezinspony, Jurka, gevallen en op een mesthoop terechtgekomen. Het leek aanvankelijk allemaal nogal mee te vallen, maar toen Jimmy de volgende dag niet meer kon opstaan of lopen, werd de huisarts erbij geroepen. Die keek zeer ernstig en haalde er een bevriende arts bij, die net in die dagen deelnam aan een internationaal congres over polio dat in de Letse hoofdstad werd gehouden. Die tweede arts keek zo mogelijk nog bezorgder en kwam diezelfde dag nog terug met een paar specialisten met een internationale reputatie.

De heren waren unaniem in hun conclusie: Jimmy, die inmiddels in coma was geraakt, had polio. Kinderverlamming, waarschijnlijk opgelopen via besmet water uit de Daugava, maar dat was eigenlijk al niet meer relevant. 'Je zoon wordt kreupel en gek, je moet maar hopen dat hij snel doodgaat,' zei een van de geneesheren, waarop Omi hem de deur wees met de opmerking dat gekte in haar familie nog nooit was voorgekomen en dat ze er zeker iets op zou vinden.

Het geval wilde dat juist in die jaren de Amerikaanse president Franklin Delano Roosevelt, ook een poliopatiënt, in het stadje Warm Springs in de staat Georgia een centrum had opgericht waarin men probeerde met warmwaterbaden en onderwatermassage de ziekte te bestrijden. Roosevelt had er zelf ook enige baat bij gehad, verklaarde hij, al was de methode zeker niet voor iedereen zaligmakend.

De Oude Heer was al bezig alles te arrangeren voor een vertrek naar de Verenigde Staten, toen hem via zijn vriend Sänger het bericht bereikte dat er veel dichterbij, in het Tsjechische Janske Lazne, waar Sängers zuster Agnes woonde, ook warmwaterbaden waren waar men de Roosevelt-methode had geïntroduceerd. Twee weken later al nam Omi samen met Jimmy haar intrek in een suite van het Kurhaus van Johannisbad, zoals de stad in het Duits genoemd werd. Xeno, die meereisde omdat het familieleven anders helemaal onoverzichtelijk zou worden, kreeg een aparte kamer. Omdat in de ogen van de Oude Heer vernederlandsing van de jongens onverminderd noodzakelijk was, werd een lerares uit Nederland gehaald: Temmy Kemper, de kordate dochter van een gemeentesecretaris uit Voorburg. In dat dorp aan de rand van Den Haag had de Oude Heer een villa gekocht aan de Prins Albertlaan. Als geldbelegging, al kwam het natuurlijk erg goed uit dat zijn broer Wim en zijn zus Marie, beiden ongetrouwd, daar als huisbewaarders konden intrekken. Temmy kreeg nauw omschreven opdrachten ten aanzien van het te bereiken studieniveau van Xeno en Jimmy, want het plan was om over twee jaar, als het even kon, het tweetal naar Nederland te verhuizen, om ze daar naar de middelbare school te laten gaan.

Inderdaad zou de tweeling twee volle jaren in Johannisbad blijven, met Temmy permanent als een kloek om hen heen. Omi bleef het eerste jaar ook grotendeels bij hen; dankzij Agnes had ze al snel entree bij de plaatselijke salons, die overigens niet veel om het lijf hadden. Het stadje lag midden in het Sudetengebied in Tsjecho-Slowakije, waar in die jaren een sterke Sudeten-Duitse volksbeweging ontstond die openlijk streefde naar *Anschluss* met Hitler-Duitsland. De meeste gesprekken en discussies gingen over dit onderwerp, wat de sfeer in Johannisbad er niet beter op maakte. Daarbij kwam nog dat de Tsjechische overheid heel streng optrad en niet zelden de politie invallen liet doen bij vermeende samenzweerders.

Het vooruitzicht om hier minstens twee jaar in sombere medequarantaine te moeten verblijven bedrukte mijn grootmoeder zeer, en het was dan ook een enorme opluchting voor haar toen na tien maanden de warmwaterbehandelingen als bij toverslag bleken aan te slaan. Het wonderbaarlijke herstel van Jimmy verliep vervolgens zo voorspoedig dat Omi al een paar weken na de ommekeer, rond de zomer van 1936, te horen kreeg dat haar aanwezigheid in het Kurhaus niet meer echt noodzakelijk was. De *gnädige Frau* kon zonder bezwaar naar haar man in Riga afreizen.

Dat was ook om een andere reden dan haar persoonlijk welgevoelen opportuun. De Oude Heer had namelijk inmiddels een nare vorm van keelkanker gekregen. In een korte, zakelijke brief had hij zijn vrouw daarvan op de hoogte gesteld. Als straffe sigarenroker had hij het alleen zichzelf te verwijten, zei hij daarin. Maar dat maakte de catastrofe er natuurlijk niet minder om.

Aanvankelijk voelde de Oude Heer zich wanhopig: zijn gezin was uiteengevallen en hij was fysiek niet meer in staat om de spil te zijn. Maar ook hier kwam zijn vastbeslotenheid hem weer te hulp. Onverwijld stelde hij zich onder behandeling van de toenmalige internationale topman op het gebied van kanker, de Palestijnse arts Hamid Chaoul van het Al Moassat Hospitaal in Alexandrië, die een kliniek runde in Berlijn. Daar verbleef hij vanaf midden 1936 een halfjaar lang ruim een week per maand voor bestralingen.

Tussendoor ondernam hij een bedevaart naar Lourdes, waar hij de Heilige Maagd een kerk beloofde als hij zou genezen. Toen in december het sein gegeven werd dat het gezwel onder controle was en genezing nabij, raakte de Oude Heer in extase en liet in Riga, geheel op eigen kosten, inderdaad een kerk bouwen: *Kristus karala Romas katolu baznica*, de *Christus König*-kerk. Een uiterst kostbare zaak natuurlijk, en de Nederlandse jezuïetenpater Constant Kolfschoten, die in Riga voor een Bijbelprofessoraat aan de universiteit was neergestreken en een huisvriend op Von Lomani was geworden, meldde het feit dan ook onmiddellijk aan paus Pius XI in het Vaticaan.

Een hoge pauselijke onderscheiding hing in de lucht. Immers, het was al geruime tijd de bedoeling van de Heilige Vader dat er langs de grenzen van het Sovjetrijk een 'krans van christelijke vestigingen' zou komen, om, zodra de tijd rijp zou zijn, 'klaar te staan Rusland voor Christus te herwinnen', zoals in een intern jezuïetenrapport uit die jaren staat te lezen. Die nieuwe kerk in het overwegend lutherse Riga was zo'n roomse voorpost.

De Oude Heer zal van een en ander zeker op de hoogte zijn geweest, maar toch liet hij weten beslist van welke orde dan ook af te zien. Hij schijnt daarbij gezegd te hebben dat zijn genezing het allermooiste geschenk was dat hem uit de hemel was toegekomen, dat hij gelukkig was met een dergelijke diepe geloofsverbintenis, dat hem en niet de paus dankbaarheid paste, en dat hij nu eenmaal aan de Heilige Maagd had beloofd die kerk te zullen bouwen. Hij moet met die weigering – die er toch op neerkwam dat Maria en hij een onderonsje hadden gehad waar de vertegenwoordiger van Christus op aarde nadrukkelijk buiten werd gehouden – zeer grote indruk op de paus en diens naaste omgeving gemaakt hebben.

De dagen rond kerst en oud en nieuw van 1936 benutte de Oude Heer, bevangen door opborrelende frivole levensgedachten, door met Omi een cruise te maken over de Middellandse Zee met het luxe cruiseschip Milwaukee van de Hamburg-Amerika Lijn, waarbij hij Frans en Titty meenam. Jimmy, die van de artsen nog niet weg mocht uit het sanatorium, en dus ook Xeno, die aan hem vastgekoppeld zat, bleven met Temmy Kemper in Johannisbad en vierden daar hun meest trieste jaarwisseling ooit.

Maar daar leek de Oude Heer zich niet om te bekommeren. Hij telde zijn zegeningen en genoot zelfs van zijn balsturige oudste zoon, die de tocht beleefde als een sprookje. En zo voelde Frans het ook. Elke avond in smoking, zijn vader die voor het eerst van zijn leven in een tophumeur was en zijn eeuwige gemekker over school had thuisgelaten, zijn moeder die de charleston danste en champagne dronk, het geld dat rolde, tot in het casino toe – dit was het grote leven, zo moest het.

Terug in Johannisbad – het is dan begin 1937 – blijken de perspectieven voor de terugkeer van Jimmy naar Riga, die aanvankelijk in het voorjaar lagen, toch tot het diepe najaar te zijn opgeschoven. Niets om je over op te winden, maar het gaat even wat minder snel dan gedacht, zeggen de artsen.

Bij Xeno slaan zo langzamerhand de stoppen door. Wat zit hij zijn tijd te verdoen in dit suffe Johannisbad? En die vervelende Nederlandse lessen van Temmy? Wat moet hij daar in hemelsnaam mee, met dat Nederlands? Het is allemaal de schuld van Jimmy, bedenkt hij. En hij krijgt enorm de pest aan de bezoeken die Omi hun brengt, want die gelden eigenlijk alleen Jimmy, het zwakke jongetje dat dan extra in de watten wordt gelegd. Xeno leeft pas op als de Oude Heer Johannisbad aandoet, wat niet zo vaak is. Maar als hij er is, wordt het ook meteen feest: dan gaan ze met z'n tweeën naar Praag, voetballen kijken en chic dineren in een restaurant. Xeno is dol op zijn vader.

Gaandeweg ontstaat er een tweespalt tussen de tweelingbroers. Jimmy, die maandenlang vrijwel roerloos onder dekens in een ligstoel op het balkon heeft gelegen en zich nu pas weer enigszins normaal kan bewegen, wordt lid van een turnclub: Frisch-Fromm-Fröhlich-Frei. Zoals de naam al doet vermoeden een sterk aan de Hitlerjugend verwante club met uitsluitend Sudeten-Duitse jongens als lid. Xeno doet aan dat alles niet mee; hij ontwikkelt zich tot een stille, teruggetrokken jongen die de hele dag aan het lezen is in de Kurhaus-bibliotheek.

Maar Jimmy gaat, na alles wat hij heeft meegemaakt, overcompenseren. Eindelijk wordt hij opgenomen in een vriendencollectief, en al bakt hij er bij het turnen vanzelfsprekend niks van, hij gaat vol enthousiasme in uniform naar de avondjes bij het kampvuur die de FFFF organiseert en waar, onder gitaarbegeleiding, allerlei naziliedjes worden ingestudeerd. Er heerst een zekere baldadigheid in het gezelschap: zelfgemaakte carbidbommetjes worden tot ontploffing gebracht om de Tsjechische boswachters te doen geloven dat men gewapend is en schietoefeningen doet, waar ze maar beter verre van kunnen blijven. Het is niet lang voor de Anschluss en Jimmy voelt uitstekend aan dat dit aspect van het lidmaatschap door de leiding belangrijker wordt geacht dan buitelen aan de rekstok of vogelnestjes maken aan de ringen.

Zijn nieuwe hobby leidt tot een drama als de Oude Heer en Omi hun kinderen die zomer gezamenlijk bezoeken. Jimmy verschijnt dan trots in zijn nieuwe uniform, waar de Oude Heer met een gebeten 'Verdomme! Uit dat ding!' op reageert. De stemming is dan meteen onder het nulpunt, temeer omdat Omi haar lievelingszoon in bescherming neemt: 'Niks ervan. Jimmy gaat gewoon met ons mee taartjes eten.' Als ze even later op een terras zijn neergestreken, speelt het orkest in de *Kurort*-kapel heel provocatief het Horst Wessel-lied. De Tsjechische politie, die orders heeft om in dit soort gevallen in te grijpen, heeft de tekenen des tijds kennelijk doorgrond en is in geen velden of wegen te bekennen.

Op het terras gaat vrijwel iedereen staan en brengt de Hitlergroet. Als Omi en Jimmy aanstalten maken dat voorbeeld te volgen, raakt de Oude Heer buiten zichzelf van woede. Zijn door de bestralingen hees geworden stem krijgt een gevaarlijke klank als hij schreeuwt: 'Erica! Ik verbied je dit te doen! En roep je zoon onmiddellijk tot de orde!' Omi gehoorzaamt en gaat weer zitten, maar Jimmy voelt dat er een soort moment van de waarheid is aangebroken en blijft staan, al laat hij de Hitlergroet nog net achterwege. Met strakke blik kijkt hij zijn vader aan en zegt dan: 'Ik wil niet meer door jou gecommandeerd worden.' Het is de onherroepelijke bezegeling van een definitief verbroken vader-zoonrelatie. Xeno, die net als de Oude Heer is blijven zitten, slaat het tafereel hoofdschuddend gade.

Slechts in aanwezigheid van een gemeenschappelijke tegenstander komt de tweeling nog tot samenwerking. Temmy is daar het slachtoffer van. Xeno en Jimmy betrappen haar in een omhelzing met een plaatselijke jongeman. Ondanks hun elf jaar weten ze instinctief dat ze Temmy, hun ongenaakbare lerares die al die moeilijke Nederlandse dictees aan hen opgeeft, hiermee kunnen chanteren. De Oude Heer zal haar namelijk zeker ontslaan als dit hem ter ore komt. En ze doen het: op koele, zakelijke toon delen ze Temmy mede wat ze allemaal gezien en gehoord hebben. In ruil voor hun zwijgen verdoezelt de geschrokken Temmy hun zwaktes in de Nederlandse taal.

De euforie over zijn overwonnen kanker is bij de Oude Heer gauw voorbij, want de crisis met Frans komt al spoedig tot ontlading. Het internaat Katwijk hakt uiteindelijk de knoop door als de dwarsligger uit Riga alwéér met een huiveringwekkend slecht rapport de zomer van 1937 in gaat.

'Wij kunnen hem niet voor de derde keer in de tweede klas toelaten. U moet een andere richting voor Frans zoeken,' luidt het vonnis van pater Albers s.j., de directeur van Katwijk. En hij voegt er omineus aan toe: 'Ik heb weinig hoop dat het u gelukken zal in deze korte tijd uw zoon tot andere gedachten te brengen, daar hij al te zeer door nieuwe ideeën op onrijpe leeftijd overmeesterd is, door actief optreden aan een beweging gebonden is, wat hem zijn vrijheid van oordelen belemmert, en hij op godsdienstig gebied volgens mij een intrige op touw heeft gezet die zijn toekomstplannen moet dienen.' Waarna hij ondertekent met: 'U in alles mijn volle medewerking toezeggend en de verzekering gevend dat ik Frans naar beste vermogen heb trachten van dienst te zijn en hem in mijn H. Misoffers bijzonder heb herdacht.'

Als oom Wim en tante Marie op verzoek van de Oude Heer, hun broer, daarna de gymnasia en lycea van Den Haag af gaan, blijkt de plaatselijke lerarentamtam achter de schermen goed gefunctioneerd te hebben: geen enkele school wil Frans Münninghoff hebben, niet alleen vanwege zijn slechte cijfers, maar vooral ook wegens zijn obscure reputatie van relschopper en cryptofascist. Zo heeft hij aan het begin van het jaar een speciale toneelvoorstelling voor de Haagse schooljeugd ter ere van het huwelijk van prinses Juliana met Bernhard zur Lippe-Biesterfeld verstoord door minister van Onderwijs Slotemaker de Bruïne, die op de eerste rij zat, met propjes papier in de nek te schieten. En toen op het gala ter afsluiting van het huwelijk het Horst Wessel-lied werd ingezet, had hij, toen dat eenmaal bekend was geworden, dat lied ongevraagd en zonder gêne op Katwijk in de klas ten gehore gebracht. Een hopeloos geval, kortom.

In een uiterste poging, waarbij de Oude Heer het jezuïetennetwerk van Kolfschoten te hulp roept, slagen Wim en Marie erin hun neef op het Stedelijk Gymnasium in Maastricht geplaatst te krijgen, al gaat dat allerminst van een leien dakje. Pater Huf s.j., in Limburg een maatschappelijke sleutelfiguur die iedereen kent, zet zich voor de zaak in en weet een entree te organiseren bij de baronesse Van Hövell tot Westerflier, de weduwe van de gouverneur van Limburg, die met negen kinderen op een kasteel nabij de Sint-Pietersberg woont. Daar zou Frans een kamer kunnen betrekken. Uiteraard speelt bij deze ongehoord voorspoedige gang van zaken de kerkenbouw in Riga, een cause célèbre in de roomse wereld, een doorslaggevende rol.

Marie reist met een nukkige Frans naar Maastricht om kennis te maken. Ze draagt de jongen over aan pater Huf, die hen op het station opwacht en met Frans naar het kasteel van de douairière gaat. Die vraagt hun te blijven dineren. Frans vertelt aan tafel verhalen over Riga en dat redt hem voorlopig. Na het eten komt – niet toevallig – de curator van het Stedelijk Gymnasium langs om een kaartje te leggen. Hij kijkt Frans even monsterend aan, praat wat met hem en zegt dan: 'Ik zal wel zorgen dat jij op onze school komt, hoor.'

Dit wonder van nepotisme laat Frans koud, al laat hij dat niet blijken. Maar als de volgende dag (hij mag ook blijven logeren) zijn triomftocht door het Limburgse establishment wordt voortgezet met een partijtje tennis bij de familie Regout, de keramiekmagnaat, is wat hem betreft de maat vol. Hij vindt het leven bij deze families 'veel te familiaal' en daar wil hij niet aan meedoen. 'Ik wil met niemand in Holland vriend worden,' zegt hij onomwonden tegen tante Marie als die hem weer komt ophalen. Een even treurig als oprecht statement. Desalniettemin wordt hij bij het Stedelijk Gymnasium te Maastricht ingeschreven.

Maar zijn hart ligt in Riga, en dat gevoel wordt nog eens dubbel zo sterk als Frans – op dat moment een even rebelse als knappe jongeling van zeventien jaar met steenrijke ouders – tijdens de zomervakantie van 1937 in Riga smoorverliefd raakt op het meisje dat zeven jaar later mijn moeder zal worden: Wera Lemcke. Normaal gesproken een mooi en teder moment in de levensloop van een adolescent, maar bij Frans, verteerd als hij wordt door nazipathos en heimwee naar het Baltikum, leidt deze verblinding alleen maar tot extra grote frustraties. Het is zijn eerste echte verliefdheid en hij kan er duidelijk niet goed mee omgaan. In zijn geest legt hij een eigenaardige link tussen het gedoe met paarden, uniformen en nazigebral en het meisje van zijn dromen: hij zal Wera's geüniformeerde beschermende swastikaridder te paard zijn in een boze wereld vol vijanden.

Wera had een bijzondere achtergrond. Haar moeder, Nadjezjda Fjodorova, was altijd een Russin gebleven. Niet lang na de eeuwwisseling was deze Nadja uit haar geboorteplaats Moskou, waar haar vader directeur van de stadstram was, naar Riga gegaan om daar een opleiding tot internationaal secretaresse te volgen. Aan het eind van de cursus kreeg ze een stageplek aangeboden bij de Remington-schrijfmachinefabriek, waar ze Harry Lemcke ontmoette, een zachtmoedige Duits-Baltische ingenieur die in zijn vrije tijd uitvindingen deed.

Ze trouwden in 1920 en kregen vrijwel direct hun dochter Wera. Nadja, op dat moment tweeëndertig, wilde niet meer dan één kind, omdat zijzelf de enige overlevende was van een gezin met acht kinderen, die op haar na allemaal aan tbc waren gestorven. Om die nachtmerrie te ontvluchten had ze ook de wijk genomen naar Riga; ze dacht dat ze aan zee en in een bruisende internationale omgeving (waar Riga bekend om stond) de beste kans had om alle narigheid, opgelopen in haar Moskouse kinderjaren, van zich af te schudden.

Maar dat viel tegen: de doorstane ellende had haar al vroeg in haar leven iets geslagens gegeven. Een geknakte uitstraling, die, naast haar golvende kastanjebruine haar en haar zachte blauwe ogen, bij de melancholieke Harry Lemcke juist allerlei mooie gevoelens had losgemaakt, maar die Nadja Fjodorova in de dagelijkse omgang met derden naar de achtergrond drong. Ze werd eenvoudig niet opgemerkt, omdat ze schuchter en afwachtend was geworden. Misschien ook om diezelfde reden was haar Duits beslist niet optimaal, met tal van russicismen die onder een zwaar Slavisch accent verscholen gingen, wat haar in de kringen van haar man een plaats in de marge bezorgde.

Toen Harry Lemcke in 1929 plotseling overleed (hij kreeg een hartaanval toen hij de la van een commode wilde opentrekken) en meteen daarna de grote economische crisis zich aandiende, werd Nadja door radeloosheid bevangen en stuurde ze Wera naar Londen, waar de Deense Anna Steenberg, de moeder van Harry, nabij Crystal Palace een pension runde. Niet minder dan acht jaar bleef Wera – acht op het moment van haar vaders overlijden – in de Britse hoofdstad. Haar bestaan was weliswaar karig te noemen, maar oma Steenberg, een trotse, harde vrouw die verwant was aan het beroemde Koerlandse vorstengeslacht Lieven, had er strikt op toegezien dat haar kleinkind de best mogelijke opvoeding kreeg en had zichzelf daar ook alles voor ontzegd. Toen Wera in 1937 naar Riga terugkeerde, was ze een buitengewoon aantrekkelijk meisje geworden, dat met haar lange, donkere lokken en felblauwe ogen al snel furore maakte in het Baltische societyleven: ze was tweetalig, sprak Engels en Duits, had dankzij intensieve balletlessen in Londen een gracieus figuur, ze speelde voortreffelijk piano, ze wist hoe het hoorde, was belezen en begiftigd met een scherp gevoel voor humor – kortom, een jonge vrouw die het in de internationale scene van de Letse hoofdstad helemaal zou gaan maken.

Dat ze überhaupt terug kon komen kwam door Timofej Fjodorov, de oom van haar moeder uit Moskou. Hij had tijdens de burgeroorlog Rusland weten te ontvluchten met medeneming van de familiejuwelen, en had zich vlak voor zijn dood bij Nadja gemeld. Uit wroeging – hij had al die tijd geweten waar ze was, maar had zich in zijn ballingsoord Berlijn koest gehouden – en ook omdat zij zijn enige verwante was. De zak met kostbaarheden had hij bij zich.

Toen Nadja hem vroeg waarom hij die juwelen niet eerder verkocht had, was Timofej handenwringend in tranen uitgebarsten en had gezegd dat hij dat eenvoudig niet had gekund, en of zij, Nadja, hem nu alsjeblieft wilde vergeven voordat hij zijn laatste adem zou uitblazen. Dat had ze gedaan, waarna Timofej nog drie dagen bij haar op de bank had gelegen voordat hij met een vredige glimlach de geest had gegeven.

Na dit volstrekt Russische wonder kon Nadja een huisje kopen in een lommerrijke buitenwijk van Riga en haar dochter terugroepen. Ook kon ze Wera eindelijk het leven geven dat haar toekwam, met als gevolg dat Wera met haar zeventien jaar, de *Abitur* van het Rigase gymnasium intussen *blendend* behaald, als een soort dancing queen van het ene luisterrijke debutantenbal naar het andere ging, totdat ze Frans tegenkwam.

Hij, halfdronken maar in smoking, had haar aan haar ceintuur naar zich toe getrokken toen ze op een feestje bij Sportverein Union, superieur de tango dansend, voorbijflitste. Frans kon niet goed dansen, maar charmeren kon hij van nature. Zijn ruwe entree bij Wera maakte hij meteen goed met een fles champagne; ze raakten in gesprek en de vonk sprong over. Althans, haar aanvankelijk hooghartige blik verdween en bij het afscheid gaf ze hem zelfs een vriendelijk kneepje in de wang.

De hele zomer lang bleven ze elkaar zien. Ze bleek al een vriendje te hebben – haar buurjongen, die net als zij een geweldige danseur was en bovendien ook heel mooi pianospeelde. Daar stelde Frans zijn brute charme en de onloochenbare rijkdom van zijn familie tegenover. Het werd een lange, broeierige zomer.

De feestjes van de Rigase jeunesse dorée werden, voor zover ze niet ontaardden in dronkenmansgelagen van de jongens onder elkaar, gekenmerkt door een soort Pruisische vormelijkheid die wellicht het best onder de noemer *Höflichkeit* valt te vangen. Men sprak elkaar met *Sie* aan, totdat de vertrouwelijkheid zo groot was geworden dat het wonder der tutoyage als vanzelfsprekend geschiedde. Een handkus was gebruikelijk; kussen in het openbaar werd opgevat als een signaal dat er deugdelijke vooruitzichten op een verloving waren.

Men bracht de avonden op een behoorlijk culturele manier door: vaak werd het gezelschap in twee groepen verdeeld, die elkaar met gedichten, raadsels en spelopdrachten de loef probeerden af te steken. Deze *Wiktorinen* werden allerminst kinderachtig gevonden en grepen terug op de Russische traditie van de *vetsjerinka*, het 'avondje', waarbij inhoudelijk veel van de deelnemers gevraagd wordt. Dat er daarnaast natuurlijk in duistere hoekjes flink *geknutschelt* werd, laat zich raden.

Steeds vaker zonderden Frans en Wera zich af, tot grote jaloezie van Wera's buurjongen, die een paar tragische maanden beleefde en alleen maar kon hopen dat hij weer aan de beurt zou komen als die immigrant weer naar zijn Nederland was opgehoepeld. Want zo was het imago van de Münninghoffs, voor degenen die hen niet goed kenden: rijke stinkerds uit een raar buitenland.

– ZES –

Als hij aan het eind van die zomer weer naar Nederland moet terugkeren, is Frans volkomen bezeten geraakt van Wera. Er is nu werkelijk niets meer wat hem aan Nederland bindt; al zijn gedachten gaan naar zijn vriendinnetje in het Baltikum en de jongens om haar heen.

Zijn nieuwe hospes is de heer Boon, ex-leraar Frans aan het Stedelijk Gymnasium en sinds kort weduwnaar. Een door zijn recente verdriet gebroken man, die geen toezicht van betekenis op Frans kan houden. Dat zijn commensaal steeds vaker spijbelt en er op alle mogelijke manieren ook in Maastricht met de pet naar gooit, onttrekt zich aan Boons waarneming.

Elke avond luistert Frans naar Radio Riga. Hij vraagt om een afbeelding van het familiewapen van de Von Schumachers, dat hij naast het tsarenportret en een bij een andere gelegenheid meegenomen icoon van de Heilige Moeder Gods van Kazan, de beschermster van het Russische leger, in zijn kamer ophangt. In plaats van huiswerk te maken stort hij zich op een zelfstudie van het Russisch, dat hij beter wil leren beheersen. Zijn brieven aan Omi ondertekent hij met cyrillische letters en af en toe schrijft hij ook in het Russisch – net als in het Nederlands en het Duits bepaald niet foutloos. Hij is, kortom, op jacht naar een nieuwe – onzinnige en opgeblazen – identiteit waarin niets meer herinnert aan Nederland en zelfs niet aan de familie Münninghoff. Hij wil als een romantische tsaristische exil-Rus door het leven gaan.

Als met het kerstrapport uitkomt dat Frans ook op het Stedelijk Gymnasium van Maastricht de normen niet kan of wil halen, komt de Oude Heer, na aanvankelijke razernij, min of meer tot bezinning. Niet dat hij zijn zoon naar Riga laat terugkeren, maar wel haalt hij hem van het gymnasium af en plaatst hij hem op een driejarige hbs-A, ook in Maastricht en niet ver van het gymnasium gelegen, zodat hij bij Boon kan blijven wonen.

En hij bespreekt met Frans diens toekomst: 'Als je dit gehaald hebt, en dat kun je makkelijk, stuur ik je naar een handelsschool. Dan kun je mij later opvolgen, zoals het ook hoort voor de oudste zoon.' Frans is vertwijfeld en gaat in zijn emotie eerst over op Russisch, dan op Duits: '*Astav menja vpokoje! Koeptsom nje stanoe! Lass mich doch in Ruhe! Zum Kaufmann bin ich wirklich nicht geboren! Ich bin dir keineswegs ähnlich!*'

De Oude Heer kijkt hem misprijzend aan: 'Wat zou je dan wel willen worden? En geef me antwoord in het Nederlands, jongen.' Frans bokt. Het komt nu razendsnel tot een climax: '*Wenn du das unbedingt wissen willst: ich gehe zum Militär. Nächstes Jahr schon werde ich mich melden in Zagreb, an der Gardeschule.*' De Oude Heer realiseert zich geschrokken dat hem kennelijk van alles is ontgaan en breekt het gesprek af. Na verloop van tijd komt hij erachter dat die militaire gardeschool in Zagreb geen raar bedenksel van zijn zoon is, maar inderdaad bestaat. Het is een door Oostenrijkse oud-*K und K*-militairen, die Zagreb nog steeds Agram noemen, gerunde instelling, die ook openstaat voor buitenlanders en waarvan de leiding pronazistandpunten verkondigt. Frans is hierop gewezen door een van de Strandmanns, de familieclan die met Omi verwant is.

Nu de Oude Heer dit weet en doorheeft wat er allemaal achter zijn rug om gaande is, is hij geschokt en vertwijfeld, maar beseft hij tegelijkertijd dat hard tegen hard geen optie is. Hij speelt blufpoker in een volgend gesprek met Frans, in het bijzijn van Omi, die duchtig door hem is toegesproken en lijkt te beseffen dat haar familieleden en zijzelf medeverantwoordelijkheid dragen voor de teloorgang van de jongen. 'Als jij denkt zonder afgeronde opleiding naar die school in Zagreb te kunnen, dan heb je het mis,' zegt hij. 'Mijn zegen heb je, maar ze willen daar alleen jongens met een diploma, die in staat zijn de officiersopleiding te volgen. Dat hebben ze me zelf verteld. Daarom moet je eerst die hbs afmaken. Nogmaals: je kunt dat makkelijk en het duurt maar drie jaar. Daarna zien we wel verder.'

De Oude Heer lijkt dus in de carrièrewensen van zijn zoon te berusten, en Frans, naïef als hij is, is hierdoor tevredengesteld en slaat om als een blad aan de boom. De hbs blijkt, bij afwezigheid van Latijn en Grieks, inderdaad geen probleem voor hem te zijn, en omdat zijn vader hem niet meer op de huid zit, krijgt hij er zelfs plezier in om het in zijn nieuwe omgeving goed te doen. Nog twee jaar en dan kan hij naar Zagreb!

Daarbij heeft hij het geluk dat hij in Maastricht in aanraking komt met Alexander Poslavsky, een uit de Verenigde Staten overgewaaide emigrantenzoon van Russische ouders, die zich net als hij in een soort mystiek Russisch messianisme met tsaristisch Rusland als uitgangspunt heeft gestort. Beide jongens willen weinig tot niets te maken hebben met Nederland, het land waarin ze door hun ouders gedwongen zijn te vertoeven. Onderling spreken ze Russisch en ze gaan zelfs zover dat ze bij Alexander, die bij zijn moeder woont, thuis op zolder een Russisch-orthodoxe kapel inrichten, waarin geregeld door het tweetal om de ineenstorting van het Rode Rijk wordt gebeden.

Wat de beide jongens evenwel niet gemeen hebben is bewondering voor Hitler: Frans schrijft in september 1938 bijvoorbeeld aan zijn moeder dat hij naar een radiorede van de Führer geluisterd heeft en dat hij daar zeer van onder de indruk was geweest. '*Haarig*' is de term die hij gebruikt; 'vet cool' zou de vertaling in het scholierenslang van nu zijn.

Bij de familie Poslavsky denken ze daar heel anders over en Alexanders moeder overweegt zelfs om vanwege dat Hitler-gebral terug te keren naar de Verenigde Staten. Alexander zelf, die later een toonaangevend psycholoog en psychoanalyticus zou worden (hij werd hoogleraar in Utrecht en geneesheer-directeur van de Willem Arntsz Hoeve in Den Dolder) moest vooral een beetje meewarig lachen om zijn makker; wellicht dat hij al het inzicht had dat Frans, die zojuist een tweede lange zomer met Wera achter de rug had, extreem gevoelig was voor iemand als Hitler, die immers op aansprekende wijze de weg naar een duidelijk doel was ingeslagen. Want voor Frans was het leven één grote warboel.

Weliswaar gaat het nu in Nederland op school eindelijk goed. Met behoorlijke cijfers gaat hij naar de tweede klas hbs en hij slaagt in één keer voor zijn rijexamen, waarvan niemand nog kan bevroeden dat dit het enige examen zal zijn dat hij van zijn leven zal halen. Maar de relatie met Wera is voor hem een raadsel. Zelf is hij in vuur en vlam, maar zij is dat nog niet, en misschien wordt het bij haar wel steeds minder.

Aan zijn inzet lag het in elk geval niet. Elke dag ging Frans in de zomer van 1938 te paard naar Wera, die aan de rand van Riga bij het begin van de bossen woonde. Jimmy, inmiddels naar Riga teruggekeerd, vertelde later graag het verhaal dat hij, toen zijn grote broer weer naar Nederland was vertrokken, een keer een ritje op Egli, het paard van Frans, wilde maken. Maar hoe hij ook aan de teugels trok, het paard draafde zijn eigen gang en die leidde regelrecht naar Wera's huisje!

De hierdoor onthulde bezoekfrequentie leverde echter toch niet het gewenste resultaat voor Frans op. Zeker, er was sprake van intimiteit, en als Frans zei dat ze 'voor elkaar voorbestemd' waren, waarin hijzelf heilig geloofde, dan glimlachte Wera veelbelovend en gaf hem een kus. Maar tegelijkertijd leek ze in zijn persoonlijkheid iets te missen. Zijn gedrag was, behalve gedreven door permanente, overweldigende verliefdheid, overwegend beschermend en ridderlijk, maar dat deed haar juist verlangen naar iets zachts en poëtisch, en misschien ook iets onvoorspelbaars. Bovendien kon ze zich niet echt vinden in de toekomstplannen die Frans haar ijverig schilderde. Zagreb? Officiersschool? Een militair als man, dat was in haar familie nog nooit voorgekomen, en zijzelf had zeker geen affiniteit met uniformen en huzarengedrag.

Dus als Frans bij het afscheid in september zegt dat hij met haar wil trouwen, houdt Wera lachend het huwelijksbootje af. Ze is nog niet eens achttien, waar praat hij over? De weken daarna gebruikt Wera om na te denken, en ze komt tot de conclusie dat ze twee zomers lang met een verknipte, enigszins zielige rijkeluiszoon heeft doorgebracht, die ze enerzijds fysiek aantrekkelijk vindt (mijn vader was als achttienjarige een soort fotomodel van ruim één meter tachtig, met mooie donkere ogen, stevig donkerblond haar en, als hij het kon opbrengen, een parelende glimlach) en met wie je veel kon lachen en drinken, maar bij wie ze toch voor de diepere levensvragen nul op het rekest zal krijgen.

En zo schrijft ze in november 1938 een brief die Frans in zijn Maastrichtse huurkamertje tot wanhoop drijft. 'Ik kan niet denken aan trouwen met jou. De wereld staat open voor mij, ik ga me nog niet binden. Er is een aanbieding om in Egypte te gaan werken als hotelreceptioniste en daar ga ik op in. Als je straks met kerst in Riga bent, zal ik er niet meer zijn. Vaarwel, lieve jongen.'

Alarmfase rood – anders valt het niet te omschrijven wat Frans na deze brief doormaakt. Hij meldt zich ziek op school, blijft dagenlang op bed liggen, dwaalt 's nachts over straat, slikt Sedobrol-pillen tegen slapeloosheid, is aan de andere kant panisch bang voor een hartstilstand tijdens zijn slaap, en schrijft om de dag een brief naar huis dat hij weg wil, dat hij Wera moet spreken, dat hij zo niet verder kan en wil leven.

Daar komt nog bij dat zijn vriend Poslavsky met zijn moeder verhuisd is naar Utrecht, dit naar aanleiding van grootscheepse militaire oefeningen in Maastricht, die de inwoners de stuipen op het lijf hadden gejaagd. Alle bruggen over de Maas waren gedurende enkele dagen gebarricadeerd geweest, de grote straten konden slechts zigzaggend via grote betonblokken bereikt worden, en overal lagen groepen soldaten achter mortieren of in machinegeweernesten. Als je ze vroeg waarom ze daar waren, keken ze een andere kant op en werd je weggestuurd, want er was zwijgplicht uitgevaardigd en op de naleving daarvan zagen de officieren scherp toe.

Natuurlijk gonsde het daardoor meteen van de geruchten, en voor een flink aantal Maastrichtenaren, onder wie de familie Poslavsky, was dit het sein geweest om te vertrekken. Hitler was bezig zijn riskante Anschluss- en annexatiepolitiek uit te voeren en het Verdrag van München, waarmee Chamberlain in september meende de vrede gered te hebben, leek inmiddels tot een waardeloos stuk papier te zijn gereduceerd. Met deze steeds toenemende oorlogsdreiging was het zo vlak bij de Duitse grens voor menig zenuwgestel niet meer aangenaam toeven.

Eenzaam en niet bij machte om zijn liefdesverdriet met iemand te delen, stort Frans langzaam maar zeker in. Totdat hij – het is dan al begin december – gered wordt door een tweede brief van Wera, waarin ze hem zegt dat alles toch in orde is tussen hen, dat ze haar Egyptische plannen heeft opgegeven, dat ze van hem houdt en in Riga op hem wacht.

Dat Omi hier achter de coulissen een helpend handje had uitgestoken – zij beschreef Wera de wanhoop van haar zoon en smeekte haar als het ware om Frans nog enig respijt te geven, totdat hij weer voldoende bij zinnen zou komen – werd hem pas tijdens de kerstdagen duidelijk, toen Wera er zelf over begon. Dat had ze beter niet kunnen doen. In plaats van zijn moeder dankbaar te zijn, beschuldigt Frans haar van inmenging in zaken die haar niets aangaan en eist hij op hoge toon dat Omi 'niet meer tussen hem en Wera komt'.

In de ruziesfeer die hierdoor ontstaat doet vervolgens de Oude Heer een voor de verdere levensloop van Frans beslissende duit in het zakje. Op vormelijke toon vraagt hij aan Wera om Von Lomani te verlaten, aangezien zij 'een permanente bron van onenigheid' binnen de familie dreigt te worden, waarbij hij er bovendien niet zeker van is of ze wel een juiste huwelijkskandidaat voor zijn oudste zoon, de stamhouder der Münninghoffs, zal zijn. Hij had eigenlijk een Nederlandse bruid in gedachten.

'De toekomst van mijn zoon ligt in Nederland. Ik ben van plan om hem daar te laten werken in een bedrijf dat ik momenteel bezig ben op te zetten. Daarbij is het van groot belang dat Frans een huwelijkspartner heeft die goed aansluit bij de Nederlandse zakenwereld. Ik hoop dat u daarvoor begrip kunt opbrengen, Fräulein Lemcke,' zegt hij stijfjes.

Frans, die door deze onverwachte aankondiging de schellen van de ogen vallen, springt buiten zichzelf van woede op: '*Du hast mich also betrogen! Aber dann sag' ich dir jetzt eins: ich gehe zum Militär, ob du willst oder nicht, und ich werde Wera heiraten!*'

Hoewel op dat moment de kansen op verwezenlijking van deze beide aankondigingen uiterst gering leken, was dat toch precies wat er zou gebeuren. Tot schade, schande en droefenis van vrijwel alle betrokkenen, maar daar houdt het wentelend lot geen rekening mee.

–ZEVEN–

Eenmaal terug in Maastricht toont Frans voor de eerste keer dat hij van zins is zijn eigen plannen uit te voeren en daarvoor ook bereid is extra inspanningen te verrichten. Met de directeur van de hbs bespreekt hij de mogelijkheid om vervroegd eindexamen te doen, waarbij hij als argument aanvoert dat hij met zijn achttien jaar toch wel erg te kijk staat in een klas waarin de meeste jongens en meisjes dertien zijn. De directeur toont zich behulpzaam, en zo wordt er een strak studieschema voor Frans ontworpen, dat hem in staat moet stellen begin september 1939 eindexamen te doen, nog voor het begin van het schooljaar. 'En dan ga je in het bedrijf van je vader werken?' vraagt de directeur, die inmiddels ook door de Oude Heer is ingelicht. 'Maar natuurlijk,' is het antwoord. 'Ik heb al zo veel tijd verknoeid, ik kan haast niet meer wachten.'

Het is één grote leugen. In zijn optiek is de inzet van dit alles vrij te kunnen zijn van de Oude Heer en diens duistere plannen met hem. Daar heeft hij alles voor over, en zo gaat Frans, om nodeloze, tijdrovende conflicten te vermijden, ook zonder morren naar de keuring voor militaire dienst in het Nederlandse leger, waarvoor hij in januari wordt opgeroepen. Hoewel hij er zeker van is dat hij uiteindelijk, hoe dan ook, een Duits uniform zal dragen, doet hij bij de keuring zijn uiterste best, zodat hij voor alle wapenen geschikt wordt verklaard. Dat ziet hij als een aanbeveling, die hem straks, als het echte werk gaat beginnen, van pas kan komen. Desgevraagd zegt hij dat hij graag bij de cavalerie wil; als hij hoort dat leden van de landelijke ruiterverenigingen bij de selectie voorrang krijgen, vraagt hij aan oom Wim in Voorburg of die hem bij zo'n vereniging wil aanmelden. Wanneer dat gelukt is en hij dit aan de militaire keurder meldt, laat deze weten hiervan goede nota te zullen nemen, maar dat Frans sowieso eerst zijn school mag afmaken voordat dienstplicht aan de orde is.

Hoewel het nu op de hbs tegen alle verwachtingen in prima gaat, krijgt de Oude Heer toch het vermoeden dat Frans op het punt staat hem te ontglippen. En daarom stuurt hij zijn zoon in april tijdens de paasvakantie naar Londen, om kennis te maken met een van zijn beste zakenvrienden, Sir James Charles Calder, een houthandelaar en telg uit een zeer oud en voornaam Schots geslacht. Calder, net als de Oude Heer een vurig katholiek, had van meet af aan zakengedaan met de Nederlander en had hem in de loop der jaren herhaaldelijk in Letland opgezocht om de goede perspectieven van Riga als doorvoerhaven voor hout uit de Sovjet-Unie ter plekke te bestuderen.

In gesprekken bij de open haard op Von Lomani hadden de heren ook elkaars politieke inzichten aan elkaar getoetst en hadden ze zich gevonden in een rabiaat antibolsjewisme, voor een groot deel gevoed door de inzichten van het Vaticaan in dezen. De vriendschap werd al na een paar jaar bezegeld toen Sir James peetoom werd van Jimmy, die voluit naar hem genoemd was: Joan James Charles Maria Joseph, roepnaam James.

Calder, een forse, energieke man van zeventig, ontving Frans op zijn imposante kantoor in Londen en vertelde hem een middag lang over zijn bedrijven en de grote rol die de Oude Heer in zijn leven speelde. Hij sprak voor een Schot behoorlijk goed Duits, wat voor Frans, die erg bang was geweest om met zijn schoolengels af te gaan, een hele geruststelling was.

Maar die prettige toestand zou niet lang aanhouden. Zoals van tevoren afgesproken nam Sir James zijn gast voor een weekje vakantie mee naar zijn landgoed Lynford Hall in Norfolk. Het enorme buitenhuis met zijn talloze schitterende kamers, zijn magnifiek onderhouden parken, de bossen en meren die er allemaal bij bleken te horen en de toegewijde staf van niet minder dan twaalf bedienden, kamermeisjes, keukenpersoneel en stalknechten, aangevoerd door een heuse butler, maakte een onuitwisbare indruk op Frans.

Calder, sinds enige tijd weduwnaar, bleek voor de paasdagen een andere zeer goede vriend te hebben uitgenodigd: Joseph Kennedy, zo katholiek als hij en de Oude Heer samen, en sinds 1938 de ambassadeur van de Verenigde Staten in Groot-Brittannië. Ook hij was goed bevriend met de Oude Heer, getuige de laatste voornaam die Jimmy had meegekregen: Joseph. Kennedy had zijn dochter Kathleen meegenomen, een aardig meisje dat 'Kick' werd genoemd en dat net zo oud was als Frans, maar met wie hij nauwelijks een woord durfde te wisselen. Hij had al twee jaar eerder, toen hij naar het gymnasium in Maastricht was gegaan, tegen zijn ouders gezegd dat hij er maar moeilijk aan kon wennen om met meisjes in één klas te zitten, en bij die kokette Kathleen, een meisje van de wereld, kwam er maar één gedachte bij hem op: wanneer zie ik mijn Wera weer?

Maar nog meer moeite dan met dat meisje had Frans met haar twee broers. De jongste, Robert, was nog wel te verdragen, omdat hij als amper veertienjarige nog niet veel in de melk te brokkelen had en zich voornamelijk koest hield als zijn grote broer John, die 'Jack' genoemd werd en aan Harvard studeerde en net een grote reis door Europa had gemaakt, ging uitleggen wat er allemaal zo verkeerd aan Hitler en de nazi's was.

Omdat Frans niet bij machte was om zijn gedachten in behoorlijk Engels om te zetten, zag hij wijselijk van enig weerwoord tegen de latere president van de Verenigde Staten af, maar inwendig steeg zijn verzet tot het kookpunt. Dat zo'n arrogante Amerikaan het Verdrag van München als een waardeloos stuk papier beschouwde en de bezetting van Tsjecho-Slowakije, of van wat daarvan over was, door de Duitse troepen een onrechtmatige daad noemde! Alsof die miljoenen Sudeten-Duitsers niet hadden laten merken wat de werkelijke situatie was, dat men ernaar hunkerde om bij het Reich te horen en dat Bohemen eigenlijk geen aanspraak op zelfstandigheid kon maken!

Maar bang om een flater te slaan onttrekt hij zich aan de discussie, merkt dan ook dat hij vergeleken bij John Fitzgerald Kennedy niets te melden heeft, probeert tevergeefs het gesprek op paarden of Riga te brengen, en voelt zich hoogst opgelaten. Dat verdomde Engels ook! Pas als ze, na de eindeloos lijkende paasviering met vele uren in de huiskerk van Lynford Hall, nog een dag gaan paardrijden, is hij in zijn element, al rijdt Kathleen als volleerde amazone een stuk eleganter dan hij.

Als de week voorbij is en Frans weer op de boot naar Nederland gezet wordt, bedankt hij Sir James hartelijk voor diens gastvrijheid, maar weet hij tegelijkertijd dat hij niet bij deze upper class hoort en ook nooit zal horen, wat de Oude Heer ook zegt of doet. Zijn identiteit ligt voorgoed verankerd in het Baltikum en hij wordt gedreven door de gedachte dat hij straks, als Duitsland in weerwil van alle Angelsaksische betweters toch zal verrijzen, aan de goede kant zal staan.

De zomer van 1939 breekt aan. De langdurige drukkende hitte die over de velden en steden van Letland valt, dwingt de mensen tot een trager dagelijks leeftempo dan normaal. De sfeer is loom en landelijk, nodigt als het ware uit tot lange, bezonken gesprekken in de schaduw van een appelboom. Die voeren Frans en Wera dan ook regelmatig tijdens hun vrijwel dagelijkse ruitertochten. Frans, die beseft dat hij bij zijn geliefde weinig sympathie opwekt met zijn krijgskundige bespiegelingen, spreekt veel over zijn binnenkort te behalen hbs-diploma en wat hij daar allemaal in korte tijd voor moet doen.

Onder andere het boek *Uncle Tom's Cabin* lezen, wat hij maar een betrekkelijk genoegen vindt, totdat Wera het hem uit handen neemt en met haar mooie Engelse dictie het boek een geheel nieuwe lading geeft. Frans luistert als betoverd. Ze zitten in de schaduw onder een boom op een deken met een picknickmand. Een eindje verderop grazen hun paarden vredig in de wei. Het is een zonnige, stille middag; het geluid van de krekels laait af en toe op, en dan haar stem, de stem van zijn meisje... Een diep geluksgevoel doortintelt hem.

Maar op de eerste dag na de zomer, 1 september 1939, worden de slagbomen aan de Duits-Poolse grens met geweld verwijderd en stoomt de Duitse oorlogsmachine op naar het oosten. Met verschrikkelijke halen suist de zeis van de dood over de slagvelden. Geen leven is meer hetzelfde, niets is meer zeker. Op Von Lomani zijn de bewoners dan al vertrokken. Naar Nederland, maar ditmaal met z'n allen.

Dat de familie in 1939 gedwongen was uit Letland te vertrekken, was het gevolg van de geheime clausules in het Molotov-Ribbentroppact, dat eind augustus van dat jaar tussen nazi-Duitsland en de USSR was gesloten. Hitler kon zijn gang gaan in Polen; Stalin kreeg de vrije hand in onder meer de Baltische gebieden, het eeuwenlang door de Duitse ridders beheerde Lijfland en Koerland. Deze geheime afspraak en marge van het niet-aanvalsverdrag tussen de USSR en Duitsland werd pas na de oorlog wereldkundig gemaakt, maar bij een kleine groep ingewijden was een en ander al direct bekend. Mijn grootvader behoorde tot die groep, en hij trok de consequenties uit de informatie die hem werd toegespeeld.

Dat de Sovjets het Baltikum zouden binnenvallen betekende zeer slecht nieuws voor de onzen, die, weliswaar geen ridders maar wel zwaar nouveau riche, binnen afzienbare tijd te maken zouden krijgen met de speciale behandeling die de bolsjewieken voor hun kapitalistische aartsvijanden in petto hadden. Vooral in de familie van mijn grootmoeder gingen dienaangaande de ellendigste gruwelverhalen rond.

Haar oudere broer Wladimir was in de burgeroorlog die op de bolsjewistische machtsgreep volgde commandant van een onderdeel van de witte troepen van generaal Denikin geweest. Die hadden vanaf de zomer van 1919 enorm huisgehouden in de Oekraïne en alles bij elkaar zo'n tweehonderd pogroms tegen de joden aldaar uitgevoerd. Want de joden waren in de perceptie van de witten allemaal communisten. Dat aantal van tweehonderd was nog weinig vergeleken bij de achthonderd pogroms die de rode generaal Petljoera, samen met lokale boerenknokploegen, het jaar daarvoor in hetzelfde gebied tegen diezelfde joden had opgezet (want voor deze mensen waren joden nu eenmaal joden en dus schuldig aan alles), maar toch: toen Wladimir von Schumacher in 1920 door de roden werd gevangengenomen, was er kennelijk genoeg aanleiding geweest om hem open te snijden, zijn ogen uit te steken en aan zijn enkels op te hangen om hem als een beest te laten doodbloeden.

Was die reden er inderdaad geweest, was men in die onoverzienbare chaos van de burgerkrijg zo goed gedocumenteerd over de gedragingen van individuele leden van de vijandelijke troepen dat zulke executies ook maar enigszins gefundeerd genoemd konden worden? Of was het misschien alleen maar een van de talloze uitingen van mateloze, panische wreedheid geweest die dat deel van Rusland in die jaren in haar greep hield? Ik denk het laatste, al ben ik daar nooit helemaal achter gekomen.

Mijn grootmoeder kreeg altijd dikke tranen in haar ogen als ze zuchtend en hoofdschuddend deze episode ter sprake bracht. Wowa was immers haar lievelingsbroer geweest; dat uitgangspunt was voor mij later, toen ik meer van de geschiedenis van de Russische burgeroorlog af wist, meteen ook voldoende om haar geen kritische vragen te stellen. Want ik wilde deze lieve baboesjka, die snotterend en handenwringend haar broer in de herinnering opriep, niet op haar oude dag in psychische problemen brengen.

Overigens: die kon ze best aan. Het familieverhaal ging dat ze in januari 1919, toen het Rode Leger, gebruikmakend van de Duitse capitulatie, Riga was binnengevallen en een communistische regering, gesteund door de Letse Sociaal-Democratische Arbeiders Partij, had geïnstalleerd, met een rode halsdoek om en zwaaiend met een rode vlag voorop had gelopen in een aanhankelijkheidsmars van opgetrommelde volgelingen van de bolsjewieken. Dit om elke zweem van twijfel over haar echte sympathieën weg te nemen: al was ze dan gravin, dat betekende nog niet dat ze het rode hart niet op de juiste plaats had! En had ze zich de jaren daarvoor niet in Astrachan ontfermd over gewone Russische boeren- en arbeidersjongens die door de gehate Duitsers verwond waren? Nou dan! Even koelbloedig als zelfverzekerd had ze op deze manier de roden een rad voor ogen gedraaid.

Een paar maanden later had de voornamelijk uit Duits-Balten samengestelde IJzeren Divisie de macht alweer overgenomen en stevende Letland af op internationaal erkende onafhankelijkheid. Met een grote bos bloemen stond ze lachend en zwaaiend langs de kant toen het *Freikorps* van Rüdiger von der Goltz op die mooie dag in mei zegevierend de oude Hanzestad binnenmarcheerde. Haar mensen! Heette zij immers niet Von Schumacher?

Maar of het geluk ook deze keer, in 1939, aan haar zijde zou staan viel zeer te betwijfelen. Wat ze om zich heen zag bevestigde wat haar man uit vertrouwelijke gesprekken met de Letse regeringsleiders aan haar doorbriefde: Duitsland was bezig zich aan te gorden voor de strijd en dat zou directe gevolgen hebben voor Letland, Estland en Litouwen. Dat kon je op je vingers natellen, met zo'n grote Duits-Baltische gemeenschap. En hoe zouden de Letten zich opstellen? Het was bekend dat er sterk antiallochtone gevoelens onder het Letse volk heersten, voornamelijk gericht tegen de Duitse adel, die gemeenlijk als 'de vervloekte baronnen' werd aangeduid.

Er was, kortom, iets op til. Dat Münninghoff geen adel was en uit Nederland kwam lag niet voor de hand – de naam is immers Westfaals van origine en zo Duits als wat – en het speelde daarom ook geen rol. 'Ik merk het in de fabrieken,' zei Joan. 'De arbeiders kijken me anders aan. Net alsof ze willen zeggen: wacht maar, binnenkort komen de bolsjewieken en dan zijn wij de baas. Ik neem tegenwoordig onze twee herdershonden mee op mijn inspectierondes. Zonder die beesten voel ik me gewoon niet veilig meer op mijn eigen terrein.' Hij kwam erachter wat de arbeiders achter zijn rug om over die honden zeiden: 'Met twee van die werklozen bij zich voelt de baas zich veilig.' Een wrang grapje dat hij zeer betreurde, omdat hij nu juist geprobeerd had een sociaal vangnet in zijn bedrijven voor de arbeiders op te zetten, pogingen die hem de bijnaam 'de rode kapitalist' hadden bezorgd. Maar dat telde nu niet meer; er was iets onherroepelijks in de atmosfeer geslopen dat de bezittende klasse in het Baltikum zonder onderscheid gedoemd tot de ondergang leek te maken.

Erica Münninghoff-von Schumacher had dezelfde ervaring. De theekransjes met haar vriendinnen gingen allang niet meer over de volgende reis naar de Rivièra en wat ze in Nizza allemaal voor stouts en spannends zouden uithalen. Zorg om lijf en goed werd, tegen de achtergrond van het zich opheffende oorlogsmonster, steeds meer het eerste gespreksonderwerp. Een enkeling bekende al bezig te zijn met koffers pakken. Erica dacht daar niet aan, verklaarde ze heftig: 'Mijn familie woont hier al drie eeuwen, dit is ons land. Mij krijgen ze hier niet weg.'

Maar haar vastberadenheid verdween toen ze op een zondagochtend, terwijl ze in de tuin van Von Lomani bezig was de rozenperken te verzorgen, beschoten werd door de tuinman, een Let die, al jaren in dienst van de familie, een paar dagen daarvoor niet op zijn werk was verschenen en ook niets meer van zich had laten horen. Dat had meteen argwaan gewekt, vooral ook omdat van de man bekend was dat hij een voormalige Letse fuselier was en dus vrijwel zeker probolsjewistisch. Mijn grootmoeder was daarom ingegaan op een aanbod van een neef van haar, die vond dat ze voortaan maar beter een vuurwapen op zak kon dragen. Die zaterdag had ze van hem een kleine revolver gekregen en die had ze nu in haar schortzak. 'Ik schoot meteen terug, maar met mijn ogen dicht,' vertelde ze me decennia later in haar flatje in Den Haag, nog steeds trots op het feit dat ze de man in zijn been had geraakt, waardoor hij later opgepakt kon worden. En ze somde op: 'Ze hebben op me geschoten in 1905, in 1917, in 1919 en in 1939. Telkens mis. *Streltsy njevazjnyje*, matige schutters, die Letten, als je het mij vraagt.' Waarbij ze haar struise gestalte lachend extra breed maakte, zodat ze een inderdaad nauwelijks te missen doelwit vormde.

Terwijl de Sovjettroepen zich dreigend aan de Baltische grenzen samentrokken, probeerde mijn grootvader in het najaar van 1939 haastig te redden wat er te redden viel. En er was heel veel dat op een of andere manier in veiligheid gebracht moest worden. Een raming van de bezittingen van onze familie, door het Nederlands gezantschap in Riga gedaan in de laatste, door haast, angst en onzekerheid gekenmerkte maanden van dat jaar, komt uit op een toenmalig bedrag van bijna zeven miljoen gulden.

Naast de schepen, fabrieken, huizen en stukken grond waren er ook heel wat contanten en activa die mijn grootvader her en der had ondergebracht. Een astronomisch bedrag, kortom, dat in de loop der decennia in de fantasie van mijn familie de proporties aannam van een soort Dagobert Duck-zwembad vol goudstukken, in geheime Zwitserse kluizen verstopte aandelen en in Koerlandse uithoeken begraven goudstaven en juwelen, die aan het eind van de twintigste eeuw een door de onstuitbare kapitalistische waardevermeerdering der dingen tot onmetelijke hoogten gestegen geldberg vertegenwoordigden. Een fortuin waar wij Münninghoven recht op hadden – was een en ander immers niet bekrachtigd door een handtekening, stempel en zegel van Hare Majesteits diplomatiek vertegenwoordiger in Riga? –, maar waar we door de overdreven voorzichtigheid en geheimhouderij van de Oude Heer niet de hand op konden leggen.

Inderdaad was uiterste discretie het handelsmerk van Joan Münninghoff. Dat hij over een invloedrijk en wijdvertakt netwerk beschikte werd in die laatste zomerdagen voor de Tweede Wereldoorlog duidelijk, toen hij op 28 augustus een telegram uit Berlijn ontving met de aankondiging: 'Over drie dagen begint het bal in Warschau.' Een afgesproken code met zijn tipgevers in de hoofdstad van het Derde Rijk dat de aanval op Polen voor de deur stond. En daarmee de realisering van de voor ons zo nadelige geheime clausules van het Molotov-Ribbentroppact, waarover de Oude Heer ook informatie had gekregen. Wie die informanten ook geweest mogen zijn (daar sprak hij nooit over), mijn grootvader aarzelde geen moment. De volgende dag zat mijn familie, ieder een koffer in elke hand, in de laatste trein die nog ongehinderd door de Corridor van Danzig westwaarts reed – 'met op elke treeplank een gewapende Poolse soldaat', zoals Xeno zich herinnerde. 'Ik heb mijn vader toen in één nacht grijs zien worden.'

Ik vatte die abrupte gedaanteverwisseling natuurlijk op als een metafoor, maar Xeno was hierin ook later, als deze tragische kernepisode uit onze familiegeschiedenis weer eens ter sprake kwam, telkens heel beslist: de Oude Heer had zijn stevige, donkere haardos in het etmaal waarin hij zijn zakenimperium zag instorten moeten prijsgeven. De foto's geven Xeno gelijk: de dynamische tycoon uit het interbellum wordt in de albums van de ene dag op de andere opgevolgd door een gesoigneerde vijftiger met enigszins treurige ogen en het soort zilverwitte haar waar veel vrouwen op plegen te vallen.

Dat het vertrek uit Letland definitief zou zijn, werd op dat moment nog nadrukkelijk door onze familie ontkend. Het meest rabiaat daarin was, natuurlijk, mijn vader: zodra men op de vluchtroute in Duitsland was aangekomen, maakte hij zich los van het gezelschap en dook hij onder bij een familielid van Omi in Hannover, want hij wilde onder geen voorwaarde definitief verhuizen naar het door hem verafschuwde Nederland. Sterker nog: hij wilde zo snel mogelijk naar zijn Baltische vrienden, die via de logistieke monsteroperatie *Heim ins Reich* (ook een onderdeel van Molotov-Ribbentrop) in Oost-Pruisische en Poolse ballingsoorden terecht waren gekomen en zich inmiddels massaal bij de Wehrmacht en vooral ook de ss, het keurkorps, hadden gemeld. Slechts met gebruikmaking van het onloochenbare gegeven dat Frans Münninghoff met zijn amper negentien jaar nog minderjarig was, en dus tot zijn eenentwintigste tot gehoorzaamheid aan zijn ouders verplicht, slaagde de Oude Heer erin hem door de Duitse politie te laten ophalen en afvoeren naar Nederland.

Eigenlijk was Opa de enige van de hele familie die bereid leek zich aan de opdoemende Hollandse werkelijkheid te conformeren. De anderen waren dat bepaald niet. De hunkering naar het zo abrupt verlaten luxeparadijs beheerste de eerste tijd de gedachtenwereld zodanig dat niemand er ook maar over piekerde om zich aan de nieuwe realiteit aan te passen. Aller ogen bleven op Riga gericht, en het Duits was en bleef, ook in Nederland, de gezinstaal – dat wil zeggen, de Baltische variant erop.

Met het *schneidige* Rijksduits, laat staan het Hitler-geblaf, wilden wij niets te maken hebben; daar werd in Riga en Reval in de betere kringen met afkeer en minachting op gereageerd, en dat bleef ook in Nederland zo. Bij ons werd het Duits van de hoffelijkheid en de zachtmoedigheid gebezigd, de taal waarvan je je inderdaad goed kunt voorstellen dat er ook diepzinnige of poëtische dingen in geformuleerd worden, en niet alleen maar oorlogsgebral en propagandistisch gekwaak. Zelf herinner ik me de Duitse taal, die ook mijn eerste was, als een lieflijk ruisen en een zacht gefluister, want ze kwam uit de mond van mijn moeder.

Maar die was er in 1940 nog niet bij in Nederland; Wera zat, samen met honderden lotgenoten, ingekwartierd in Kolberg, een Pruisisch provinciegat aan de Oostzee, waar ze in het kader van de operatie Heim ins Reich was terechtgekomen. Haar schip, de Sierra Cordoba, had het er bij de evacuatie beter van afgebracht dan het tweede schip in het konvooi, waarop een van haar beste vriendinnen de overtocht over de Oostzee maakte. Dat kwam in aanraking met een zeemijn en zonk, voor Wera's ogen, binnen twee minuten.

In de paar maanden die nog restten voordat operatie *Fall Gelb* aan de angstvallig in stand gehouden Nederlandse neutraliteit in de meidagen van 1940 een eind zou maken, probeerde de Oude Heer nog te redden wat hij kon. Hij ondernam zelfs nog drie korte reizen naar Letland, waar hij ervoor zorgde dat het huisraad van Von Lomani in achtentwintig containers werd opgeslagen in de kelders van het stadhuis van Riga. Ook liet hij het gloednieuwe Nederlandse machinepark van zijn textielfabriek in Bauska, niet ver van de grens met Litouwen, in kisten verpakken en in een nabijgelegen silo opslaan.

Het waren gevaarlijke reizen, want de Balten waren grotendeels verdwenen via Heim ins Reich en de Sovjettroepen leken elk moment binnen te kunnen vallen. Bovendien was de autochtone Letse bevolking mijn grootvader allerminst goed gezind, behalve de kleine groep die met hem gewerkt had, van hem geprofiteerd had of anderszins gemerkt had dat deze Nederlander in zijn gedrag wel heel erg verschilde van wat men van de Baltische baronnen had meegemaakt. Dat waren er echter veel te weinig om zijn veiligheid op Letse bodem te kunnen garanderen.

Maar hier betaalde zijn speciale relatie met president Ulmanis zich weer uit: die liet hem begeleiden door vier zwaarbewapende gardisten, zodat hij zonder problemen zijn zaken kon regelen. Wat hem overigens lang niet overal lukte: in december 1939, tijdens zijn derde en voorlopig laatste reis, toen hij probeerde zijn broodfabriek en zijn handelsbank veilig te stellen, kreeg hij van Ulmanis te horen dat de spanningen met Moskou nu zo hoog waren opgelopen dat hij maar beter naar Nederland kon terugkeren. Het schijnt dat de Oude Heer daar nog tegen geprotesteerd heeft, want zijn inlichtingenbronnen gaven hem nog enig respijt, maar Ulmanis was onverbiddelijk. De geschiedenis leert ons dat mijn grootvader het ook hier bij het rechte eind had, want de Sovjets vielen pas een halfjaar later, in juni 1940, Letland binnen.

Intussen had de Oude Heer zijn familie in Voorburg ondergebracht bij zijn bijna tien jaar oudere broer Wim, een met cryptosocialistische sympathieën behepte handelaar in van alles en nog wat die eind jaren twintig een groot kapitaal had verworven door in

Duitsland een munitiefabriek te beginnen, maar vervolgens door de crisis van 1929 bijkans tot de bedelstaf was gebracht. Het steevast terugkerende familieverhaal omtrent oom Wim was dat hij met de opbrengst van de verkoop van zijn fabriek precies genoeg geld had bezeten om één keer in een goed restaurant te dineren, wat hij gelukkig deed, om aan het slot een dikke sigaar met de verkoopakte aan te steken – wat hij gelukkig ook deed.

Oom Wim, een stevige, goedlachse man met een scherp verstand en veel kennis van zaken op marginale terreinen als tropische gewassen, ballistiek, boekbinden en nog veel meer, was niet in het Baltische avontuur meegegaan. In mijn familiepalet vertegenwoordigt hij nadrukkelijk de Nederlandse kant, samen met tante Marie, de eeuwig ongetrouwd gebleven, venijnige zuster van deze generatie Münninghoff.

Toen Wim zijn huwelijk met Josephine Freifrau von Schmeling, een allerminst sociaal voelende dame met haar op de tanden, na ruim twintig jaar zag verzanden, trok tante Marie, een kleine, ziekelijke vrouw die in haar kleding – steevast een kanten kraagje – en uiterlijk sterk aan prinses Emma deed denken, gewoon bij hem in. Dat scheelde weer in de centen, vonden ze allebei. Op de lommerrijke Voorburgse Prins Albertlaan bewoonden ze een kast van een huis, dat door Opa gekocht was als geldbelegging in Nederland. Het statige pand leek afkomstig uit een roman van Couperus, met zware gordijnen, tingelende uurwerken, glanzend donkerbruin parket en theesessies in een schemerige erker op zondagmiddag.

Toen de familieleden uit Riga arriveerden, was Wim de hoofdbewoner en had Marie een hele vleugel tot haar beschikking. Thea en Mietze, de twee dochters van Wim, hadden toen al het huis verlaten, omdat ze het constante gevit en de muggenzifterij van hun tante niet meer konden verdragen.

Dat de uit nood geboren invasie uit Riga, ondanks de onbetwiste eigendomsverhoudingen, niet direct in goede aarde viel, laat zich raden. Marie had het vooral gemunt op Omi, haar losbandige schoonzus, wie ze het leven vergalde door voortdurend kritiek te hebben op haar levensstijl, die zij veel te somptueus vond. Na amper drie maanden verhuisde onze groep mede daarom in januari 1940 naar een grote villa, eveneens door Opa aangekocht, aan de Laan van Nieuw Oosteinde in dezelfde gemeente, ruim genoeg om aan alle ontheemde verwanten plaats te bieden. Het eerste wat de Oude Heer deed was de kelderruimte volstorten met honderden blikken cornedbeef en andere voedingsmiddelen met een lange houdbaarheid. 'Genoeg voor de komende vijf jaar,' zoals hij met een wonderlijk trefzekere blik in de toekomst aankondigde. Op de lijst van het balkon liet hij in gotische letters BRIVA LATVIJA schilderen: 'Vrij Letland' in het Lets.

Deze tekst is veelzeggend voor de manier waarop de familie, en in de allereerste plaats Opa, een paar weken later de oorlog in Nederland in ging. Mijn in Laren geboren grootvader mocht zichzelf dan wel als Nederlander beschouwen, naar buiten toe waren we echter vreemdelingen. Het was weliswaar geen Duits wat er op ons balkon stond, maar het leek er vanwege de gotische letters wel op. Vrij Letland – als je erover nadacht, moest je in die oorlogsjaren wel tot de conclusie komen dat de bewoners van dit huis de Duitsers, die immers na juni 1941 in recordtijd Letland 'bevrijd' hadden van de Sovjets, een warm hart toedroegen.

In de chaotische maanden tussen hun vertrek eind augustus 1939 uit Riga en de Duitse aanval op Nederland op 10 mei 1940 was de familie deels in shock, maar tijd voor een normaal herstel was er niet. Omi, die vanzelfsprekend leed onder het verbroken contact met al haar vriendinnen, probeerde met eindeloze correspondenties de draad weer op te pakken en had nergens anders belangstelling voor, ook al was het lang niet zeker of haar brieven ook de gewenste bestemming bereikten. Het was in deze verwarrende tijd dat er een verhaal opdook dat haar tweede broer, Stanislaw, van wie eigenlijk niemand wist hoe hij de burgeroorlog in Rusland was doorgekomen, gesignaleerd zou zijn in Sjanghai. Daar werd Omi helemaal gek van. Ze ging waarzegsters raadplegen en frequenteerde occulte sessies, zoals Russische vrouwen nu eenmaal geneigd zijn te doen. Ook dat wekte bij de steile tante Marie een grondige weerzin op.

De Oude Heer was voortdurend weg, naar Letland, maar ook naar Engeland, waar hij Sir James nog een laatste bezoek bracht en, via hem, op het juiste niveau in Londen contact legde met MI6, de Buitenlandse Inlichtingendienst van Groot- Brittannië. Die kon hij toen al voorzien van een groot aantal waarnemingen en feiten uit de Letse grensstreken, reden waarom MI6 hem maar al te graag als betrouwbaar contact in Nederland registreerde.

Dat de tweeling zonder probleem naar Huize Katwijk kon, werd met opluchting begroet: een hele zorg minder. En dat Titty op de kunstacademie in Den Haag werd aangenomen was ook een geruststelling – zo vlak bij huis, het kon niet beter.

En Frans, het zorgenkind? Die had zich, na lang drammen, waar zijn ouders duidelijk geen tijd voor en geen zin in hadden, weten te onttrekken aan het gezin en had een kamer gevonden aan de Oude Gracht in Utrecht bij vrienden van de familie Poslavsky, waar hij beloofde zijn hbs zo snel als het maar kon af te maken. Flauwekul, maar er waren in Voorburg andere prioriteiten dan controle op zijn schoolgang. Eigenlijk werd hij vergeten, en toen op 10 mei de Duitsers binnenvielen, had Frans zich al aangesloten bij een groepje duistere avonturiers, merendeels Nederlandse jongens van goede komaf met ouders in Nederlands-Indië of elders op de wereld, losgeslagen vrijbuiters die in de oorlog een machtig avontuur zagen en flirtten met de gedachte zich bij de Duitsers aan te melden.

De laatste briefkaart die Frans aan zijn vader stuurt, gedateerd 13 mei 1940, dus midden in de oorlogshandelingen op Nederlands grondgebied, gaat over geld dat hij dringend nodig heeft: '75 of 100 gulden. Het zal zeker lang duren voor we mekaar weer zien. Frans.'

En het allerlaatste bericht komt medio juni, als hij de Oude Heer via via vraagt om de ouders van zijn vrienden Albert en Jack de Laffressange, die in Batavia wonen, een telegram te sturen dat het met hun zoons goed gaat.

Daarna stokt de communicatie, totdat Frans zich in september 1940 weer meldt. Hij is een oorlogsman geworden, geen zoon meer van zijn vader, en hij weet precies wat hij wil en ook precies hoe hij, ruim twintig jaar oud, dus nog steeds niet volwassen in de zin van de wet, zijn doel zal bereiken. Hij arrangeert via pater Constant Kolfschoten, ook inmiddels uit Letland teruggekeerd, op Huize Katwijk een ontmoeting tussen hem en zijn vader. Kolfschoten zit erbij als Frans zijn plannen voor de toekomst ontvouwt. De gardeschool in Zagreb is inmiddels geen optie meer. Het kan allemaal veel directer. De Oude Heer wendt vol afgrijzen het hoofd af als het woord ‘SS’ valt, maar Kolfschoten praat op hem in. Het morele gewicht van deze fanatieke anticommunistische geestelijke, die enthousiast is over de gedrevenheid waarmee Frans de strijd met het rode kwaad wil aangaan, is dermate groot dat de Oude Heer ten slotte toegeeft: ‘Doe maar wat je wilt, ik kan er toch niets aan veranderen.’

In oktober 1940 meldt Frans zich bij de SS in Den Haag. Hij heeft drie doelen: zijn vrienden uit Riga vinden en zich bij hen aansluiten, de bolsjewieken verdrijven uit het Letse paradijs, en trouwen met Wera.

–NEGEN–

De Baltische landadel had zich na de Hitlerstunt Heim ins Reich wrokkig en ontzet grotendeels in de inmiddels door de Duitsers bezette Poolse contreien gehergroepeerd. Men had de eigen landgoederen, huizen en andere bezittingen, die in een handvol eeuwen waren vergaard, moeten verlaten, maar daar stonden nieuwe landgoederen en huizen tegenover in het voormalige Polen, waaruit de oorspronkelijke bevolking in razendsnel tempo verdreven was. Vanuit dit *Neuland* zou de germanisatie van het *Ostgebiet*, een onderdeel van de achterliggende *Lebensraum*-filosofie, gerealiseerd worden, zo was in Berlijn bedacht.

Onder de ongeveer 150.000 Duits-Balten die op deze manier binnen de grenzen van het Derde Rijk terecht waren gekomen, heerste een eigenaardige stemming. Enerzijds kon men met eigen ogen zien dat men inderdaad aan het rode gevaar van een bolsjewistische invasie en bezetting ontsnapt was, precies zoals de nazipropaganda dat had voorgespiegeld. Immers, in juni 1940 waren de Sovjettroepen de Baltische landen binnengevallen en hadden communistische marionettenregeringen namens Moskou de macht in handen genomen.

Maar was die overhaaste evacuatie eigenlijk wel nodig geweest? Want anderzijds was er – zo leek het althans – sprake van gedogen door Berlijn. Sterker nog: uit Rusland kwamen dagelijks treinladingen vol brood, olie, zout en andere victualiën het Ostgebiet binnen, bestemd voor de Duitse troepen aldaar. Dat er dus een vuig spelletje gespeeld werd, was iedereen in die contreien wel duidelijk, al bleef het gissen wie wie had bedrogen: Stalin Hitler of andersom. Maar daar braken de meeste immigranten zich niet langdurig het hoofd over. Er had zich een nieuwe werkelijkheid aangediend en als ingezetenen van Neuland begonnen de Duits-Balten aan een nieuwe toekomst te werken. Dat ze zich daarbij lieten inspireren door de totalitaire uitstraling van Berlijn en net zo gehypnotiseerd raakten door de Führer als hun Rijksduitse landgenoten – als ze dat al niet waren – was te verwachten.

Een van de belangrijkste centra van het nieuwe Ostgebiet was Posen, een van oorsprong Poolse stad, die eeuwenlang Poznań had geheten maar nu tot de hoofdstad van de *Warthegau* van het Derde Rijk was uitgeroepen. Posen was het grootste spoorwegknooppunt richting oosten en er was, niet ver buiten de stad, een enorm vliegveld van de Luftwaffe. Een groot deel van de Duits-Balten vestigde zich uiteindelijk hier. Zo ook Wera met haar moeder, die eerst een paar weken in het slaperige Pruisische havenstadje Kolberg hadden doorgebracht, totdat Wera in Posen een baan had kunnen krijgen als secretaresse van de chef dramaturg van de stadsschouwburg.

De jongere Baltische generatie kwam in Posen dagelijks bijeen in café Schwan aan de Hauptstrasse. Daar fokten de *beaux garçons* van de Rigase scene elkaar zodanig op dat driekwart van hen binnen een mum van tijd in ss-uniform rondliep. Die bolsjewieken, die gingen eraan, pact of geen pact. Het besef dat het op een oorlog met de USSR zou uitdraaien was natuurlijk in deze kringen zeer sterk, en ondanks de twijfels die men omtrent Hitler koesterde werd men toch in de eerste plaats meegesleept door de oorlogszucht die hij uitstraalde. Voor de man zelf en zijn kleinburgerlijke persoonlijkheid haalde men de neus op.

In stille adoratie door de meisjes gadegeslagen hielden de jongens in Schwänchen hun gloedvolle redevoeringen en krijgshaftige toosts. De beslissende confrontatie met de communisten, hun erfvijanden, was onafwendbaar. Er hing iets onontkoombaar dreigends in de lucht, dat aan de ene kant afschrikwekkend aanvoelde, maar aan de andere kant ook tot tomeloze opwinding leidde.

Toen hij eenmaal op de hoogte was van deze situatie, wist mijn vader niet hoe gauw hij uit Nederland café Schwan in Posen moest bereiken, nadat hij zich in oktober 1940 bij de ss had gemeld. Hij had daarbij het geluk dat men op het rekruteringsbureau in de Haagse binnenstad buitengewoon behulpzaam en voorkomend was geweest. Tijdens het gesprek was men tot de conclusie gekomen dat Frans vanwege zijn kennis van het Russisch het best tot zijn recht zou komen als tolk (op zich het zoveelste bewijs dat er toen al aan een aanval op de Sovjet-Unie werd gedacht).

De aanvraagformulieren voor de tolkenschool in Berlijn werden ter plekke ingevuld, waarna Frans zijn handtekening onder het sscontract zette, reisdocumenten voor Posen en een voorschot in ontvangst nam, en drie dagen later onder luid gejuich van zijn Rigase vrienden in café Schwan een beduusde Wera in de armen sloot. Hij droeg een ss-uniform en had een rode band om de linkerarm, met daarop het woord DOLMETSCHER. Het café gold als *Meldepunkt* voor de Baltische diasporajeugd; wie hier kwam en als horend bij de club erkend werd, mocht zijn naam schrijven in *das Goldene Buch* dat achter de tap bewaard werd. Frans maakte er een hele show van, en Wera, die hem al meer dan een jaar niet had gezien, werd meteen weer verliefd op hem. Ook zij geloofde vanaf dit moment dat ze voor elkaar waren voorbestemd.

De tolkenopleiding in Berlijn ging niet door – tot vreugde van Frans overigens, want hij wilde niet van zijn hervonden vrienden gescheiden worden. Drie weken bleef hij in Posen als tolk bij de *Reichskommissar für die Festigung des deutschen Volkstums*, maar het voornamelijk bureaucratische werk dat hij daar moest doen stootte hem dermate af dat hij een rekest indiende om mee te mogen naar Praag, waar de meeste van zijn vrienden een basistraining kregen bij de eerste compagnie van het ss-regiment 'Deutschland'. Dat werd toegestaan, zij het dat in zijn militair paspoort de aantekening 'inzetbaar als tolk Russisch' werd gemaakt.

De opleiding in Praag was enerzijds keihard en Pruisisch-stompzinnig, maar tevens gericht op onverwoestbare kameraadschap en doordrenkt van het besef betrokken te zijn bij een hoge missie, die Europa moest redden uit de klauwen van de bolsjewieken. In dat fanatisme gingen de rekruten geheel op. Dat mijn vader '*mit heraushängenden Geschlechtsteilen*', zoals hij me wel eens vertelde, een keer met een tandenborstel de toiletten in zijn barak had moeten reinigen en bij diverse gelegenheden harde klappen en zelfs gelaarsde schoppen had gekregen, beschouwde hij als normaal en zelfs als effectief: 'Waar het mij om ging was het feit dat onze legers al tegenover de Russen stonden aan de Poolse oostgrens en dat wij binnen afzienbare tijd ook die kant uit zouden gaan. Dat stond allang vast, daar werd openlijk over gepraat. De onbeschrijflijke opwinding van dat vooruitzicht! We waren bereid alle ongemakken en straffen die de opleiding met zich meebracht lachend te doorstaan als we straks maar mee konden met die glorieuze veldtocht.

Sterker nog: we waren ervan overtuigd dat we door die even keiharde als soms onrechtvaardige behandeling mentaal sterker werden. En omdat we allemaal dezelfde straffen en klappen kregen, en dezelfde verhalen hoorden en dezelfde liederen zongen, ontstond er bij ons een sfeer van saamhorigheid die zo intens was als ik sindsdien nooit meer heb meegemaakt. *Meine Ehre heisst Treue* – dat interpreteerden we vooral als trouw aan elkaar, als de onwrikbare zekerheid dat we elkaar nooit in de steek zouden laten. En zo is het ook gegaan.'

Met die instelling ging hij, na overplaatsing naar München, uiteindelijk op 22 juni 1941, de dag waarop Operatie Barbarossa begon, het slagveld op.

–TIEN–

De oorlog bood mijn grootvader intussen alle gelegenheid om zijn buitengewone bedrevenheid in manipuleren en ondoorzichtig zakendoen ook in Nederland toe te passen. Binnen enkele maanden had hij, door gebruik te maken van zijn in Letland opgebouwde internationale reputatie en de daarmee samenhangende kredieten die hij bij zijn oude relaties wist te krijgen, weer een goed lopende commercie op gang weten te brengen. Daarbij activeerde hij zowel in Nederland als in Duitsland zijn oude contacten. Voor hem was de oorlog een uitdaging voor zijn zakelijke intelligentie, een soort Risk, waarbij de principiële kanten van de krijg grotendeels op de achtergrond bleven.

Dat zijn eigen oudste zoon wel partij had gekozen nam hij op de koop toe. Een enkele keer liet hij in gesprek met Nederlanders van de ondergrondse zijn afkeer blijken van de stappen die Frans had genomen. 'Hij is dood voor mij' was wel het ergste wat hij in het begin van de bezettingstijd tegen verzetsman Bert Westenberg, een houthandelaar die hij nog uit Riga kende, over zijn oudste zoon die naar de SS was vertrokken, heeft gezegd. Waarop Westenberg meteen riposteerde met: 'In zijn plaats had ik dat ook gedaan.' Daar trok de Oude Heer lering uit. Frans werd voortaan achter de hand gehouden als troefkaart, als het zo uitkwam, in gesprekken met de Duitse bezetter.

De door hem al in de jaren twintig opgerichte handelsfirma N.V. Poortensdijk was het vehikel waarmee mijn grootvader onverdroten aan een nieuw zakenimperium begon te bouwen. Dat hij daarbij met de Duitsers zou moeten samenwerken, was voor hem duidelijk, maar dat hij tegelijkertijd de geallieerden te vriend moest zien te houden was dat evenzeer. Los van zijn afkeer van het gebral van de nationaalsocialisten geloofde mijn grootvader van meet af aan niet in de mogelijkheid dat Duitsland zegevierend uit de oorlog zou komen. Om zijn achterliggende hoofddoel, de Letse bezittingen terugkrijgen, uiteindelijk te kunnen verwezenlijken was het dus zaak om aan te pappen met de Duitsers, die al snel na het begin van Barbarossa in Riga weer de lakens uitdeelden, maar tegelijkertijd zo veel credits bij de geallieerden op te bouwen dat hij straks zelf met een onbevlekt moreel blazoen aan de periode van wederopbouw in de nieuwe vredestijd zou kunnen beginnen.

Of terugkeer naar Letland dan mogelijk zou zijn kon hij natuurlijk niet overzien; wel voelde hij aan dat remigratie onder Duits bewind, wat in principe zeker mogelijk zou zijn geweest, een fatale vergissing zou betekenen. Weliswaar waren er in Riga, na de Duitse herovering van het Baltikum in 1941, inmiddels weer heel wat aangetrouwde familieleden teruggekeerd, maar dat waren nu juist leden van de fanatieke pronazi Strandmann-clan, de familie van mijn grootmoeder. Daar wilde mijn grootvader zich als Nederlander absoluut niet mee vereenzelvigen, al rijpten er intussen wel allerlei plannen in zijn hoofd om die mensen voor zijn karretje te spannen.

Maar verder dan dat wilde en kon hij zich niet encanailleren. Dat liet, te midden van al zijn opportunistische gedachtenspinsels, zijn meest oprechte gevoel, een sterk Nederlands patriottisme, eenvoudig niet toe.

Ook daarvan liet de Oude Heer in het openbaar weinig tot niets blijken, gewend als hij was om in alle omstandigheden de kaarten tegen de borst te houden. Maar het staat er toch, zwart op wit in een brief die hij op 8 januari 1942 vanuit Voorburg aan prinses Juliana in Ottawa liet bezorgen en waarvan ik een kopie bezit:

> Door eene bijzondere gelegenheid ben ik heden in staat gesteld ongecensureerd brieven naar het buitenland te verzenden. Van deze gelegenheid heb ik gaarne gebruikgemaakt om een lang gekoesterde wensch ten uitvoer te brengen. Per dezelfde gelegenheid heb ik aan de American Express Company Inc. te New York opdracht gegeven om, na ingewonnen toestemming van de deviezenautoriteiten, aan Uwe Koninklijke Hoogheid vijfduizend U.S. $ over te maken welk bedrag ik verzoeken moge naar het inzicht van Uwe Koninklijke Hoogheid ten dienste der oorlogvoering te willen doen gebruiken. Terwijl ik de verzekering geef dat ontelbare Nederlanders dolgaarne hetzelfde zouden willen doen wanneer hun hiertoe de gelegenheid geboden werd, alsook dat minstens 98% der Nederlanders – vooral onder de mingegoede en arbeiders – zich 'door dik en dun' oprechte Vaderlanders toonen, verblijf ik, van Uwe Koninklijke Hoogheid de onderdanige dienaar, J.M.J.A. Münninghoff.

Smeergeld op niveau! Hoewel een bedrag van 5000 dollar nou ook weer niet iets is om steil van achterover te slaan, al was het geld toentertijd misschien wel twintig keer zoveel waard als nu. In elk geval kan gezegd worden dat mijn grootvader zich met deze schenking wel degelijk in het gezichtsveld van het Huis van Oranje plaatste; de wel erg positieve schatting van 98 procent trouwe vaderlanders ben ik geneigd vooral als hart onder de riem voor Juliana te beschouwen; daarvoor was mijn grootvader eenvoudig te goed geïnformeerd.

Wat mij bij herlezing telkens weer intrigeert is de vraag of de Oude Heer dit briefje niet vooral als een soort verzekeringsbewijs tegen eventuele latere narigheden – en die kwamen er volop – door de oorlog heeft geloodst. En hoe heeft hij dat gedaan? Het lag gewoon in zijn kluis, wat betekent dat hij bij een eventuele huiszoeking door de Gestapo direct door de mand zou zijn gevallen. Maar kennelijk vertrouwde hij erop dat hij in dat geval nog gelegenheid zou hebben het te verbranden of anderszins te vernietigen. Of misschien ging hij ervan uit dat zo'n huiszoeking toch nooit zou komen, gezien het feit dat hij inmiddels al goede betrekkingen met een bepaald deel van de Duitse bezetters had aangeknoopt.

Men kan zich goed voorstellen dat de Duitsers, die in ons land doorgaans de diensten kregen aangeboden van tweederangs avonturiers, ranzige opportunisten, slecht Duits sprekende collaborateurs en opgefokte NSB'ers, opveerden toen ze deze gesoigneerde man van de wereld ontmoetten, die overal in Europa zijn connecties had. Altijd handig in oorlogstijd, waarin buiten de gevechten om ook op een of andere manier met de tegenpartij informeel gecommuniceerd moet kunnen worden. De indruk van de nazi's dat mijn grootvader aan hun kant zou staan, werd vervolgens tot onomstotelijke zekerheid verheven door het feit dat zijn oudste zoon Frans sinds oktober 1940 onder de wapenen bij de Waffen-SS verkeerde. Wie zijn zoon het uniform laat aantrekken en naar de oorlog laat gaan, brengt het grootste offer dat van een man gevraagd kan worden, luidde de redenatie.

Zo dacht *Kriminalkommissar* Johann Munt, het hoofd van de *Aussenstelle* van de Duitse politie aan de Nassaulaan in Den Haag, er hoogstwaarschijnlijk ook over toen hij de Oude Heer, in verband met diens verleden in Letland, een keer kwam opzoeken. Munt was een intellectuele man die, zo bleek al meteen in het eerste gesprek, een grote hekel had aan het autoritaire machtsvertoon van de nazi's in Nederland en bepaald niet tot de vrienden van de rabiate *Reichskommissar* Seyss-Inquart of de *Höherer ss- und Polizeiführer* Hanns Rauter gerekend kon worden. Met Munt bouwde de Oude Heer voorzichtig een relatie op, die wellicht het best omschreven kan worden als een door beiden bewust gezochte mogelijkheid om te midden van alle oorlogsellende toch als normale, beschaafde mensen te kunnen converseren en af en toe een gedachte te kunnen toetsen of een idee te lanceren zonder dat dat nu direct tot consequenties of repercussies hoefde te leiden.

Een ander verhaal was de groep hoge Duitse marineofficieren die na verloop van tijd geregeld op De Laan kwam dineren. Dat waren mannen die directe toegang hadden tot Wilhelm Canaris, het hoofd van de *Abwehr*, de contraspionagedienst van de nazitroepen en zelf een marineman (hij had de rang van admiraal).

Van wat deze mensen (het waren er maximaal vijf; hun namen zijn nooit in onze familie bekendgemaakt door de Oude Heer) na afloop van de diners in de herenkamer, onder het genot van sigaren en cognac, allemaal bedisseld hebben, is niets op papier terug te vinden. Uiteraard niet; het was allemaal geheim en uiterst gevaarlijk, omdat de Gestapo en verklikkers op de loer lagen. Tegelijkertijd moet er, door zijdelingse opmerkingen, gebaren, veelbetekenend stilzwijgen, op de juiste momenten zuchten of kuchen en het glas nogmaals volschenken, in die herenkamer stap voor stap een sfeer zijn gecreeerd waarin na verloop van tijd een dusdanig wederzijds vertrouwen ontstond dat er nadien over verstrekkende acties gesproken kon worden, tot en met de aanslag op Hitler op 20 juli 1944.

Vaststaat in elk geval dat de Oude Heer langzaam maar zeker voet aan de grond kreeg bij het segment van de Duitse autoriteiten dat al snel na het begin van de oorlog in de gaten had gekregen dat men met Hitler op het verkeerde paard had gewed. De raadselachtige vlucht naar Schotland van Rudolf Hess in mei 1941, die naar verluidt buiten medeweten van Hitler vredesvoorstellen aan de geallieerden had willen aanbieden, leek daar een exponent van.

Terwijl er in Berlijn door duizenden militairen koortsachtig werd gewerkt aan de voorbereidingen op Barbarossa, de even heilloze als allesbeslissende aanval op de Sovjet-Unie die een maand later zou beginnen, waren er in datzelfde militaire apparaat ook op hoog niveau mensen te vinden die wel die confrontatie met de USSR wilden, maar daarbij een *Alleingang* van Duitsland onwenselijk achtten en daarom de geallieerden aan hun zijde wilden krijgen.

Een van die mensen was Canaris, zoals later zou komen vast te staan, toen aan het eind van de oorlog zijn dagboeken in een kluis werden ontdekt. En hij had een flink aantal van zijn vroegere marinevriendjes achter zich, die op zijn verzoek vanuit hun standplaatsen in Europa gingen rondkijken naar belangrijke personen uit het openbare leven en de zakenwereld die ook voor dit plan te vinden waren. Mijn grootvader was, zo was althans de stellige overtuiging van de bewoners van Briva Latvija, een van die gesprekspartners. Niet onlogisch, want de verwezenlijking van zijn plannen om zijn Letse bezittingen terug te krijgen leek met deze opzet van Canaris immers gegarandeerd. Dat een en ander ook onvermijdelijk het *kaltstellen* van Hitler inhield, was iedereen duidelijk. Door internering of door liquidatie, dat was om het even.

Dit scenario, dat door Churchill en Roosevelt overigens met kracht verworpen werd, was honderd procent in overeenstemming met wat mijn grootvader wilde. En daarom kwamen die Duitse marineofficieren naar de herenkamer op De Laan.

Was onze familie een gewone Nederlandse doorsneefamilie geweest, dan had deelname aan het verzet voor de hand gelegen. Zoals Opa's broer Wim ook daadwerkelijk heeft gedaan: het grote huis aan de Prins Albertlaan in Voorburg dat Wim en 'zus', zoals tante Marie genoemd werd, beheerden, was de hele oorlog door een clandestiene werkplaats voor de ondergrondse, waar paspoorten, bonnen en allerhande documenten werden vervaardigd (oom Wim was onder meer een geschoolde kalligraaf) en waar geregeld onderduikers in werden ondergebracht. De Oude Heer wist daar uiteraard van, maar zijn belangen lagen elders en dicteerden een andere aanpak van de realia van de oorlog.

Hoewel er ook op De Laan onderduikers hebben gezeten: naast Xeno en Jimmy, die uit voorzorg binnen werden gehouden als er weer een razzia aankwam (daar had de Oude Heer meestal voorkennis van), heeft ook een half-joodse klasgenoot uit Huize Katwijk, Peter Meyer Viol, die koeriersdiensten voor het verzet verrichtte, enkele maanden in de kelder met de levensmiddelen ondergedoken gezeten, samen met de Amsterdammer Jan Boeder, een vriend van Bert Westenberg, het hoofd van de verzetsgroep Amsterdam-Zuid. En een met oom Wim bevriende man die in de familieverhalen als 'de Spoorwegman' wordt aangeduid, kreeg op de bovenste verdieping een dienstbodekamer met een dubbele wand, waarachter hij zich via de klerenkast vrij comfortabel kon terugtrekken als er een huiszoeking zou worden verricht. In die kast hingen alleen vrouwenkleren en ook aan de spulletjes op de wastafel of de verdere inrichting van de kamer kon je niet zien dat hier een man woonde.

Behalve door de goede contacten van de Oude Heer met het hogere Duitse echelon was het ook door de dagelijkse gang van zaken en de leefcultuur op De Laan niet erg waarschijnlijk dat er ooit sprake zou zijn van een Duitse inval. Er werd onderling Duits gesproken, ook met de superbetrouwbare sfinx Frau Kochmann natuurlijk, terwijl het bekend was dat zoon Frans bij de SS zat.

Dus toen er op een koude februariavond in 1944 aan de deur gebeld werd en vrijwel meteen daarop luid het welbekende '*Sofort auf-*

machen!' klonk, sloeg de paniek toe. Boeder zat in de kelder, maar Meyer Viol, die het ondergrondse bestaan maar moeilijk kon volhouden en geregeld naar boven kwam om een luchtje te scheppen, zat op dat moment in de herenkamer samen met de Oude Heer nota bene naar Radio Oranje te luisteren. Tot overmaat van ramp was ook de Spoorwegman naar beneden gekomen, wat mocht, op voorwaarde dat de kust absoluut veilig was.

Wat dus niet het geval was. Hoe dat kon is een onopgeloste vraag in de familie gebleven. Misschien dat een leverancier of een van de sporadisch ingehuurde werklieden toevallig iets gemerkt had en het had doorgebriefd aan de SD, die zich toen opeens herinnerd had dat er zo wonderlijk vaak Duitse marinemensen op Laan van Nieuw Oosteinde 125 waren langs geweest; en omdat juist in die tijd er al een web van vage verdenkingen rond admiraal Canaris aan het ontstaan was, had men besloten om daar eens een kijkje te gaan nemen.

Tijd om de normale schuilplaatsen te bereiken was er in elk geval opeens niet meer, hoewel Frau Kochmann opzettelijk treuzelde met opendoen en een beetje knorrig (dat was ze nu eenmaal van nature, daar kon het dramatische moment niets aan veranderen) 'Ja, ja!' riep tegen de vier gleufhoeden op het bordes, ondertussen extra hard met haar omvangrijke sleutelbos rammelend om aan te geven dat de deur op slot was en ze niet direct de juiste sleutel kon vinden.

Dat gaf precies het minuutje respijt dat iedereen nodig had: terwijl Meyer Viol hysterisch van angst de trap op sprong, naar het balkon rende en zich in de klimopstruiken trachtte te verstoppen, vluchtte de Spoorwegman via de bijkeuken naar de achtertuin, die, zeker meer dan honderd meter diep, uitkwam op een gewone Voorburgse straat met rijtjeshuizen. Hij slaagde er uiteindelijk in om oom Wim aan de Prins Albertlaan te bereiken, die hem wist te verbergen in de toren van de katholieke kerk van Sint-Martinus aan het Oosteinde.

Maar Meyer Viol had minder geluk. Het moet een op het eerste gezicht komisch tafereel geweest zijn: de SD'er die vraagt: '*Was machen Sie hier?*' aan een jongeman die op het balkon met zijn rug tegen de muur gedrukt staat en tevergeefs probeert zich te bedekken met klimopbladeren, waarvan hij er in zijn radeloosheid een paar handenvol op zijn hoofd en schouders heeft gestrooid. En Peter Meyer Viol, die opeens met superieure verachting zegt: '*Aber sehen Sie das denn nicht? Ich verstecke mich vor Ihnen.*' Waarna hij in de boeien wordt geslagen en het tafereel plotsklaps alle humor verliest en verandert in een macaber, inktzwart schouwspel. Hier zou, hoogstwaarschijnlijk, een jong leven een trieste wending nemen.

De enige die het hoofd koel had gehouden was de Oude Heer. Niet alleen had hij in een oogwenk de radio (waar hij wel een vergunning voor had) op een andere zender gezet, maar ook had hij de twee straks onverklaarbare glazen in de afwasteil in de keuken, die naast de herenkamer lag, laten verdwijnen en ten slotte de stoelen rechtgezet. Toen de SD-ploeg binnenkwam zat hij achter zijn bureau te werken.

Hoe de Oude Heer het voor elkaar kreeg is altijd een raadsel gebleven. Ook Peter Meyer Viol komt in zijn memoires niet verder dan de constatering: 'Hij heeft mijn leven gered.' Onomstootbaar feit is evenwel dat de hoogste in rang van de SD'ers in de herenkamer werd genood, waarna de deur dichtging en er een gesprek van een klein halfuur volgde, met als resultaat dat Meyer Viol de boeien werden afgedaan en de vier ongenode gasten beleefd groetend het huis verlieten.

Een mogelijke verklaring kan zijn dat Meyer Viol, die tweetalig Duits en Nederlands was, door Kriminalkommissar Munt op papier geselecteerd was voor een informeel gesprek dat deze wilde voeren met jonge mensen uit het verzet en aanverwante kringen. Het doel was om meer begrip voor de Duitse kant te kweken en in elk geval een poging te doen het imago van de bezetter op te krikken. Typisch een actie van een beschaafd mens die er gewoon genoeg van kreeg om steeds maar weer vanwege zijn nationaliteit, rang en uniform overal met de nek te worden aangekeken. Hoe idealistisch en wereldvreemd ook, er werd achter de schermen op Munts bureau hard aan gewerkt een vertrouwensbasis te creëren voor deze bijeenkomst. De arrestatie van een van de genodigden zou natuurlijk alles bedorven hebben.

Het groepsgesprek met Munt heeft inderdaad kort daarna plaatsgehad, met Meyer Viol en Jimmy onder het tiental deelnemers, zonder dat het overigens ook maar een greintje wederzijds begrip opleverde. Voor Munt was het voorspelbare gevolg dat, toen een en ander in Duitse kring bekend raakte, hij in zijn relatie met Seyss-Inquart en vooral met Joseph Schreieder, de fanatieke *Kriminalrat* die de afdeling Contraspionage in Nederland leidde, de nodige problemen kreeg. Ze vonden hem een watje, al gingen ze, opmerkelijk genoeg, niet over tot ontslag.

Voor de Oude Heer, die wel met de redelijke Munt, maar niet met de rabiate Schreieder (de man achter het *Englandspiel*) door één deur kon, dreigde er nu gevaar. Dat diende zich twee maanden later, in april 1944, ook in concreto aan, toen hij werd opgepakt en naar het Binnenhof werd gebracht voor verhoor door de Gestapo. Men gedroeg zich aan Duitse kant correct, maar tevens zeer vastberaden. Er was geen sprake meer van enige gemoedelijkheid à la Munt; als ze de Oude Heer erbij konden lappen, zouden ze dat zeker doen, en dan waren de gevolgen buitengewoon ernstig.

Het ging namelijk om Bert Westenberg, van wie de ijverige speurneuzen van Schreieder inmiddels hadden ontdekt dat hij al in de interbellumperiode in Riga goed bevriend was geweest met Joan Münninghoff. Beiden hadden elkaar in de houthandel leren kennen en waren ook vrijwel gelijktijdig naar Nederland teruggekeerd toen de Sovjettroepen in 1939 aanstalten maakten om Letland binnen te vallen.

Omdat Westenberg als leider van de verzetsgroep Amsterdam-

Zuid een behoorlijk aantal aanslagen op zijn naam had staan, leek het de Gestapo dienstig om de Oude Heer over zijn vroegere makker te ondervragen. Ook hadden ze Jimmy een uur later naar het Binnenhof gehaald; die vonden ze sowieso verdacht wegens zijn band met de inmiddels weer elders ondergedoken Peter Meyer Viol.

Wellicht zonder het zelf te bevroeden had de Gestapo met deze actie inderdaad Westenberg vrijwel in de tang. De situatie was namelijk dat de gezochte verzetsman tijdelijk in een loods op het uitgestrekte industrieterrein van De Binckhorst in Den Haag zat ondergedoken en dat Jimmy hem daar elke dag eten bracht. Dat kon hij onopvallend doen, omdat de Oude Heer in die industriewijk een ringventilatorenfabriek, Stork genaamd, had gekocht, waar Jimmy een baantje op de administratie had gekregen.

Als een van de twee Münninghoffs tijdens het verhoor had doorgeslagen, was Westenberg zonder twijfel opgepakt en terechtgesteld. Maar ze sloegen niet door. Ze werden apart verhoord en wisten ook niets van elkaars situatie, totdat ze door een nalatigheid van de bewakers elkaar heel even zagen in een gang van het Binnenhof. De Oude Heer legde een wijsvinger op de lippen, eigenlijk meer een veeggebaar, dat door Jimmy meteen werd opgepikt: niets zeggen. Hij voelde zich er ook door bemoedigd, vertelde hij later. Hier lag een kans om zijn vader, die altijd op hem had neergekeken als op een invalide moederskindje, te bewijzen dat hij tot iets goeds in staat was.

Dus toen zijn ondervragers begonnen met: 'Ken jij een zekere Bert?', kwam het antwoord direct: 'Jazeker ken ik Bert. Dat is Bert ten Brink, die bij mij op Katwijk zit, twee klassen lager.' Dit onbevangen antwoord, dat Jimmy zonder ook maar met de ogen te knipperen gaf, gekoppeld aan zijn duidelijke fysieke gebrek (hij had een hoge rechterschouder en een dunne rechterarm), creëerde een sfeer waar de ondervragers niet goed raad mee wisten. Het feit dat er moeiteloos in het Duits gesproken kon worden en dat de jongeman tegenover hen het insigne van de Duits-nationalistische Baltische kruisridders op zijn revers droeg (waar de Oude Heer heel kwaad over was), deed de rest. Na nog geen uur kon Jimmy weer naar huis.

Met de Oude Heer liep het moeizamer. Men bleef beleefd, maar hij moest toch de nacht in een cel doorbrengen in afwachting van verdere verhoren. Dat kwam zijn Duitse marinevrienden ter ore, die de volgende ochtend met de borst vooruit het Binnenhof betraden en de dienstdoende Gestapo-commandant de mantel uitveegden: '*Entweder der Mann ist ein Spion und Sie erschiessen ihn, oder Sie lassen ihn frei. Aber wir brauchen ihn!*' was hun boodschap. Waarna ze op hoge toon uit de doeken deden dat de Oude Heer een voor het Reich strategisch zeer belangrijke productielijn had opgezet. Dat ze hem vooral ook nodig hadden in de marge van de aanslag op de Führer, die amper twee maanden later zou plaatsvinden, bleef uiteraard onder water.

Dat van die strategisch belangrijke productielijn klopte overigens – en dat was ook de belangrijkste reden geweest dat de Oude Heer, die verder elke connectie met Bert Westenberg glashard ontkende, ten slotte diezelfde dag weer naar huis mocht. Zijn licentie voor een Zweedse gasgenerator, die hij inmiddels was begonnen te produceren bij Stork op De Binckhorst, was namelijk officieel door het *Ostamt* in Berlijn als onontbeerlijk voor de oorlogvoering aangemerkt. Daarmee had de Oude Heer zich onmisbaar voor het Duitse gezag gemaakt; toen dat eenmaal, met medewerking van zijn marinevrienden, van hogerhand bevestigd was, kon er van verdere ondervraging geen sprake meer zijn en werd hij, overladen met excuses, per dienstauto naar De Laan teruggebracht. De hele rest van de oorlog werd hij door de Duitsers met rust gelaten.

De connectie met Zweden en alle implicaties daarvan, bijvoorbeeld dat hij gelegenheid kreeg om geregeld naar Stockholm te reizen, was weer zo'n voor Joan Münninghoff typerende avontuurlijke onderneming geweest waarbij hij zakelijk profijt wist te koppelen aan activiteiten die hem ook na aan het hart lagen, maar die hij in het verborgene moest uitvoeren.

Zijn handel op Letland had de Oude Heer aan het begin van de Eerste Wereldoorlog niet alleen gedreven, maar samen met zijn jongere broer Anton, in de wandeling Tom genoemd. Die had zich ook in Riga gevestigd, alwaar hij al spoedig een reputatie van wildebras en *womanizer* kreeg, die broer Joan af en toe grote zorgen baarde. Zelfs toen Tom een ongeluk kreeg in een fabriekslaboratorium, waarbij zijn gezicht gedeeltelijk verbrand raakte door opspattend zoutzuur, werden zijn frivole activiteiten niet minder.

Mijn vader, die hem als puber in de jaren dertig geregeld bezocht, stond decennia later, als zijn oom ter sprake kwam, nog steeds voor een raadsel: 'Hij zag eruit als een verkreukelde lappenpop, met een grote donkerbruine brandvlek op zijn voorhoofd, een afgestompte, aangevreten neus en overal littekens. Maar dat compenseerde hij op een of andere manier met zijn persoonlijkheid. Hij was een geboren causeur en charmeur, en de vrouwen vielen bij bosjes voor hem. Zo zie je maar weer – waar het uiteindelijk op aankomt is niet een knap gezicht, maar wat daarachter zit. Je kon ook erg met hem lachen en hij was ronduit verkwistend met geld, waar ik natuurlijk graag van profiteerde. Die vrouwen ook trouwens. Hoe hij aan dat geld kwam was net zo onduidelijk voor me als hoe hij al die vrouwen versierde. Maar daar brak ik me op die leeftijd natuurlijk het hoofd niet over.'

Dat de naam 'Tom Mininghofs' in Letse societykringen geregeld over de tong ging, was voor mijn sociaal gevoelige grootvader intussen moeilijk te verdragen en hij probeerde zich dus zoveel mogelijk van zijn broer te distantiëren. Dat deze het beheer kreeg over een door de Oude Heer opgerichte, gloednieuwe textielfabriek in Bauska, een provincieplaatsje niet ver van de grens met Litouwen, had hier direct mee te maken.

De vlucht uit Letland in 1939 ondernamen de broers niet gezamenlijk. Tom belandde, na een avontuurlijke tocht over de Baltische Zee waarbij hij zowel de Sovjets als de op neutraliteit gefixeerde Zweden in een snelle boot wist te ontlopen, uiteindelijk in Stockholm, waar hij zakelijke contacten had opgebouwd. Eenmaal aan wal trouwde hij kort daarna met Käthe Endel, in het dagelijks leven Katja genoemd, een dochter van de Zweedse consul-generaal in Riga, met wie hij al een tijdje omging. Dankzij zijn invloedrijke schoonvader kreeg hij zonder problemen de Zweedse nationaliteit.

Deze situatie bood in oorlogstijd natuurlijk allerlei perspectieven, en beide broers legden dan ook hun persoonlijke geschillen tijdelijk bij om de hoge zaak van het overleven van de oorlog en de daaropvolgende recuperatie van de verloren bezittingen gezamenlijk ter hand te nemen.

Een uitgelezen gelegenheid hiertoe diende zich aan toen mijn grootvader in 1942 de licentie voor Nederland kreeg van de Kaelle-gasgenerator, in het dagelijkse spraakgebruik de turfmotor genoemd. Een product van de Svenska Fläkt Fabriken (Zweedse Ventilatoren Fabriek) dat in de tijden van klimmende brandstofschaarste, die onherroepelijk nog erger zou worden dan ze al was, van onschatbaar belang zou worden. Zowel voor de Nederlanders alsook – in nog grotere mate zelfs – voor de Duitsers, die immers voortdurend bezig waren met manschappen en oorlogsmateriaal overbrengen en verplaatsen, terwijl er geen zicht was op de verovering van de Kaukasische olievelden.

Hoe kreeg Joan Münninghoff die licentie en hoe slaagde hij er uiteindelijk in de nazi's ertoe te bewegen hem toestemming te verlenen om een proefrit te maken in een speciaal ontworpen reiswagen met Kaelle-turfmotor, die hem in drie dagen naar Riga zou voeren? Dat oom Tom en diens schoonvader vanuit Stockholm hierin de helpende hand hadden geboden laat zich raden, maar de – hoge – connecties met de bezetter, nodig om broer Joan in staat te stellen de profijtelijke link met Zweden te leggen en geregeld naar Stockholm te reizen, zijn in retrospect minder vanzelfsprekend.

Hiervoor maakte mijn grootvader gebruik van een nieuw contact dat hij aan het begin van de bezettingstijd was aangegaan: de tot Nederlander genaturaliseerde Duitse bankier Otto Rebholz, die in 1924 als jonge jurist naar ons land was gekomen om in Amsterdam te gaan werken bij de Commanditaire Vennootschap F. Leeser. Deze firma, die gespecialiseerd was in de internationale effectenhandel, had dankzij Rebholz aan het begin van de oorlog vele contacten in Duitsland opgebouwd, en het is dan ook niet verwonderlijk dat Rebholz in 1941, toen Berlijn een speciale *Beauftragter* voor de Nederlandsche Bank aanstelde, het eerste aanspreekpunt werd.

Daarvóór had hij reeds met grote voortvarendheid het familiebedrijf Leeser volkomen naar zijn hand gezet: Kurt Leeser, een jood en de enige naamdrager in het bestuur, trad in september 1940 af als stille vennoot, omdat hij de tekenen des tijds doorgrondde en begreep dat de schadeloosstelling die Rebholz hem aanbood veel hoger was dan hij straks, als de Duitsers echt naar zouden gaan doen, zou kunnen verwachten. Het kapitale pand aan de Herengracht veranderde nog diezelfde dag zijn naam in 'Rebholz Effectenkantoor' en per 1 januari 1942 werd dat zelfs 'Rebholz Bankierskantoor'. Het was de tijd dat de Duitsers overal nog de wind in de zeilen hadden en zelfs de oorlogsverklaring aan Amerika, gevolg van Pearl Harbor in december 1941, nog alom vooral als een daad van gerechtvaardigd zelfvertrouwen van Berlijn werd geïnterpreteerd.

Rebholz toonde zich een ijverige helper van zijn voormalige landgenoten. Zo verrichtte hij voor Seyss-Inquart persoonlijk een aantal grote transacties op de Nederlandse aandelenmarkt, waar de fondsen en certificaten met joodse eigenaars weerloos voor het oprapen lagen. Maar ook een aantal Duitse bankiers werd door Rebholz bediend.

Mijn grootvader kende hem nog uit het Berlijn van de jaren twintig en nodigde hem in 1942 op zeker moment uit om in Voorburg te komen dineren. Bij de cognac in de herenkamer kwam de turfmotor ter sprake, en korte tijd later werd Rebholz voor 100.000 gulden medeoprichter van de firma Nebalturf, de Nederlandsch Baltische Turf Maatschappij, die zich ten doel stelde de Letse turfvelden te exploiteren om zo aan brandstof voor de Zweedse crisismotor te komen. Dat het de achterliggende bedoeling van Joan Münninghoff was om op deze manier weer enige controle over zijn Letse bezittingen te krijgen, lag voor de hand.

Dankzij de entree die zijn zakenpartner Rebholz bij het Duitse bestuur in Berlijn had, slaagde mijn grootvader er gemakkelijk in de papieren te verwerven die hem in staat stelden, in een tijd dat vrij reizen bijkans onmogelijk was geworden, zakelijke bezoeken af te leggen in Duitsland, Letland en zelfs in Zweden. De Kaelle-motor was na een bezoek in de zomer van 1943 aan het *Ostministerium* aan Unter den Linden in Berlijn, waar hij, alweer dankzij Rebholz, twee uur met minister Rosenberg had geconfereerd, door de Duitsers tot zaak van rijksbelang verheven. Vanaf dat moment stond niets de uitvoering van dit project meer in de weg.

Kort daarna vertrok mijn grootvader, samen met een bevriende advocaat uit Den Haag, mr. Paul de Prez, voor een proefrit naar Riga, alwaar hij, motorpech voorwendend, een week langer dan voorzien zou blijven, louter en alleen om zo in staat te zijn samen met De Prez de stand van zaken omtrent de Letse bezittingen in ogenschouw te nemen en alvast een paar passende maatregelen te treffen.

Het bleek algauw dat repatriëring naar Letland niet raadzaam zou zijn. Weliswaar hadden de Duitsers het er nog steeds voor het zeggen, maar de stad was doortrokken van de verschrikkingen van de oorlog. Het joodse deel van de bevolking, zo'n 30 procent van het totaal van ruim een half miljoen mensen, was uitgeroeid, gedeporteerd of in vernietigingskampen buiten de stad opgeborgen. Behalve dat de echo van deze gruwelijke misdaad als het ware nog leek te weerklinken in de straten, heerste er ook een groeiend algemeen malaisegevoel, omdat het vlakbij gelegen Leningrader front al in tijden geen vooruitgang meer had geboekt en zelfs hier en daar onder de tegendruk van de Sovjets leek te bezwijken. Het vooruitzicht van een eventuele herbezetting door de bolsjewieken had de stad in een verlammende greep gekregen en van activiteit in handel of industrie was eigenlijk nauwelijks nog sprake.

Joan Münninghoff begreep dat hij, wat zijn fabrieken en ander onroerend goed betrof, alleen maar op betere tijden kon hopen. Wel besloot hij een vinger aan de pols te houden door in Riga een aantal afspraken te maken met 'de Heren van de Kudra', een kartel van Letse turfboeren dat deze wonderlijke naam droeg en dat in deze onzekere tijden maar wat graag een vaste afnemer erbij wilde hebben. De achterliggende gedachte van de Oude Heer was dat hij op deze manier Xeno en een aantal van diens Nederlandse vrienden uit de Duitse *Arbeitseinsatz* zou kunnen houden: die zouden dan in zijn dienst kunnen komen en in Letland het turfwinningsproces gaan begeleiden.

Maar een directe terugkeer als directeur van zijn fabrieken in Riga, die alle onder Duits bewind waren gesteld, zat er, los van zijn twijfel over de eeuwigheidsduur van de Duitse aanwezigheid in de Baltische landen, sowieso niet in en daarom concentreerde de Oude Heer zich op de in 1939 achtergelaten spullen uit de villa in Ilgeciems. Daar had het Rode Leger meteen na de inval in Letland een divisiehoofdkwartier in gevestigd, en de Russische officieren hadden een jaar later, toen Barbarossa op gang kwam, alles van waarde meegenomen, maar het meubilair stond nog steeds opgeslagen in de kelders van het stadhuis.

Met medewerking van de Rigase politie, waarvan Onkel Arno Hartmann na vertrek van de *Russkis* weer de commandant was geworden, slaagde Opa erin om het huisraad op een coaster ingescheept te krijgen. Een week later kwam de handel in Delfzijl aan en werd dezelfde dag nog in Voorburg afgeleverd, tot verbazing van de familie, die vrij algemeen deze collectie van wanstaltige tudorstoelen en -banken verafschuwde (een oordeel waar ik me bij het bereiken van de jaren des onderscheids bij aansloot), en die in elk geval nooit gedacht had dat de Oude Heer hier energie aan zou besteden.

Maar zo zat hij in elkaar: wat van hem was gaf hij niet uit handen en als het hem met geweld werd afgepakt, zou hij niet rusten voor hij het terug had. Dat hij er midden in de oorlog, in een tijd van uiterst moeizame logistiek, in slaagde om met betrekkelijk gemak dit onbelangrijke cargo van Letland naar Nederland te krijgen, illustreert zijn drammerigheid, naast zijn goede connecties.

De onderdelen voor de turfmotor, die na de proefrit wel degelijk in productie werd genomen, werden in diverse fabrieken vervaardigd, maar de uiteindelijke assemblage, resulterend in een veertig kilo wegend kastje dat op de voorbumper kon worden gemonteerd, geschiedde in Den Haag bij Storks Ringventilatoren Fabriek in De Binckhorst. Er was grote vraag naar (oom Tom, die de commissies integraal opstreek, kon er uiteindelijk het Grand Hotel in Malmö van kopen), niet alleen door de Duitsers, maar ook door de Nederlanders. Al snel liep de levertijd op naar minstens vier maanden en dat was voor een enkeling te veel.

Bijvoorbeeld voor Alphons Hamers, eigenaar en directeur van de sigarenfabriek De Huifkar in Oisterwijk. Deze onverbeterlijke bon vivant woonde tijdens de oorlog in Hotel Des Indes aan het Haagse Voorhout, alwaar hij, naast zijn suite, een tweede kamer had gehuurd om er zijn enorme sigarenvoorraad in te kunnen opslaan. Hamers stelde Opa voor met sigaren te betalen, in die jaren een in zeer hoog aanzien staand ruilmiddel, en bovendien was Opa een fervent sigarenroker. Met de aldus verkregen bolknakken ging mijn grootvader vervolgens in Den Haag naar een van zijn Duitse marinecontacten die geregeld in Berlijn verkeerde om daar te overleggen met schout-bij-nacht Von Puttkamer, een enorme sigarenfanaat en tevens een van Hitlers persoonlijk adjudanten.

Onnodig te zeggen dat de komst van een zending moeilijk te krijgen Nederlandse kwaliteitssigaren van De Huifkar, een begrip in kennerskringen, door Von Puttkamer telkens met gejuich werd begroet en dat hij de brenger van de dozen, ook al stond deze in rang een stuk lager dan hij, zonder terughoudendheid, ja zelfs met warme vriendschap, ontving. Het lijdt geen twijfel dat Von Puttkamer, die dagelijks met de Führer verkeerde en bij de bomaanslag van 20 juli 1944 gewond raakte, in de ongedwongen conversaties met zijn sigarenvriend menig feit betreffende de dagelijkse gang van zaken rond Hitler ter sprake bracht, wat deze man dan weer, samen met de andere berichten die hij uit conspiratieve kring in Berlijn had gekregen, bij terugkeer in Den Haag in de herenkamer aan de Oude Heer overbriefde. Zodoende was deze maximaal geïnformeerd over de ontwikkelingen rond de geplande aanslag op Hitler en was hij tijdens zijn bezoeken aan Stockholm goed in staat om de vertegenwoordigers van MI6, die hier uiteraard grote belangstelling voor hadden, naar wens te bedienen.

–ELF–

Frans Münninghoff mocht zich gelukkig prijzen. Hijzelf had het anders gewild, vertelde hij me later, maar er werd nu eenmaal niet gediscussieerd over de plaats waar de leiding van de SS je wilde hebben. En dus begon hij aan de Russische veldtocht als tolk van de regimentsstaf, want daar hadden ze op het allerlaatste moment toch meer behoefte aan dan aan simpel kanonnenvlees. Vanuit Lublin trok de *Division Wiking*, onderdeel van de *Heeresgruppe Süd*, de grens met Rusland over, de apocalyps van het slagveld tegemoet. Mijn vader volgde in de relatieve luwte van de hogere officieren, de stafkaarten, de heupflacons en de veldtelefoons.

Zijn beste vriend uit Riga, Wolf Meskeris, sneuvelde als tankcommandant al na een paar dagen in de aanval op de vesting Brest, waar de Sovjets tot op de laatste man in waanzinnige doodsverachting standhielden. En zo verging het velen van zijn vrienden. Dat zat Frans zó dwars dat hij na een paar maanden op eigen verzoek – en misschien ook omdat er inmiddels betere tolken uit Berlijn beschikbaar waren – naar een compagnie in de voorste linies werd overgeplaatst, hoofdschuddend gadegeslagen door de stafmedewerkers, die dit staaltje doodsverachting niet konden of wilden begrijpen.

Als mijn vader mij later, tijdens de eindeloze zondagochtendsessies in de keuken wanneer hij om acht uur zijn eerste borrel ophad, over de Russische veldtocht vertelde, schoten zijn grote bruine ogen binnen de kortste keren vol tranen, die naarmate ik puberaler werd steeds minder mijn mededogen wisten op te wekken.

Die verhalen gingen altijd volgens hetzelfde ritueel: 'Hoe gaat het op school?', en dan, zonder echt op het antwoord te wachten: 'Moet je horen, luister even naar me. Ik zit te denken aan Pauli, toen in de winter van '43, jij was nog niet geboren, we lagen in de loopgraven en hij had overal lak aan, ik kende hem uit Riga, hij had lang blond haar en dat begon hij te kammen, rechtop staand, om de Russen te provoceren, of misschien was hij wel gek geworden – ja, ik denk dat laatste, ik riep nog: "*Mensch, Pauli, bist du verrückt, geh in Deckung!*", maar hij lachte alleen maar en bleef zijn haar kammen, met van die lange halen. De kogel ging dwars door zijn voorhoofd, daar hoefden ze geen scherpschutter op te zetten, die Pauli was gewoon een schietschijf. Begrijp jij dat nou?'

Hulpeloos en verontwaardigd keek hij me aan, alsof ik de regimentspsychiater was. Hijzelf zou tot in de allerverste speerpunt van de nazitroepen mee optrekken en de winter van 1942-1943 zelfs in een Georgisch bergdorp doorbrengen. 'We waren met achttien man, de meesten Balten. Onze opdracht was de winter door te komen en het voorjaarsoffensief af te wachten. We spraken allen Russisch, er waren trouwens ook een paar lokale Mingrelen en kozakken bij die onze kant hadden gekozen. In elk geval, we assimileerden ons en reden ongewapend rond op muilezeltjes. De dorpelingen waren heel vriendelijk, want Stalin en zijn trawanten waren ook in de Kaukasus lang niet overal geliefd, zoals je later wel eens hoorde beweren. Ja, bij de Osseten was hij de held, want hij kwam uit hun stam, maar de rest had inmiddels al zwaar tabak van hem. En toen we ingesneeuwd raakten, wat al heel snel gebeurde, ontstond er zelfs een sfeer van saamhorigheid. Want dan moet je met mekaar zien te overleven, snap je? Dan zijn de natuur en de bolsjewieken je gezamenlijke vijand.

De communicatie met ons hoofdkwartier lag meteen stil; we waren in het grote geheel een halfvergeten, zinloos element geworden. Ach, zo'n bergdorpje, Bully – het heeft niets met de wereld te maken, of het nu oorlog of vrede is. Na de winter, toen Stalingrad was gevallen, kregen we na verloop van tijd, toen alles ontdooid was en de spullen het weer deden, de opdracht ons weer bij de hoofdmacht te voegen. We hadden het net zo goed niet kunnen doen, denk ik nu. Dan hadden we een hoop verschrikkelijke ellende ontlopen. Maar daar dacht je toen niet over na. En bovendien, ik ben daarna twee keer gewond geraakt, zeker, maar als ik gebleven was, hadden de Sovjets me na de oorlog zonder twijfel afgemaakt.'

Dit soort overpeinzingen bracht hem op zondagen tot een jeneververbruik van ruim een liter.

Er was, te midden van al die krijgsherinneringen, één verhaal dat mij mateloos boeide. Hij vertelde het niet vaak, en altijd zonder veel opsmuk, met een soort ontzag, leek het haast, maar ook verwondering, waaruit ik later meende te mogen concluderen dat dit het moment was geweest dat hij waarschijnlijk het dichtst bij de dood had gestaan. Ik weet ook nog hoe hij erover begon.

Ik had, rondspeurend door het huis toen mijn ouders ergens op bezoek waren, wat ik wel vaker deed, achter de klerenkast in hun slaapkamer een groot zwaard ontdekt. Het zat gestoken in een houten, met leer beklede schede en het handvat, van een harde donkerbruine houtsoort en afgezet met koper, had iets weg van een vogelkop. Er stonden geen verdere aanwijzingen op. Ondanks de uitgebluste dofheid van het koper en de gedeeltelijk tot craquelé verworden staat van het leer straalde het wapen een moordlustige agressie uit. Ik was zo nieuwsgierig dat ik, tegen mijn gewoonte in, mijn ontdekking niet voor me kon houden toen mijn ouders thuiskwamen.

Mijn vader glimlachte toen hij mijn opwinding bespeurde, nam het zwaard mee naar de zitkamer, schonk zichzelf eens in en begon: 'Dit is een sabel, Bully. Geen zwaard. Het is een sabel van een officier van het Rode Leger. Het is mijn enige oorlogstrofee, kun je zeggen. Het was in de zomer van 1942 en ik was met mijn onderdeel in de Oekraïne. Ik was net met Wera getrouwd, in Hamburg. We hadden een leuke tijd gehad in Lübeck, waar het rustig was en waar we, dankzij familie van Wera die daar in de buurt een boerderij had, goed hadden kunnen uitrusten van al dat oorlogsgedoe. Maar nu was het opeens weer ernst. Je weet misschien dat de Oekraïne wel de graanschuur van Europa genoemd wordt?

Onze troepen waren verzameld in een bos, we zouden gaan aanvallen en ik was op verkenning uitgestuurd, samen met nog een stel jongens, dwars door een enorm maïsveld dat voor ons lag en waar we doorheen moesten. Het was eigenlijk een onmogelijke opdracht, want al na tien meter ben je helemaal de weg kwijt; die maïsstengels zijn soms wel twee meter hoog en je verliest elke oriëntatie. Ze hadden natuurlijk de Luftwaffe erop moeten zetten, maar om een of andere reden deden ze dat niet. In elk geval, al na korte tijd was onze verkenningsgroep elk onderling contact kwijt. Teruggaan kon niet; dat zou als weigeren van een dienstbevel uitgelegd kunnen worden. Naar elkaar roepen was gevaarlijk, want de Russkis hadden natuurlijk ook hun mensen in het veld. Dus ik sloop verder, steeds maar die maïsstengels opzijschuivend, alsof ik in een soort jungle was.'

Mijn vader trok de sabel langzaam, bijna koesterend uit de schede. 'Opeens kwam ik op een open stuk, een cirkel ongeveer zo groot als onze voortuin. Vrijwel op hetzelfde moment kwam, uit het maïsveld recht tegenover me, ook iemand naar buiten stappen, die open cirkel in. Een Sovjetluitenant, zag ik aan zijn patjes. Enorm groot, wel twee meter denk ik, met gemillimeterd haar. Blauwe ogen. We schrokken allebei. Ik denk dat we allebei verdwaald waren. Hij was net iets eerder met het richten van zijn pistool dan ik. Nu ben ik er geweest, flitste het door mijn hoofd. Toch slaagde ik erin mijn Luger ook op hem te richten en af te drukken. Ik weet nog precies hoe stomverbaasd hij keek, nadat hij de tik van zijn weigerende Tokarev had gehoord. Maar ook aan die Luger van mij mankeerde wat. Twee ketsende wapens in een strijd op leven en dood, in een maïsveld in de Oekraïne. Hoe vind je dat?'

Termen als 'Luger' en 'ketsen' had ik al uit eerdere verhalen opgepikt, en ik vond het ongelooflijk spannend allemaal.

'Hoe het daarna precies gegaan is weet ik niet meer,' vervolgde mijn vader, 'maar hoe dan ook, ik had mijn pioniersschop veel eerder gebruiksklaar in handen dan hij deze sabel. De vorige avond had ik mijn schop nog extra scherp geslepen aan de randen. Onthoud dat, als je ooit in het leger komt: je pioniersschop is behalve een graafmiddel ook een wapen, als je hem tenminste voortdurend scherp houdt, want van het graven stompt zo'n ding natuurlijk af. Maar als je er goed voor zorgt, is een pioniersschop in feite een gigantisch scheermes.

Kortom, ik gaf die vent een geweldige klap dwars over zijn gezicht. Hij was meteen dood, dat kun je je voorstellen. Die sabel heb ik toen meegenomen, vooral als bewijs dat ik contact met de vijand had gehad.

Mijn commandant was tevreden: "Nu heb je voor het eerst het oogwit van de vijand gezien," zei hij. "Nu ben je een echte *Krieger*." Ik heb later nog herhaalde malen oog in oog gestaan met de Russen, onder meer toen ik als leider van een eigen gevechtsgroep een nieuw, door de Amerikanen geleverd machinegeweer had buitgemaakt. Daarvoor kreeg ik het IJzeren Kruis, maar dat heb ik je geloof ik al eens verteld?'

Daar begon hij weer. En of hij me dat al eens verteld had! Ik kende die geschiedenis maar al te goed – een aaneenschakeling van chaotische bevelen, domme zogenaamde heldendaden en een ontzagwekkende hoop soldatengeluk van een stel Duitse jongens die een slecht geïnstrueerd mitrailleurnest van de Sovjets, die niet met het fonkelnieuwe, maar vastgelopen Amerikaanse materiaal konden omgaan, onder mijn vaders leiding onder de voet liepen. En ook wist ik dat hij die onderscheiding achteloos door zijn commandant had *toegeworpen* gekregen terwijl hij in de loopgraaf lag. In de dagelijkse oorlogspraktijk aan het front was overleven hoofdzaak en was er geen tijd voor ceremoniële fratsen.

Maar dit verhaal uit het maïsveld, dat sloeg werkelijk alles. Een paar jaar later kwam ik er als gymnasiast, duchtig bijgedocumenteerd door Homerus, nog eens op terug: 'Dat tweegevecht in het Oekraïense maïsveld, dat was eigenlijk Achilles tegen Hector,' zei ik wijsneuzig. 'Je zou toch willen dat alle oorlogen op die manier werden beslist.'

Mijn vader keek me enigszins treurig aan: 'Met dit verschil dat wij tweeën, die Rus en ik, geen leiders waren die ergens voor stonden. We waren gewoon twee jongens die elkaar tegenkwamen en elkaar, omdat we nu eenmaal vijanden waren, om het leven moesten brengen. Hij was de snelste, maar hij had pech. Daarna was ik de snelste. Wat moet ik er verder van zeggen? Geluk gehad.'

Dat mijn vader de bolsjewieken haatte maar van de Russen hield, staat intussen voor mij vast. Omdat hij Russisch sprak kreeg hij in de oorlog ruim gelegenheid om dichter bij de gewone burgers te komen dan de veldsoldaten. 'Het was mijn taak om, als we een dorp hadden ingenomen, de bewoners bij elkaar te roepen en een standaardproclamatie van het opperbevel voor te lezen. Daarna konden er vragen gesteld worden, ik vertaalde die en ook de antwoorden die onze commandant gaf. En ten slotte ging ik, samen met een andere Baltische jongen, op zoek naar dorpelingen die geschikt waren om met ons samen te werken. Dat was overigens helemaal niet zo moeilijk, vooral niet toen we de Oekraïense dorpen bereikten waar de Sovjets kort daarvoor, in 1939, waren binnengetrokken. Daar stond de bevolking ons in klederdracht op te wachten met *chleb-solj*, hun traditionele welkomstritueel met brood en zout. En met wodka natuurlijk. Man, man, we hebben daar wat af gezopen, hoor! Zo blij waren ze dat wij de bolsjewieken hadden verjaagd. Het ging er daar in het begin echt gemoedelijk aan toe, ook al spraken de mensen meestal Oekraïens, een taal die qua klank wel Russisch lijkt, maar het helemaal niet is. Dus daar moest ik zo'n beetje doorheen schipperen, wat me overigens best goed afging, want mijn Russisch was nu eenmaal ook niet perfect.

Maar na een paar maanden,' zo vervolgde mijn vader, 'verharde hun opstelling en werden de mensen in de door ons veroverde gebieden van onze potentiële vrienden tot onze bittere vijanden. Dat was zeker het gevolg van de domme koers van Hitler, die Lebensraum eiste en de Russen en Oekraïners als slaven voor het Herrenvolk beschouwde. Dat verhaal kun je in elk geschiedenisboek lezen. Maar er was nog een tweede factor: de represailles door de partizanen, van wie er duizenden en nog eens duizenden, vaak geleid door communistische officieren van het Rode Leger, in de bossen verscholen zaten, om er 's nachts uit te komen om een dorp te overvallen en met ons collaborerende dorpelingen te executeren. Daar hadden we nauwelijks weerwoord op, want wij trokken verder en alleen in de grotere steden lieten we een garnizoen achter. Dus ook daardoor slonk het animo om met ons samen te werken aanzienlijk.

De laatste keer dat ik als tolk fungeerde was in 1943 bij Tsjerkassy aan de Dnjepr. Ik moest toen een stel krijgsgevangenen helpen ondervragen. De sfeer was uitgesproken grimmig en de ss-ondervragers sloegen er al snel op los als ze niet de antwoorden kregen die ze verwachtten. Het waren officieren, klootzakken uit Saksen, maar ik kon daar als sergeant niet tegen protesteren en beperkte me tot vertalen. Maar op zeker moment merkte ik dat het ditmaal met die gevangenen heel anders zou aflopen dan eerdere keren.

In de beginperiode van de oorlog werden ze in een kamp opgeborgen en uiteindelijk naar Duitsland of een van de bezette gebieden gebracht om daar te werken. Je kon toen aan hen zien dat ze daar helemaal niet zo ontevreden over waren: onafzienbare colonnes van vele duizenden Russkis lieten zich, bewaakt door een paar man van de Wehrmacht, gewillig afvoeren. Ze hadden die bewakers bij wijze van spreken met hun petten dood kunnen slaan, maar ze deden het niet, want ze waren vooral blij dat ze het er levend vanaf hadden gebracht en dat de Duitsers toch niet zulke beestachtige menseneters waren als hun propagandacommissarissen hun hadden wijsgemaakt. En inderdaad: wij waren toen aan de winnende hand. We hadden dus een goed humeur en stelden de officieren die we ondervroegen op een beleefde manier gerust en gaven hun koffie en eten.

Maar deze keer was het anders: wij hadden Stalingrad achter de kiezen en waren bezig aan de terugtocht. Ons moreel was laag en we waren nerveus en kribbig. Daar kregen de Russische krijgsgevangenen de gevolgen van te verduren. Tijdens een rookpauze hoorde ik van een Baltische kennis dat de gevangenen na ondervraging in groepen van twintig in vrachtwagens werden geladen en aan de rand van Tsjerkassy bij een greppel werden afgeknald. Ik heb toen iets gedaan waarvan ik me nu nog afvraag hoe ik dat ooit gedurfd heb.

De volgende gevangene die ik voor het verhoor moest ophalen uit de schuur waarin ze waren ondergebracht, heb ik met opzet laten ontsnappen. Het was een aardige jongen, met een vriendelijk, open gezicht met donkere ogen. Hij zat op de grond onder een deken en hield een foto van zijn vrouw en zijn zoontje in zijn hand. Ik kon daar op dat moment niet meer tegen. Ik trok hem aan zijn koppel overeind, nam hem bij de arm naar buiten, fluisterde hem in zijn oor dat hij moest opdonderen omdat ze hem zouden vermoorden – "*Oebjoet, pasjol*" – en gaf hem een harde duw in de richting van de nabijgelegen bosrand. Dat liet hij zich geen twee keer zeggen en een paar tellen later was hij door het bos opgeslokt.

Helaas voor mij had een toevallig naar buiten gekomen sergeant het allemaal gezien. Mijn verhaal dat die Rus zich had weten los te rukken hield dus geen stand en ik werd meteen in de boeien gesloten en apart gezet om voor de krijgsraad te velde te komen. Die zou me zeker ter dood veroordelen, wist ik.

Ik werd gered door een wonder. Onze sector kreeg op datzelfde moment bezoek van de commandant van een nabijgelegen eenheid, en die man was in Riga een huisvriend van de Von Schumachers geweest en had mijn geboortefeest meegevierd. Dus toen hij binnenkwam en hoorde van mijn geval, waarbij ook de naam Münninghoff viel, voerde hij meteen een gesprek onder vier ogen met mijn commandant. Hoe hij het voor elkaar heeft gekregen om mij stilzwijgend, zonder dat er een zaak van werd gemaakt, te laten overplaatsen naar een soort zelfmoordcommando bij de stoottroepen, in plaats van dat ze me meteen tegen de muur zetten, weet ik niet. Met mij heeft hij geen woord gewisseld en ook na de oorlog heb ik hem niet meer gezien.'

De naam van zijn redder heeft mijn vader me nooit willen vertellen. Zoals hij ook zweeg over zijn tijd in het strafbataljon. In dat commando, dat levensgevaarlijke opdrachten kreeg zoals het tot de laatste man verdedigen van objecten die voor de terugtocht noodzakelijk waren, werd mijn vader al spoedig gewond aan een been, zodat hij naar een hospitaal in Bamberg werd overgebracht. Een paar maanden later werd hij genezen verklaard en kreeg hij twee weken verlof. Dat hij spoorslags naar Posen vertrok en daar onverwijld Wera zwanger en tot mijn moeder maakte, beschouw ik als een daad van een gegratieerde terdoodveroordeelde die zich opeens realiseert dat er voor dit soort levenskwesties geen tijd meer te verliezen valt.

–TWAALF–

Het nieuws dat Frans en Wera op 11 mei 1942 in Hamburg getrouwd waren, was pas na enkele weken, via de familietamtam uit Duitsland, doorgedrongen tot de bewoners van De Laan. De reacties waren lauw. De Oude Heer had gezegd dat Frans nu voor de wet volwassen was en kon doen wat hij wilde. 'Maar ik verbied hem uitdrukkelijk hier in uniform te verschijnen,' liet hij in één adem grimmig weten.

Toen dat hem ter ore kwam, besloot mijn vader Briva Latvija voor zo lang de oorlog duurde verder te mijden. Omi, die wel degelijk trots op haar zoon was, probeerde hem over te halen toch te komen, maar daar verzette de jonge ss'er zich tegen. In de hele oorlogstijd is Frans Münninghoff één keer op Laan van Nieuw Oosteinde 125 in Voorburg verschenen, namelijk bij zijn eerste verlof in het voorjaar van 1941. In uniform, blakend van strijdlust en in het volle besef dat hij tegenover zijn vader voorgoed een grens had gepasseerd: hij, de oudste zoon, was krijger en zijn vader had dat maar goed te vinden. Met zijn glimmende laarzen, zijn ss-patjes en zijn hele resolute voorkomen maakte hij natuurlijk ook een onuitwisbare indruk op de mensen in de buurt, maar dat kon hem niets schelen. Nederland en zijn bewoners telden totaal niet mee in zijn wereldbeeld.

Gelukkig was de Oude Heer op dat moment niet aanwezig. Na twee dagen vertrok Frans weer, nagewuifd door Omi en allen die hem liefhadden en vereerden: Jimmy, Titty, Frau Kochmann, een paar tantes en ooms die in die periode op De Laan neergestreken waren. En Livia Ecury.

Dat was een Arubaanse van goede komaf die door de oorlog min of meer overvallen was en niet meer naar haar mooie eiland terug kon. Haar vader, een internationaal zakenman, kende mijn grootvader, en bovendien waren Livia en Titty schoolvriendinnen. Ze zou tot na het eind van de oorlog op De Laan blijven, gehuisvest in een van de dienstbodekamers in de dakkapel. Ze werd langzaam maar zeker zo'n typisch deel van het meubilair dat je na verloop van tijd al bijna niet meer opmerkt. Met haar donkere huidskleur en pikzwarte ogen wekte Livia associaties op met Indisch tropenpersoneel, en zo werd ze in veel gevallen ook door de buitenwacht aangesproken.

Maar niets was minder waar: in dat frêle kopje met strak geknot zwart haar scholen een helder verstand en een vastberaden geest. Al snel wist ze zich van de dagelijkse beslommeringen en irritaties van Briva Latvija los te maken door een secretaressecursus te gaan volgen bij Schoevers, waar ze ook een eigen kennissenkring opbouwde. Alleen 's avonds en in de weekends deed Livia mee met mijn familie, waarbij ze een stille genegenheid voor Xeno ontwikkelde. Pas na de oorlog kwam het hoge woord er een keer uit: ze had met hem willen trouwen en hem willen meenemen naar Aruba. Maar inmiddels was Treesje Arts, de felle, koperrode mannenverslindster uit Wassenaar, al in Xeno's leven gekomen. Mijn vader kon op zeer vermakelijke wijze de sippe gelaatsuitdrukking nadoen van Xeno op het dramatische moment dat deze de ontboezeming van een huilende Livia aanhoorde. 'Hij had het best graag gewild, de sukkel,' zei mijn vader bij dat soort gelegenheden, 'maar hij durfde geen nee te zeggen tegen het Rode Gevaar.' Dat was de informele bijnaam die Trees van hem had gekregen en die in onze familiekring van bolsjewiekenhaters uiteraard met vreugde werd overgenomen.

Maar in de oorlog hield Livia zich muisstil en vooral afzijdig van alle discussies aan tafel of in de herenkamer. Ook de omgang met haar vriendin Titty verwaterde, omdat beide meisjes in hun verdere ontwikkeling geen duidelijke raakvlakken meer hadden.

Nu hij getrouwd was, kreeg mijn vader ook meteen een andere status binnen het naziapparaat. Als kostwinner kreeg hij soldijverhoging, maar ingrijpender was wat er met Wera gebeurde. Als wettige echtgenote van een ss'er kreeg zij een nieuwe baan aangeboden, want het werd niet in overeenstemming met haar nieuwe positie geacht om in de stadsschouwburg van Posen een nederig administratief baantje te vervullen.

'Ik had daar behoorlijk de pest over in,' vertelde mijn moeder me later, 'want in de theaterwereld ging het er allemaal heel gemoedelijk aan toe, terwijl ik nu bij de *Deutsche Volksliste* moest gaan werken. Dat was de plaats waar van alle bewoners van Neuland de antecedenten werden nagetrokken en – vooral – werd vastgesteld hoeveel procent Duits bloed iemand had. En dat had dan weer regelrechte invloed op het dagelijks leven van die mensen, want je kreeg een verschillend gekleurde Ausweis op basis van dat percentage: blauw voor de *rein Deutsche*, die daarmee *Volksdeutsche* werden, groen voor de mensen met 50 procent Duits bloed en oranje voor wie daaronder zat. Oranje is een kleur die meteen opvalt, en zo was het ook bedoeld: om te stigmatiseren.

We zaten daar met vijf meisjes, allemaal uit Riga en Reval. Ons werk bestond uit het uittypen van de Ausweise, dus zoveel hoogstaander dan het werk in het stadstheater, waar ik programma's had moeten uittikken, was dit nou ook weer niet. Maar we hadden geen keus, omdat we allen met ss'ers getrouwd waren. De sfeer was bedrukt, want we zaten midden in het naziapparaat en onze baas, dr. Strickner, een Oostenrijker, was een geweldige bullebak. Als hij vermoedde dat de gegevens die de mensen schriftelijk hadden ingeleverd niet klopten, bijvoorbeeld doordat een joodse voorvader werd verzwegen – en dat gebeurde nogal eens –, dan liet hij zo iemand naar zijn kantoor komen voor een persoonlijk verhoor.

En dat ging er rauw aan toe. Dan schreeuwde Strickner de boel bij elkaar en deelde hij ook harde klappen uit; dat konden we horen en het maakte ons doodsbang. Maar we konden er natuurlijk niets van zeggen, en als dan iemand huilend het gebouw verliet omdat Strickner had aangekondigd dat er verder onderzoek zou volgen, dan keken wij een andere kant uit. Want iedereen wist wat dat voor zo'n arme drommel betekende: huiszoeking, arrestatie, een strafkamp of erger.'

Levendig herinnerde mijn moeder zich het bezoek aan de Volksliste van Heinrich Himmler, de *Reichsführer der ss* en uit dien hoofde misschien wel de machtigste man van het land. Himmler was degene geweest die de aanzet tot de Volksliste had gegeven en nu kwam hij eens een kijkje nemen hoe zijn geesteskind tot wasdom kwam.

'Ik wist precies wat er zou gebeuren,' zei mijn moeder. 'Strickner had een oogje op me en hij dacht dus bij me te kunnen scoren door mij de bloemen aan Himmler, of *Reichsheini*, zoals we hem noemden, te laten aanbieden. Dat zou zo'n meisje als ik toch als een geweldige eer moeten beschouwen, zal hij gedacht hebben. Strickner had een of andere welkomsttekst geschreven die bol stond van het nazipathos. Die moest ik uit mijn hoofd leren en op het juiste moment uitspreken. Nou, je begrijpt, daar kwam niets van terecht. Ik had in die tijd bij de stadsschouwburg ook af en toe toneellessen gevolgd, en zo lukte het me om grote verwarring en schuchterheid voor te wenden, compleet met blozen en radeloze blikken.

Strickner wilde al excuses maken en mij wegsturen, maar daar wilde Himmler niet van weten. Die glimlachte alleen maar en zei: "Als zo'n leuke jonge vrouw je bloemen geeft, hoeft ze daar niets bij te zeggen, dan is alles namelijk al gezegd," wat ik nog steeds een onverwacht leuk compliment vind uit zijn mond. En gelukkig bracht hij niet de Hitlergroet, maar volstond hij ermee mijn hand te schudden. Hij had kleine vingers en zijn hand voelde klam en kil aan.'

Op mijn vraag of Strickner na Himmlers vertrek nog op een en ander was teruggekomen, schudde ze haar hoofd: 'Nee, daarvoor was hij te veel onder de indruk, en Himmler had immers zelf gezegd dat het niet erg was. Wel bleef Strickner me nog een tijdje het hof maken, maar ik ging daar niet op in. Bovendien, ik was net getrouwd, wat dacht hij wel? De andere meisjes toonden zich, uit angst of uit eigenbelang, toeschietelijker, maar ik niet. En ik kan een sfeer van totale onbenaderbaarheid om me heen scheppen, als ik dat wil.' Bij dit laatste, voor mij nogal verrassende statement glimlachte ze superieur, terugdenkend aan het blauwtje dat ze die griezel een halve eeuw eerder in Posen had laten lopen.

Het eerste jaar van hun huwelijk brachten mijn ouders gescheiden van elkaar door. Noch Wera, noch Frans was een groot schrijver. Zij schreef niks over haar avonturen in Posen, hij evenmin over wat hij allemaal in de Kaukasus, en daarna, had beleefd. En ik denk dat mijn vader ook niets verteld heeft over zijn persoonlijke drama bij Tsjerkassy, dat hij ongetwijfeld als een schandvlek op zijn soldatenblazoen heeft ervaren. In elk geval, zijn eerste teken van leven komt via een telegram in 1943 uit Beieren: '*Verwundet im Lazarett Bamberg. Franz.*'

Wera ging daar meteen naartoe. Haar beschrijving van de omstandigheden: 'Het lazaret was een enorme anarchistische bende. Je vader begroette me, waar iedereen bij was, met een gespeeld teder "*Heil Hitlerchen*", op een toon alsof hij "*Tag Schätzchen*" zei. Hij kreeg daar geen moeilijkheden door. Integendeel, iedereen lag dubbel, ook het verplegend personeel en de artsen. "*Siehst du, da hängt er*," zei een soldaat die nog maar twee vingers overhad aan elke hand, en hij wees naar een portret van Hitler dat *ondersteboven* aan de wand van de ziekenzaal hing. En hij maakte, met die twee vingers, een lange neus. Ik kon dat natuurlijk goed begrijpen. Er lagen ongeveer driehonderd jongens op zaal die allemaal een arm of een been kwijt waren, soms nog erger, en wier leven feitelijk vernietigd was. Toen ik binnenkwam keken ze allemaal naar me; sommigen floten. Natuurlijk begreep ik dat ook. Ik had enorm met hen te doen en eigenlijk had ik hen allemaal, stuk voor stuk, wel willen kussen – en dan maar hopen dat de Heilige Maagd Maria telkens een wonder zou verrichten.

Maar de tijd van wonderen was voorbij – of misschien toch nog niet helemaal, want mijn Fransje mocht als een van de weinigen zijn been houden en genas weer snel. Twee maanden later kreeg hij verlof en kon ik hem thuis in Posen vertroetelen.'

De komst van mijn vader naar Posen was voor Wera natuurlijk in de eerste plaats een herbevestiging van het huwelijk, dat door de oorlogsomstandigheden nog niet volledig tot wasdom was gekomen. Behalve dat ikzelf in ijltempo werd geconcipieerd, werden er ook gesprekken gevoerd die er, van Wera's kant, op neerkwamen dat het nu misschien zo zachtjesaan tijd was geworden om het krijgstoneel te verlaten en aan een normaal huwelijksleven te gaan denken. Niemand geloofde meer in de overwinning, de rijksadelaar werd algemeen als *Pleitegeier* – onheilsvogel – aangeduid en in Bamberg, maar ook daarbuiten, had ze gemerkt hoe defaitistisch de stemming bij de troepen was. Daar zou Frans toch zijn conclusies uit moeten trekken? En hij had alle kansen om eruit te kunnen stappen, althans in iets rustiger vaarwater terecht te komen: drie jaar front, gewond, IJzeren Kruis en – vooral – geen Duitser, maar in feite een buitenlandse huurling met een contract dat toch beëindigd zou kunnen moeten worden?

Aanvankelijk wilde mijn vader daar niet van weten. Maar toen hij in het najaar van 1943 het bericht kreeg dat, na Wolfi in het begin van Barbarossa, ook zijn boezemvriend Manfred Dolgoi was gesneuveld en de krijgskansen, vooral na de verloren tankslag bij Koersk, dermate waren gekeerd dat er van wraakneming op de bolsjewieken eigenlijk geen sprake meer kon zijn, ging hij nog eens bij zichzelf te rade. 'Ik besefte dat ik bezig was met een zinloos opofferingsgevecht en dat Wera gelijk had: ik voelde me dan wel Duitser, maar was het formeel niet. Ik had een Nederlands paspoort, maar ook een Lets paspoort. Erg verwarrend, maar het gaf me wel de mogelijkheid om het contract met de SS te beëindigen of om te zetten, zonder dat ze me wegens *Fahnenflucht* tegen de muur zouden zetten. Alleen moest ik natuurlijk wel met een overtuigend verhaal en een passend alternatief komen.

Dat vond ik toen bekend werd dat generaal Andrej Vlasov, die door ons gevangengenomen was, een Russisch bevrijdingsleger, de *Roesskaja Osvoboditelnaja Armija*, ging formeren. Daar zaten wat mensen in die ik tijdens de veldtocht persoonlijk had leren kennen: antibolsjewistische Russische patriotten, een groep waar ik me altijd erg bij thuis heb gevoeld, omdat ze – zo denk ik er althans over – de goede kant van Rusland vertegenwoordigen. Ja, je kunt zeggen dat het landverraders waren omdat ze waren overgelopen naar onze kant. Maar dan zeg ik weer dat de Sovjet-Unie niets met het eigenlijke Rusland te maken heeft. En ik vocht ook niet tegen de Russen, maar tegen de bolsjewieken. In elk geval, mijn argumenten werden door de SS-leiding gehonoreerd in die zin dat we afspraken dat we in augustus 1944 een definitieve beslissing zouden nemen.'

Daar is het niet meer van gekomen. In het vroege voorjaar van 1944, twee maanden voor mijn geboorte, raakte mijn vader wederom gewond, ditmaal tijdens achterhoedegevechten in Estland. Met een versplinterd schouderblad werd hij per trein geëvacueerd naar Posen, gedurende de hele oorlog een van de centrale punten in het Duitse Hinterland. Daar werd hij geopereerd door een overwerkte chirurg die, zo vertelde hij vaak, het mes in hem zette terwijl hij één oog dichtkneep tegen de rook van de sigaret die permanent in zijn mondhoek bungelde. 'En toch had ik het volste vertrouwen in die man. Ik kon merken dat hij een geweldige routine had, en toen hij me na afloop feliciteerde met de woorden "Bravo! Met zo'n wond overleef je de oorlog!", wist ik dat hij gelijk zou krijgen.'

Twee weken later liep mijn vader met een mitella alweer door de straten van Posen. Hoewel hij nog moest genezen van de wond, draaide hij wel mee met de zogenoemde *Landsturm*, een gelegenheidsformatie van lichtgewonde of herstellende militairen onder bevel van dezelfde baron Degenhardt bij wie hij in Lotland paardrijden had geleerd en die nu de orde in Posen moest helpen bewaren. Dat was ook wel nodig. De stad, met het grootste spoorwegenknooppunt van het Ostgebiet, bood een desolate aanblik. Ongeveer zes weken voor mijn geboorte, eind februari 1944, had het eerste massale bombardement door de rode luchtmacht een flink deel van de binnenstad in puin gelegd en was de paniek en daarmee de chaos onder de bevolking op gang gekomen. De doorsijpelende berichten over de aanstormende Sovjettroepen deden de rest.

Vanuit de lucht moet Posen eruitgezien hebben als een pot krioelende pieren. Een groot deel van de burgerbevolking had enerzijds zijn spullen gepakt en probeerde weg te komen, te voet, te paard, per auto of per boerenkar. Anderzijds kwamen van het spoorwegstation slecht gedrilde, haastig geformeerde militaire eenheden, uit alle delen van het Reich bij elkaar geschraapt, op zoek naar de hun toegewezen uitgangsposities op weg naar het front, waar ze de vloedgolf van de Aziatische hordes een halt moesten zien toe te roepen.

Steeds vaker dwongen sirenes de mensen naar de schuilkelders. Posen was verlamd van angst. Alles leek doordrenkt van wanhoop en iedereen was doordrongen van het besef de laatste fase van een onherroepelijk verloren oorlog mee te maken, meegesleurd te worden in een apocalyps die geen schijn van overlevingskans leek te bieden.

In die inktzwarte dagen kwam ik op 13 april 1944 ter wereld.

Wera woonde in een klein huis aan de Langemarckstrasse, niet ver van het centrum van Posen. Ze had het betrokken samen met haar moeder en haar grootmoeder van vaderskant, Anna Steenberg, die haar in Londen had opgevoed en die in 1939 Engeland had verlaten omdat ze haar levensavond in haar geboorteland wilde doorbrengen. Dat was het rustige platteland van Sleeswijk-Holstein, ongeveer op de grens met Denemarken, maar omdat ze hoorde dat haar schoondochter Nadja in haar eentje niet opgewassen was tegen de problemen die zich rond haar zwangere kleindochter Wera aandienden, had deze struise dame zich op een dag onaangekondigd in Posen gemeld, een reistas met worsten en zijden spek van het boerenland in de hand, met de mededeling dat zij de gang van zaken rond de geboorte van haar eerste achterkleinkind ter hand zou nemen. Ze zal een van de zeer weinigen in Duitsland zijn geweest die juist naar Posen toe wilden, en niet ervandaan.

Het Stadsziekenhuis, waar mijn moeder uiteindelijk zou bevallen, lag niet ver van het Centraal Station, wat in zekere zin gunstig was, omdat dit strategische complex al direct was gebombardeerd. De vijand hoefde dus niet nog een keer terug te komen. 'Dat dachten wij tenminste, maar omdat er kennelijk nog steeds treinen in en uit konden rijden, besloten de geallieerden uitgerekend op die donderdag dat jij geboren zou worden de zaak nog een paar keer over te doen,' herinnerde mijn moeder zich. 'Om vijf uur 's ochtends begonnen de weeën. Ondersteund door Frans en Granny gingen we gedrieën op weg. Te voet, want het openbaar vervoer was een hel en taxi's waren er al helemaal niet. Mijn moeder bleef thuis om te voorkomen dat er vreemden zouden binnendringen om te plunderen.

Het had al meteen helemaal mis kunnen gaan, want toen we de deur uit gingen, sloeg er een kogel vlak naast mijn hoofd in in de deurpost. Twee kerels zaten elkaar achterna op de fiets en schoten hun revolvers op elkaar leeg. Dat soort taferelen was aan het eind van de oorlog niet ongebruikelijk; de mensen waren begonnen oude rekeningen te vereffenen. Ik was natuurlijk enorm geschrokken, maar ook heel kwaad: dat twee van die ellendelingen het in hun hoofd haalden mij in mijn toestand zo in gevaar te brengen! "*Ihr Schiesser!*" heb ik toen geroepen. Ik bedoelde natuurlijk "*Ihr Scheisser*" – klootzakken –, maar in mijn zenuwen verhaspelde ik dat tot iets wat ze toevallig ook waren: schieters. Je vader moest daar nog erg om lachen.'

Eenmaal aangekomen in het Stadsziekenhuis werd mijn moeder in bed gestopt, om er na anderhalf uur alweer uit gehaald te worden toen het luchtalarm voor de eerste keer die dag afging. Na een uur was de kust veilig, maar nauwelijks had Wera zich weer in het kraambed geïnstalleerd of de tweede aanvalsgolf diende zich aan, en moest mijn moeder, hangend om de nek van mijn vader, nogmaals de gang naar de kelder maken. 'De mensen waren nors en wanhopig. Iedereen dacht alleen aan zichzelf en ik kreeg geen plaats om te zitten op een van de banken. Er werd in die kelder gevloekt en gehuild en gekrijst dat het einde van de wereld nabij was. Toen heeft je vader met een allemachtig harde commandostem "*Ruhe!*" geroepen zodat iedereen ogenblikkelijk zijn mond hield. Het zal er ook wel mee te maken hebben gehad dat hij in uniform, mét IJzeren Kruis, was en bij de Landsturm hoorde.

Hij zei toen, in de plotselinge stilte, dat er een kind geboren zou worden. Meer zei hij eigenlijk niet. Maar het effect van die mededeling was wonderbaarlijk: het leek of de mensen opeens beseften dat er altijd wel een sprankje licht overbleef en dat het de moeite waard was om je daarop te concentreren, en niet op het einde van de wereld, maar juist op het begin ervan, wat elke geboorte natuurlijk is. Ik kreeg, kortom, een plaatsje op de bank en de mensen waren op slag zorgzaam en vriendelijk. Er was echt iets collectiefs in die groep gevaren. Het was een wonderlijke gewaarwording.'

Uiteindelijk zou ik rond 13.00 uur in de kraamkamer van het ziekenhuis geboren worden. Vlak daarna ging het derde en laatste luchtalarm van die dag af; mijn moeder werd ditmaal op een draagbaar, met mij op haar buik, naar de schuilkelder getransporteerd, terwijl ze natte doeken kreeg aangereikt om mij tegen mogelijke stof- en kalkwolken te beschermen. Geen overbodige maatregel, want inderdaad ontploften er twee bommen zo dicht bij de schuilkelder dat een deel van het plafond naar beneden kwam en er brand ontstond. Toen iedereen weer naar buiten mocht klauteren, bleken er drie mensen gestikt te zijn, terwijl de kelder geheel uitbrandde.

Al na twee dagen moest Wera het Stadsziekenhuis wegens overbezetting verlaten. Maar erg veel rust zouden moeder en kind aan de Langemarckstrasse niet krijgen: eind april loeiden de sirenes alweer. Ditmaal was het werkelijk raak: teruggekeerd uit de schuilkelder zagen mijn familieleden dat er van hun huis vrijwel niets meer over was. 'Het was macaber, van die hele Langemarckstrasse was maar één huis geraakt, precies het onze,' zei mijn moeder, 'alsof ze het exclusief op ons gemunt hadden. We hebben toen geprobeerd nog wat spullen bij elkaar te rapen, vooral kleren en voedsel. Jou had ik in een mandje gestopt en bij een buurvrouw thuis, een blok verderop, neergelegd. En wat denk je? Na een uur wéér luchtalarm natuurlijk! Dus Granny en mijn moeder rennen naar de schuilkelder, en ik sprint naar jou toe. Blijkt die buurvrouw water te zijn gaan halen en het huis te hebben afgesloten!

Ik dacht dat ik gek werd. Ik heb toen uit alle macht en in totale paniek om hulp geroepen: "*Kann denn niemand helfen?*", met een stem zo alarmerend dat ik er zelfs nu nog rillingen van krijg als ik eraan terugdenk. Er kwam even later een man langs, een Pool, die me vriendelijk aankeek, iets in het Pools zei en vervolgens een wel zo ongelooflijk harde trap tegen die deur gaf dat het slot opensprong. Die man maakte daarna iets wat op een buiging leek en verdween. Ik zal dat nooit vergeten.'

Mijn vader was bij deze episode niet aanwezig, omdat hij op bezoek was bij de familie Von Kluge, verwanten uit de tweede lijn, die een landgoed nabij Posen bezaten. Hij was daar naartoe gegaan om te vragen of mijn moeder met haar kind en verdere entourage daar een tijdje kon verblijven. Hoewel men elkaar nauwelijks kende, eigenlijk meer uit de familiekronieken dan uit persoonlijk contact, was de ontvangst zeer hartelijk.

Er brak een tijd van melk en honing aan voor mijn moeder en mij. Op het landgoed was alles nog volop aanwezig: alle zuivel die een moeder zich voor haar pasgeborene kon wensen en er was geen gebrek aan welke voedingsmiddelen dan ook. De strikte, autarkische aanpak van het Pruisische plattelandsbeheer betaalde zich hier uit: alles was, tot op het eind van de oorlog, tot in de puntjes geregeld, de administratie klopte tot op de pfennig en de distributie der goederen was *tadellos*, daar had niemand iets over te klagen. Geen wonder dat ik, bij de geboorte een schamele 2800 gram, al snel uitgroeide tot een vervaarlijke baby van ruim vier kilo, wat mijn moeder ertoe bracht mij 'Bully' te noemen. Lekker dik stiertje, bedoelde ze daarmee. Maar de pejoratieve connotatie van bullebak, die toen zeker al in de Engelse omgangstaal bestond, was haar kennelijk ontgaan. Ik kan het haar niet kwalijk nemen, al moet ik zeggen dat ik, begiftigd met de prachtige voornaam Alexander, mijn hele leven zwaar de pest aan deze koosnaam heb gehad.

Het eerste en ook beste contact dat mijn moeder Wera bij de familie Von Kluge had, betrof haar leeftijdgenote Astrid, een buitengewoon voornaam ogende jongedame die een Duits bezigde dat, toen ik haar ruim tien jaar later in Nederland ontmoette, als een soort engelengezang op mij overkwam. Het idee dat Duits een lelijke taal zou zijn heb ik definitief van me af kunnen zetten dankzij Astrid von Kluge, en ook dankzij mijn moeder, die me Duitse lieflijkheden in het oor fluisterde.

–DERTIEN–

Natuurlijk bereidde de familie Von Kluge ook haar eigen evacuatie voor. Er waren uit Koerland al berichten doorgekomen dat landheren die hun bezittingen niet op tijd hadden verlaten, of geweigerd hadden dat te doen, voor de ogen van hun personeel door de Sovjets waren opgehangen, en er was geen enkele reden om aan te nemen dat het in Polen anders zou lopen.

Het reisdoel was Baden-Württemberg, waar in de buurt van Ulm een buitenhuis van de familie betrokken kon worden. Ondanks het vriendelijke aanbod om mee te reizen, besloten Wera, haar grootmoeder Anna Steenberg en haar moeder Nadja Fjodorova om, als het eenmaal zover was, richting Sleeswijk-Holstein te vluchten. Dat suffige Deens-Duitse platteland was zo westelijk gelegen dat de kans dat de Russen daar ooit zouden komen te verwaarlozen leek; bovendien was er in die buurt nauwelijks sprake van militair gezien aantrekkelijke aanvalsdoelen, en er woonde ook nog eens directe familie.

Mijn vader was inmiddels weer onder de wapenen en werd niet bij deze beraadslagingen betrokken. Algemeen werd aangenomen dat hij bezig was zijn contract met de SS af te ronden en over te gaan naar de Roesskaja Osvoboditelnaja Armija (ROA) van Andrej Vlasov, zoals hij had aangekondigd. Inderdaad slaagde Frans Münninghoff erin om zijn opdrachtgevers van de SS wekenlang aan het lijntje te houden door de inschrijving bij de ROA met allerlei fictieve communicatieproblemen te traineren (niet zo moeilijk in een periode waarin allerlei voorzieningen voortdurend uitvielen, zoals telefoon- en telegraafverbindingen), totdat hij in het najaar definitief van het krijgstoneel verdween en na verloop van tijd als vermist werd opgegeven. Dat hij was gedeserteerd en ondergedoken wist eigenlijk niemand, ook Wera niet.

In Voorburg was men evenmin op de hoogte van de details van de situatie waarin Frans, Wera en hun kind – ik, Alexander – verkeerden. Maar via de familietamtam was er voldoende informatie binnengekomen om, tegen de achtergrond van de onloochenbare Sovjetopmars, de ernst en de urgentie van een en ander juist te evalueren. Mijn grootvader, geobsedeerd door mijn stamhouderschap en vastbesloten om deze tak van de stamboom ongeschonden de oorlog door te loodsen, nam daarom aan het begin van de zomer van 1944 de beslissing om in elk geval het kind en de moeder naar Nederland te halen. Dat zou hij zelf gaan doen, en wel per auto; langs de route had de Oude Heer verschillende particuliere adressen waar hij zou kunnen slapen en benzine tanken. Het was en bleef een gevaarlijke onderneming vanwege de veelvuldige luchtaanvallen, maar per trein reizen was minstens zo gevaarlijk; bang uitgevallen was mijn grootvader allerminst.

Er kwam echter een kink in de kabel: juist in juli kreeg mijn grootvader het dringende verzoek van de Nederlandse regering in Londen om op zo kort mogelijke termijn de overkomst van een topambtenaar van het ministerie van Handel en Nijverheid naar de Britse hoofdstad te faciliteren.

Dit was een uiterst geheime actie, die langdurig was voorbereid en die nu, met het einde van de oorlog na de invasie in Normandië in zicht, dringend uitgevoerd moest worden. Londen had terecht voorzien dat men behoefte aan gedetailleerde informatie over de werkelijke stand van zaken in de vaderlandse economie zou krijgen om na de bevrijding meteen doelbewust aan de wederopbouw te kunnen beginnen. Daartoe had men de referendaris (tegenwoordig spreken we van directeur-generaal) van Handel en Nijverheid, mr. Eduard Koning, aangezocht. Dat was op zichzelf al een delicate onderneming, want het departement Bijzondere Economische Zaken, de spil van het Nederlands economisch beleid tijdens de oorlog, was geheel in handen van de NSB. Koning was een van de weinige betrouwbare vaderlanders aan de top, al hield hij zijn gevoelens tegenover superieuren als de rabiate Rambonnet en Rost van Tonningen uiteraard binnenboord.

Instrumenteel bij het zoeken en vinden van de juiste man was de jonge ambtenaar drs. Norbert Schmelzer geweest, die achter de schermen een leidende rol speelde in het studentenverzet. Hij slaagde er op het departement met grote koelbloedigheid in om Koning voor het idee te winnen en hem tevens in aanraking te brengen met mijn grootvader, die schuin tegenover hem aan de Laan van Nieuw Oosteinde woonde, wat het contact natuurlijker en gemakkelijker maakte. Dat Schmelzer mijn grootvader, ondanks diens opportunistische relaties met de bezetter, in deze zaak benaderde, kan haast niet anders dan op aanwijzing van Londen geweest zijn.

De samenwerking tussen Eduard Koning en de Oude Heer verliep overigens zeer naar wens. Er was sprake van ruime wederzijdse sympathie voor en toewijding aan de zaak waar het om ging, wat resulteerde in vlot teamwork, waarbij een half woord vaak al voldoende was. Al in december 1942 maakte het tweetal een door de Duitsers goedgekeurde reis naar Stockholm, met als officieel doel 'het bestuderen van Zweedse gasgeneratoren'. De neutrale Zweedse hoofdstad was een nest van spionnen, geheime diensten en verklikkers, maar de Oude Heer had het grote voordeel dat zijn broer Tom er woonde, die alle hoeken en gaten van de stad kende en, als het moest, volgers kon afschudden en mensen naar absoluut veilige plekken kon loodsen, waar ze ongezien met elkaar konden spreken.

Daar was op deze eerste reis nog geen sprake van, want beide heren gedroegen zich met opzet zo braaf mogelijk om de Duitsers zand in de ogen te strooien. Dat werd anders op de tweede gezamenlijke reis, in januari 1944. Voorwendsel was wederom het bestuderen van de Zweedse generatoren en de daarmee samenhangende brandstoffen, maar het werkelijke doel van de reis was van Londen te vernemen wat onze regering daar precies aan informatie nodig had. Daartoe was een ambtenaar van het ministerie voor Handel, Industrie en Scheepvaart, dr. Anton Speekenbrink, uit Londen naar Stockholm overgekomen, en met hem konden beide Nederlanders een dag lang praten in een safehouse van oom Tom.

De derde reis, ditmaal met alle door Londen gewenste gegevens en cijfers gecodeerd tussen de generatorpapieren, dan wel in het hoofd van Koning opgeslagen, zou al eind maart plaatsvinden, maar Koning kreeg roodvonk en problemen met zijn nieren, zodat de zaak uitgesteld moest worden. Dat was ook de reden waarom Londen, toen Koning eenmaal hersteld was, aandrong op onverwijlde voortzetting: D-day was inmiddels goed verlopen, de teerling was geworpen, de Duitsers lagen op hun rug, en elke dag telde nu in het kader van de voorbereidingen op de terugkeer van koningin Wilhelmina en haar regering.

Op 23 juli 1944 vertrokken Koning en Münninghoff voor hun derde en laatste missie. Via Berlijn vloog men naar Stockholm; je krijgt de indruk dat de Duitse overheidsambtenaren zo vlak na de aanslag op Hitler met hun hoofd bij andere zaken waren, want de papieren waren in een ommezien geregeld en onderweg werden nergens vragen gesteld en werd er nergens moeilijk gedaan. De eerste paar dagen verliepen als vanouds, met quasigeïnteresseerde bezichtigingen van Kaelle-vestigingen en aanverwante instellingen, maar daarna ging men over op doelbewuste, effectieve actie. Een speciaal uit Londen overgevlogen veiligheidsman nam Koning, die door Tom naar een geheime plek was gebracht, over en begeleidde hem nog diezelfde nacht naar een klein vliegveld buiten Stockholm, waar een toestel klaarstond om hem naar Londen te brengen.

Toen mijn grootvader de volgende ochtend in zijn hotel, grote verbazing voorwendend, uiteindelijk de Stockholmse politie verwittigde van de verdwijning van zijn reisgenoot, zat Koning al lang en breed in Stratton House. Hij gaf daar een gedetailleerd overzicht van de stand van zaken in diverse sectoren van de vaderlandse economie, zoals steenkolen, vloeibare brandstoffen, smeerolie, ijzer en staal, non-ferrometalen, hout, bouwmaterialen, leder, rubber, papier, textiel, chemische producten, insecticiden, verfgrondstoffen en farmaceutica – ik heb deze opsomming uit een intern verslag, waarvan mijn familie later een afschrift heeft gekregen. De voedselsituatie komt nergens ter sprake; naar ik aanneem had men daar in Londen andere informanten voor.

Koning gaat, blijkens ditzelfde verslag, soms ver in detail. Zo vermeldt hij, sprekend over de stand van zaken op het rubberfront, 'de noodzaak van het vervaardigen van ringen voor inmaakglazen'. Blijkbaar voorzag hij dat het Nederlandse volk massaal naar de weckpot zou grijpen als de schaarste na de bevrijding zou toeslaan. En bij zijn vermelding dat er steeds minder fietsen in het straatbeeld zijn, schrijft hij dat er een 'prijsvraag voor een vervangende rijwielband' is gehouden, maar dat de winnende oplossing niet uitvoerbaar bleek, 'omdat de Duitsers niet het benodigde kwantum *veerenstaal*' ter beschikking wilden stellen. 'Een dragelijke constructie, geheel uit hout, wordt thans door Bruynzeel te Zaandam vervaardigd. De behoefte is echter zo groot, dat dit een druppel vormt op een gloeiende plaat,' zo besluit Koning deze paragraaf.

Bij zijn laatste vertrek naar Stockholm in 1944 had Koning bij zijn gezin een afscheidsbrief achtergelaten met een 'adieu, tot na den oorlog' erin. Tevens had hij, voordat hij 's nachts naar Londen vertrok, aan mijn grootvader gevraagd naar vermogen voor zijn vrouw en kinderen te zorgen. Dat heeft de Oude Heer gedaan, zoals hij ook anderen de hele oorlog door van voedsel en andersoortige hulp voorzag. Zowel mondelinge als schriftelijke getuigenissen hebben me geleerd dat mijn grootvader geregeld opdook, soms zelfs met een vrachtwagen, om bij ziekenhuizen (ik denk uitsluitend katholieke, al ben ik daar niet zeker van), maar ook bij particulieren die toevallig zijn pad kruisten, zijden spek, kippen, eieren of een mud tarwe en natuurlijk sigaretten uit te delen.

Terugblikkend zou men zich kunnen afvragen waarom mijn grootvader niet een of andere koninklijke onderscheiding heeft gekregen voor alles wat hij in de oorlog heeft gedaan. Een man met cruciale informatie over de stand van zaken in het vaderland overhevelen naar Londen was al een daad van staatsbelang, maar daar kwam nog bij dat hij MI6 uit de eerste hand op de hoogte had gehouden over de samenzwering tegen Hitler, dat hij voortdurend berichten over zaken als de *Atlantikwall* en de v2-opstellingen doorgaf, en dat hij mensen in eigen huis, en bij zijn broer Wim aan de Prins Albertlaan in Voorburg, liet onderduiken.

Toch heeft het oog der Oranjes nooit met welbehagen op mijn grootvader Joan Münninghoff geruct.

Ik kan dat wel begrijpen. Het was voor de meeste mensen immers een raadsel waar 'de god uit Frankrijk', zoals de Oude Heer wel eens merkwaardig genoeg genoemd werd, al die spullen vandaan had, al dat eten en dan ook nog die sigaretten. En het was natuurlijk helemaal onverdraaglijk om te horen dat mijn grootvader elders wel gratis levensmiddelen en rookwaar afleverde, maar bij hen niet.

Dat creëerde vanzelfsprekend jaloezie. Er kwamen geruchten los, en het eind van het liedje was dat er toch een sfeer van wantrouwen om hem heen ontstond. Joan Münninghoff was immers de man met de goede contacten met de bezetter, om over zijn ss-zoon maar te zwijgen. Niet ten onrechte allemaal, al stond daar wel het een en ander tegenover. Een paar kippen en speklappen, hier en daar rondgestrooid, konden dat imago in elk geval niet veranderen.

Door al deze besognes was de dwingende kwestie van het overbrengen van Wera en mij uit Posen naar Voorburg in de zomer van 1944 even op de achtergrond geraakt. Maar de Oude Heer vond er al snel een oplossing voor: nog voor zijn vertrek naar Stockholm verordonneerde hij zijn zoon Xeno, die net zijn rijbewijs had gehaald, zich gereed te maken voor een heuse reddingsoperatie die ons vanuit Posen naar het veilige Voorburg zou moeten brengen.

Ik heb daar vaak over nagedacht. Mijn oom Xeno was nog net geen negentien jaar toen hij in augustus 1944 in de Chrysler stapte die hem ruim duizend kilometer oostwaarts, richting slagveld en de verschrikkingen van de oorlog, naar een vrouw en haar kind moest leiden. Familie weliswaar, maar toch mensen met wie hij persoonlijk weinig had, maar die hij niettemin veilig naar Voorburg terug moest zien te brengen vanwege dat vermaledijde stamhouderschap.

Het was een opdracht die je eigenlijk niet aan een jongen van achttien kon geven. Toch deed Xeno zonder tegenspraak wat er van hem gevraagd werd. Begin september 1944 kwam hij met zijn auto op het landgoed van de Von Kluge's aan. 'Tweemaal beschoten,' rapporteerde hij buiten adem. De landadel begroette hem als een held – dat krikte Xeno's ego weer voldoende op.

Hij kwam precies op tijd. Het personeel was al grotendeels vertrokken en alles was in gereedheid gebracht om de hoofdbewoners bij eerste gelegenheid te laten afreizen. Dat moment was nu aangebroken. De laatste avond op het landgoed pakte men nog eens goed uit: er verscheen een speenvarken uit eigen stal op tafel en uit de kelder werden de allerbeste bordeauxwijnen gehaald. Bij de open haard werden, het glas cognac in de hand, herinneringen opgehaald aan vroeger, toen alles nog vredig en gelukzalig was geweest. Terwijl de artilleriesalvo's van het naderende front al duidelijk hoorbaar waren, werd er gezongen, gehuild en gebeden, en alle aanwezigen zwoeren een plechtige eed dat ze elkaar na de oorlog, waar dan ook, weer zouden zien.

Dat is maar gedeeltelijk gelukt. De Von Kluge's hadden, onderweg naar Ulm, minder geluk dan Xeno op de heenweg had gehad, toen de vluchtelingenkolonne waarin ze verzeild waren geraakt werd gebombardeerd. Alleen Astrid en een nichtje overleefden het. Granny Steenberg keerde terug naar Sleeswijk-Holstein, waar ze nog zeven jaar zou leven zonder Wera of mij ooit nog terug te zien. Nadja Fjodorova, mijn schuchtere grootmoeder, wees het aanbod van Xeno om mee te rijden naar Voorburg af. De manier waarop de Oude Heer indertijd haar dochter in Riga had behandeld, had haar kopschuw gemaakt, en als het aan haar lag gingen Wera en ik met haar mee naar het plaatsje Palenberg in Duitsland, niet ver van de Nederlandse grens, waar ze een paar Russisch-Baltische vriendinnen had wonen. Maar daar kon natuurlijk geen sprake van zijn: Wera verlangde naar Frans, van wie nog steeds taal noch teken was vernomen, en ze begreep dat hij, als hij de oorlog overleefde, uiteindelijk naar zijn ouderlijk huis in Voorburg zou terugkeren.

Drie dagen later reed Xeno triomfantelijk de oprijlaan van De Laan op. Het was een doorwaakte rit van ruim twee etmalen geweest, maar hij was dolgelukkig dat hij zich tegenover zijn vader had kunnen bewijzen. Hij had mijn moeder en mij, conform de opdracht, levend en wel afgeleverd. Tot haar verbazing had Xeno de hele reis lang vrijwel niets tegen Wera gezegd. 'Toen ik hem wilde bedanken voor alles wat hij voor jou en mij gedaan had, keek hij de andere kant op. Ik heb dat nooit echt begrepen.'

Zo arriveerden mijn moeder en ik in Briva Latvija in Voorburg. De Hongerwinter zou nog komen en Dolle Dinsdag was net achter de rug.

–VEERTIEN–

Ogenblikkelijk bij onze aankomst op De Laan stortten de vrouwelijke bewoners, met Omi aan het hoofd, zich op de inhoud van de reiswieg. Met tranen in de ogen prezen de dames mijn onverwacht goede constitutie. Men betastte, beklopte en aaide mij overal, en er ging een hoera op toen ik, terwijl ik door Omi werd opgetild, een knetterharde boer liet. Mijn grootvader schonk champagne en zei geëmotioneerd dat hij zich geen beter geschenk kon wensen voor de zilveren bruiloft, die de maand erna gevierd zou worden.

Mijn moeder en ik kregen de grootste logeerkamer op de eerste verdieping. In principe ging men ervan uit dat Frans, aangenomen dat hij de oorlog zou overleven, bij Wera terug zou komen en dan de eerste tijd met vrouw en kind samen op De Laan zou wonen. Waar hij op dit moment uithing was nog steeds onbekend.

Voor mijn moeder brak een frustrerende tijd aan. Geconfronteerd met de openlijke afstandelijkheid en neerbuigendheid van de kant van mijn grootvader, die voor de Nederlandse toekomst van mijn vader een vrouw met Nederlandse wortels en vooral status en connecties wenste, had ze al snel door dat Briva Latvija geen blijvend vrij onderkomen zou bieden. Haar passieve natuur dicteerde haar evenwel de loop der dingen gelaten af te wachten, hopend op een wending ten goede, zonder dat ze zelf zou kunnen aangeven waardoor die dan tot stand zou moeten komen.

Dus bleef ze, terwijl ze zichzelf zoveel mogelijk onzichtbaar maakte in het dagelijks huisverkeer en haar gedoogstatus ontleende aan louter het feit dat ze mijn moeder was. De vrouwen in huis waren tenminste aardig voor haar, en ik, de stamhouder, was haar garantie dat ze mocht blijven. Wat moest ze anders? Familie had ze niet in Nederland en haar moeder zat in Duitsland. Ze stond er, in afwachting van de terugkeer van Frans, au fond alleen voor.

In de dagelijkse omgang op De Laan werd ze door Opa zo goed als genegeerd en door Xeno hooguit getolereerd, terwijl Jimmy haar daarentegen adoreerde en begeerde. Dat was al verwarrend genoeg, natuurlijk. Maar het belangrijkste was hoe Frans straks op haar zou reageren. Waar was hij eigenlijk? Zou het oorlogstrauma niet funest blijken? Konden deze twee kinderen van de oorlog, Frans en Wera, in Nederland samen aan een nieuwe toekomst bouwen? Zouden ze überhaupt samen blijven? Of was hij inmiddels gesneuveld en was dat bericht vanwege de algemene chaos nog niet tot Voorburg doorgedrongen?

Deze cocktail van emoties had zijn uitwerking op Wera's zenuwgestel. Ze kreeg langdurige aanvallen van migraine en verzonk in depressies, waar onze huisarts, Van Tilburg, niet altijd het juiste antwoord op wist. Toen de borstvoeding tegen de kerst ophield, trok ze zich het grootste deel van de dag terug in haar kamer met de gordijnen dicht en liet mijn verzorging aan Omi en het personeel over.

Inmiddels had de Oude Heer ervoor gezorgd dat ik gedoopt werd en werd ingeschreven in het parochieregister van de Sint-Martinuskerk in Voorburg. Dat was zíjn prioriteit.

In deze gespannen sfeer verliep de tijd traag. De Hongerwinter, die westelijk Nederland in een moordende greep hield, ging aan Briva Latvija met zijn rijk voorziene keldervoorraden voorbij. Van Frans werd nog steeds niets vernomen. De Oude Heer had wel zijn vermoedens, maar hulde zich in stilzwijgen. 'Als Frans dood is, hadden we dat wel gehoord,' was zijn manier om de moed erin te houden. Zijn gedachten waren op dat moment al grotendeels gericht op de manier waarop hij straks, na het einde van de oorlog, zijn internationale contacten zou gaan reactiveren. De regering in Londen noch MI6 deed nog een beroep op hem; het einde van de strijd was in zicht en het had geen zin om, na twee geslaagde majeure operaties, dit contact in Den Haag nog verder aan risico's bloot te stellen.

Het zonnetje in huis was mijn grootmoeder die, juist vanwege haar toenemende doofheid die haar afsloot van de subtiliteiten in het huiselijk verkeer, dwars door alle broeierige stiltes heen kon denderen, met mij kraaiend van plezier op de arm, Russische liedjes zingend en voortdurend met mij dollend op een manier die de huisgenoten voor korte tijd opmonterde.

Ondanks haar forse gestalte was Omi behoorlijk lenig; ze deed elke dag aan gymnastiek en gebruikte daar, als het weer dat ook maar even toeliet, het grote ronde grasveld achter het huis voor. Al spoedig werd ook ik bij die oefeningen betrokken. Omi legde dan een groot hagelwit laken op het gras en bewoog mijn armen en benen op en neer, ondertussen allerlei Russische aanmoedigingen en loftuitingen prevelend: '*Davaj goloebtsjik, jesjo raz. Tak, zajtsjik, ta-ak, molodjets!*' Ze was op die momenten op en top een Russische *matoesjka*, met hart en ziel toegewijd aan haar kleinkind, de rest van de wereld vergetend.

Zo ook in de vroege ochtend van 3 maart, een van de eerste dagen van 1945 dat het weer exercities in de openlucht toeliet. Het moet er voor de RAF-piloten die om negen uur die ochtend hun bombardement uitvoerden op wat zij dachten dat het de V2-lanceerinrichtingen in het Haagsche Bos waren, als een soort superschietschijf uitgezien hebben: het groene ronde grasveld met in het midden dat witte laken en midden daarop weer een paar menselijke wezens, die zich nergens van bewust waren en schaterend hun oefeningen deden. Overigens denk ik niet dat de piloten dit beeld ook in werkelijkheid hebben aanschouwd; hun – verkeerd gemarkeerde – aanvalsdoel lag noordelijker, hoewel er wel degelijk een paar bommen op de Laan van Nieuw Oosteinde zijn gevallen, naast de enorme bommenlast die het Bezuidenhout in puin legde.

Dat was een geweldig, angstaanjagend kabaal geweest – maar Omi had er niets van gemerkt en was met een zonnige lach bezig mij op mijn buik te kroelen toen ze door een dodelijk verschrikte Frau Kochmann naar binnen werd gehaald. Toen de situatie haar duidelijk was, werd Omi opeens weer de verpleegster die ze in Astrachan geweest was. Ze liet een grote pan soep koken en legde dekens en de huisapotheek klaar voor eventuele gewonden, die inderdaad ook kwamen. Zeker vijftien mensen hebben die dag op Briva Latvija voedsel en medische verzorging gekregen.

Toen op 5 mei de wapenstilstand getekend werd en het volk juichend en vlaggenzwaaiend de straat op ging, terwijl tegelijkertijd op heel wat adressen sinistere rekeningen werden vereffend en uitgestelde liquidaties alsnog werden uitgevoerd, bleef het rond Briva Latvija, waar ook de vlag was uitgestoken, rustig. Er was eigenlijk niemand die in die feestende massa's een beschuldigende vinger richting Joan Münninghoff wilde uitsteken; daarvoor was zijn reputatie van weldoener en hulpverlener in de kring van zijn directe buren en naaste omgeving te groot.

En ook toen Frans op 1 juni eindelijk boven water kwam en zich op De Laan meldde, waren er geen woedende volksmassa's die vergelding eisten. Briva Latvija leek een burcht die op een of andere manier de gewone maat van goed en kwaad was ontstegen. Er was wel iets aan de hand geweest, maar het leende zich niet voor simpele wraak. Het had zich allemaal op een ander niveau afgespeeld, in een sfeer van raadselen en geheimen, waar elke oorlog mee te maken heeft.

Frans had het, op zijn manier, behoorlijk goed voor elkaar gekregen. Al in augustus 1944, toen hij bij de SS zijn contract beëindigde om zich bij de Roesskaja Osvoboditelnaja Armija, het Russisch bevrijdingsleger van generaal Vlasov, te melden, maar vervolgens deserteerde, had hij onderdak gekregen bij Onkel Walter Lehmann, die samen met tante Litty na de volksverhuizing van Heim ins Reich een landgoed Ostrowo in Vorpommern had verworven.

Het echtpaar nam hem zonder verdere vragen meteen op. Een hachelijke onderneming, want deserteurs werden in de nadagen van het Duizendjarig Rijk bij tientallen standrechtelijk neergeknald of opgehangen, en voor onderdakverleners gold eenzelfde straf. Maar Onkel Walter, chirurg en directeur van het streekziekenhuis, was een man van aanzien, die persoonlijk bij de leden van de nazitop een aantal majeure medische operaties had uitgevoerd en het volste vertrouwen van de *Gauleitung* genoot. Zijn kapitale villa werd vanzelfsprekend nooit onderzocht en Frans kon daar blijven zo lang hij wilde. Onkel Walter was te veel familieman om hem aan te geven of hem te verzoeken weg te gaan.

In die onderduikperiode, die tot maart 1945 zou duren, kreeg Frans veel te maken met zijn neef Kurt Strandmann. Die kende hij al van de Rigase tijd; samen met Kurt had hij te paard door wouden en velden gezworven en 'Kurtitsch', zoals deze jongeman in de familiekring werd genoemd, was erbij geweest op die feestavond dat Frans de ceintuur van de voorbijzwevende Wera had gegrepen en haar naar zich toe had getrokken. Eigenlijk was het Kurt Strandmann, met op de achtergrond diens fanatieke ouders, geweest die in Frans het even onbedwingbare als verzengende antibolsjewisme had losgemaakt dat hem uiteindelijk in de rijen van de ss had gedreven.

Natuurlijk had Kurtitsch die stap ook genomen, alleen was hij niet zo ver als Frans naar de gehate Sovjetlinies opgerukt. Tot Moskou had zijn opmars geduurd; daar had hij, net zo verbijsterd als iedereen die zijn hersens in de oorlog bleef gebruiken, zich afgevraagd waarom het bevel van de Führer tot de beslissende stormaanval op de vijandelijke hoofdstad almaar uitbleef, tot ten slotte een mortiersalvo een einde aan zijn overpeinzingen maakte. Toen hij bijkwam uit de narcose, was zijn rechteronderbeen afgezet en kon hij naar huis voor verdere behandeling.

Op Ostrowo bloeide tussen Frans en Kurtitsch de hechte vriendschapsband verder op die door het uitbreken van de oorlog zo abrupt verstoord was. Als jongens waren ze de hel in gegaan, en als ruwe, gedesillusioneerde mannen hadden ze er het vege lijf weten te redden. Hoe nu verder? Over hun toekomst hadden ze geen enkel idee. Dat desolate gevoel maakte hen tot bondgenoten. Dat Frans de facto gedeserteerd was door zich niet bij Vlasov te melden, zoals hij had aangekondigd te zullen gaan doen, was voor zijn familieleden verder geen punt. Tweemaal gewond geraakt en bovendien het IJzeren Kruis (dat Kurtitsch niet verleend was) – hij had meer dan zijn plicht gedaan.

De gesprekken aan de Vorpommerner open haard gingen steeds vaker over de toch wel erg in het oog lopende nadelen van een Führer die een kleinburgerlijke achtergrond had en met zijn bekrompen, gelijkhebberige gedram in de Wolfsschanze de hele militaire operatie verziekt had, omdat hij niet naar zijn capabele Baltische generaals had geluisterd, maar verstrikt was geraakt in de typisch *spiessbürgerliche* hang naar pathos en nietsontziende gewelddadigheid, die uiteindelijk miljoenen de kop had gekost. Duitsland, zo was het heersende gevoel op Ostrowo, had de oorlog kunnen en moeten winnen, maar nu dat niet meer zou gebeuren, was het waanzin om de dolgedraaide Oostenrijkse korporaal in diens Berlijnse zelfmoordcarrousel te blijven volgen.

Toen de Russen in januari 1945 het slotoffensief aan de Weichsel inzetten en in recordtijd richting de Oder doorstootten, begrepen de beide gewezen frontsoldaten dat ze zo snel mogelijk moesten maken dat ze wegkwamen. Overal in het lieflijke Pommerse land sloeg de panische angst voor de naderende Aziatische cohorten toe en grote groepen vluchtelingen gingen in blinde ontzetting op weg naar het westen van het land, terwijl ze hun bezittingen in koffers en rugzakken en op karren en bespannen wagens meevoerden. Dat was voor Frans en Kurtitsch niet de beste optie, vonden ze. Ze waren realistisch genoeg om te beseffen dat Duitsland binnen korte tijd geheel ineen zou storten en een langdurige donkere periode in zou gaan. Zoals ze ook begrepen dat het wenselijk was om, gezien hun Baltische achtergrond, uit handen van de Sovjets te blijven.

Dus lag hun reisbestemming voor de hand. Frans zou proberen zijn ouderlijk huis in Voorburg te bereiken, een onderneming die kans van slagen leek te hebben omdat hij nog steeds een Nederlands paspoort had en gemakkelijk voor terugkerende *Einsatzarbeiter* kon doorgaan. En Kurtitsch had verre familie in Brussel, die hem zeker onderdak zou bieden. De reis daarheen zou hij, als oorlogsinvalide, zonder al te veel problemen kunnen maken, dacht hij, waarbij hij erop rekende dat hij zich, met zijn vooroorlogse Letse paspoort, de grens over zou kunnen bluffen.

Met de moed der wanhoop gingen beide makkers elk huns weegs. Bij het afscheid met Onkel Walter gaven ze hem hun wapens en nog wat persoonlijke bezittingen waar ze nog geen afscheid van konden nemen, maar die ze maar beter niet bij zich konden hebben tijdens een confrontatie met Britten of Amerikanen. Voor Walter, die vertrok naar zijn vakantiehuis in het boskuuroord Varel onder Oldenburg, was het een erezaak die spullen, waaronder ook het IJzeren Kruis en de buitgemaakte Sovjetsabel, te bewaren. Jaren later, begin jaren vijftig, toen wij hem met Kerstmis gingen opzoeken, lag het IJzeren Kruis onder de kerstboom, samen met een stapeltje foto's van mijn vader en zijn oorlogskameraden in uniform.

Glunderend vertelde Onkel Walter dat hij alles had verpakt in oliepapier en aan de rand van het bos achter zijn huis had begraven. Ongetwijfeld zal er bij die gelegenheid ook gesproken zijn over de Luger en de sabel, maar dat gesprek ging aan mij voorbij, zoals er veel was dat ik in die jaren misschien wel hoorde, maar niet kon plaatsen en dus weer vergat.

Hoe Kurtitsch er uiteindelijk in geslaagd is om inderdaad de grens met België zonder problemen over te steken, is nooit helemaal duidelijk geworden. Wel dat hij, eenmaal in de Belgische hoofdstad, zich vrij gemakkelijk via de vooroorlogse Letse vertegenwoordiging aldaar van de benodigde papieren wist te voorzien en een etage in de Franstalige wijk Ixelles kon betrekken. Hij deed wat zovelen in die chaotische maanden deden: gebruikmaken van de verwarring, het feit dat een deugdelijke administratie veelal ontbrak omdat papieren waren zoekgeraakt, verbrand bij bombardementen, meegenomen of vernietigd door vluchtende Duitsers.

Wie gehaaid genoeg was om een pokerface op te zetten en een zorgvuldig geprepareerd kletsverhaal vol te houden, had gerede kans om de geallieerde militaire autoriteiten, die het weliswaar voor het zeggen hadden maar allesbehalve goed geïnformeerd waren, om de tuin te leiden. In die omstandigheden waren een houten been en een Lets paspoort goud waard in handen van een geboren fantast – en dat was Kurtitsch.

Maar mijn vader Frans was een naïeve *Draufgänger*; hij had geen verhaal, maar wel geluk. Hij liet zich meevoeren door de vluchtelingenstroom en kwam ten slotte in Lübeck aan, waar hij op het adres van zijn wittebroodsdagen even op adem kon komen. Daarna vervolgde hij zijn tocht via Hamburg en ten slotte stak hij bij Oldenzaal de grens met Nederland over. Uitgeput, maar in burger en met een Nederlands paspoort, Nederlands sprekend en met een ouderlijk adres in Voorburg. Een geheide binnenkomer, vonden ze in het opvangkamp voor *displaced persons* in Winterswijk. Op 1 juni stond hij voor de deur van Briva Latvija, waar een ijzig-afwijzende vader hem opwachtte en waar zijn huwelijk met Wera reddeloos ten onder zou gaan.

Dat was meteen al bij de eerste confrontatie voor iedereen duidelijk geweest. Terwijl haar hart opsprong van geluk en ze hem om de hals vloog en overlaadde met kussen, had hij stram als een soldaat op wacht voor Buckingham Palace de liefdesbetuigingen gelaten over zich heen laten komen. Hij was hondsmoe, zei hij, en bovendien was zijn laatste verwonding nog steeds pijnlijk. Hij wilde naar bed, maar niet met haar.

Ruim een etmaal had hij geslapen, maar toen hij wakker werd en Wera, die al die tijd niet van zijn bed was geweken, als eerste zag, draaide hij zich in een niet mis te verstane reflex om naar de muur. Er was eerst stille, diepe teleurstelling geweest, ongetwijfeld door beiden even intens gevoeld, gevolgd door een eerste woordenwisseling.

Hij kon het allemaal niet verwerken, zei hij. De herinneringen aan de oorlog overwoekerden alles wat hij dacht, waarnam en deed. Zijn gesneuvelde kameraden, van wie zij er toch ook enkele kende uit Riga, zaten op zijn schouders. Wat voor recht had hij eigenlijk om te leven?

'Spreek niet zo,' had ze geroepen. 'Je leeft, je hebt een kind en een vrouw.'

Dat maakte hem kwaad. Brullend als een gewond beest had hij haar door elkaar gerammeld. Ook hij had dood moeten zijn. En hij was er niet ver vanaf geweest. Hij zag zichzelf nog steeds liggen, bloedend als een rund na een artilleriesalvo, in de grijswitte sneeuw op het zompige, uit de winter ontwakende Oekraïense voorjaarsland rond Tsjerkassy. Hij wist toen zeker dat hij nu dan eindelijk, na al die maanden van onwaarschijnlijk soldatengeluk, alsnog de dood zou vinden. Iets waar hij op een vreemde manier vrede mee had gehad, omdat het de balans met zijn vrienden rechttrok. Totdat er opeens uit het niets een *Sanitäter* was komen aanlopen, die zwijgend, als betrof het een vanzelfsprekende dienstverlening, zijn been had afgebonden en hem op een slee naar de veiligheid van het veldlazaret had getrokken. Het ergste was dat die man, wiens naam hij niet eens kende, een halfuur later zelf dood was, toen de *Katjoesja's* het slagveld voor alle zekerheid nog een keer doorploegden, terwijl hij daar met zijn slee en tas alweer rondliep, op zoek naar nieuwe gewonden.

Frans had daar urenlang machteloos om liggen huilen in dat stinkende lazaret. Daarom, en om Wolfi Meskeris en Manfred Dolgoi en al die anderen die minder geluk hadden gehad dan hij, Frans Münninghoff. Kon Wera dat begrijpen, godverdomme? Ja? Dan begreep ze in elk geval meer dan zijn vader, die hem bij zijn thuiskomst uit de oorlog misprijzend had aangekeken en alleen maar had gezegd dat er nu maatregelen genomen moesten worden.

Nu. Daar bedoelde hij mee: nu zijn oudste zoon nog in leven bleek te zijn.

Wera had alleen geknikt en zachtjes en wanhopig gehuild, overmand door de gedachte aan hun gelukkige tijden samen in Riga, toen ze onbezorgde verliefde tieners waren geweest en de wereld voor hen open leek te staan, vol beloften en perspectieven. Nu zat ze met een arme, verknipte jongen die door het lot een ellendig oorlogspantser rond zijn ziel aangemeten had gekregen.

'We waren toch voor elkaar voorbestemd,' zei ze door haar tranen heen.

Dat ontroerde Frans weer. Hij sloeg zijn armen om haar heen, en zo zaten ze lange tijd samen op de rand van het bed, elkaar wiegend, teder aaiend en tussen de kussen en tranen door elkaar toefluisterend dat het misschien allemaal toch goed kon komen.

Maar het kwam niet meer goed.

Het was een mengeling van verbittering over het verloop van de oorlog waarin zowat al zijn vrienden waren weggevaagd en het totale gebrek aan erkenning, laat staan erkentelijkheid, voor wat hij met gevaar voor eigen leven voor de familie had gedaan, die mijn vader al na een paar weken Briva Latvija uit dreef. Tot zijn afgrijzen merkte Frans dat zijn vader in het geheel niet trots op zijn oudste zoon was; de Oude Heer verbood hem zelfs over zijn belevenissen in Rusland te praten en raadde hem aan om zo snel mogelijk in alle opzichten te vernederlandsen. Dat was per slot van rekening altijd de bedoeling geweest. Eigenlijk had hij ook liever gehad dat Wera plaats zou maken voor een Nederlandse vrouw, maar ze hadden nu eenmaal een zoon en ze waren getrouwd, dus daar berustte hij als deugdzaam rooms-katholiek dan maar in.

Maar voor de naam van de familie en de toekomst van Frans was het van primair belang dat alles wat naar Duitsland, laat staan de nazi's, riekte, zou worden weggepoetst. Het zou sowieso al ongelooflijk moeilijk worden om het SS-verleden van Frans buiten de belangstelling van de Bijzondere Rechtspleging te houden, maar daar had Opa zijn hoge relaties in katholieke kringen voor. Dus dat zou misschien nog wel los kunnen lopen, maar dan moest Frans zich voortaan gehoorzaam in zijn Nederlandse identiteit schikken. Daar was toch niets vreemds aan, dat Nederlandse? Had hij immers niet zijn hele middelbareschooltijd in Nederland doorgebracht?

En nu ze het er toch over hadden: Letland, daar zouden ze, nu de zaken deze wending hadden genomen, nooit meer naartoe terugkeren. Het land was een provincie van de USSR geworden en zou dat voor lange tijd blijven. Het zou al heel wat zijn als er ooit langs juridische weg nog een fractie van het familievermogen op de Sovjets zou kunnen worden teruggevorderd. In elk geval moesten de kinderen, en ook Omi, de gedachte aan terugkeer naar de paradijselijke omgeving in het Riga van voor de oorlog laten varen. Dat was nu eenmaal het lot van de familie, en dat moest je leren accepteren. Dat hield ook in dat vanaf heden in Briva Latvija Nederlands de eerste en enige omgangstaal zou zijn. Alleen als het echt niet anders kon mocht je terugvallen op Duits. Het proces van totale assimilatie moest met kracht ter hand genomen worden, en hij, mijn grootvader, zou er nauwlettend op toezien dat het ook een succes zou worden.

Mijn vader reageerde woedend. Alle haat tegen Nederland en het door hem diep betreurde Nederlandse genetisch element in zichzelf ontlaadde zich in een tandenknarsend, vuistenballend 'nee' tegen alles wat zijn almachtige Hollandse vader verordonneerde. Nederlands spreken? De taal van die kleinburgerlijke kanenbraaiers waar hij nooit bij had gehoord, al was hij dan ook door zijn vader acht jaar lang naar Nederlandse scholen gejaagd? Die slappe tinussen die de oorlog zonder slag of stoot over zich heen hadden laten komen en zich in meerderheid niet hadden durven verzetten, maar integendeel met de Duitsers hadden geheuld! NSB'ers, iets verachtelijkers kende hij niet! Landverraders!

In zijn overkokende, stuurloze gedachtestroom zocht hij naar houvast. In elk geval moest hij zo snel mogelijk weg uit Nederland, niet alleen omdat ze hem spoedig zouden gaan zoeken, maar vooral ook omdat hij een diepe behoefte voelde aan morele steun van mensen die zouden kunnen begrijpen wat hij allemaal had doorgemaakt en die hem een veilig onderdak en waardering zouden bieden. En Wera en Bully dan? Daar had hij nu geen tijd voor; hij moest eerst tot zichzelf zien te komen. Als hij zich om zijn gezin moest bekommeren, zou hij voor altijd aan De Laan en haar bewoners vastgeklonken blijven. Laat de Oude Heer maar voor hen zorgen, dacht hij, die heeft toch geld genoeg.

Eind juni, nog geen maand nadat hij uit de oorlog was thuisgekomen, verliet Frans, na een zoveelste wanhopig twistgesprek met

Wera, zonder nadere aankondiging Briva Latvija. Te voet en liftend trok hij, puur intuïtief, naar Oss, waar hij onaangekondigd aanbelde op het adres van Robert, destijds een klasgenoot op het Sint-Nicolaas Instituut in het begin van de jaren dertig. Uit de holle klank van de bel en van de voetstappen van de vrouw die op weifelende manier de deur op een kier opende, kon hij al opmaken dat zij alleen in het huis woonde en dat er iets ergs aan de hand was. Toen hij zich bekendmaakte, had ze hem met een zachte snik omhelsd en snel naar binnen getrokken. 'Ik heet Martha,' zei ze, 'weet je nog?' Hij knikte en keek om zich heen. Af en toe was hij hier komen spelen, niet zozeer omdat Robert een echte vriend van hem was geweest, maar meer omdat het goed uitkwam dat hij in Oss woonde en af en toe in het weekend naar huis mocht.

Haar man, een wijnhandelaar zoals Frans zich duidelijk wist te herinneren, was al voor de oorlog bij een ongeluk om het leven gekomen, vertelde Martha. En Robert... Tja, die was spoorloos verdwenen. Gewoon, op een dag was hij op de fiets vertrokken, met een opgewekte armzwaai en met een vrolijk 'Tot vanavond!', maar hij was niet meer teruggekeerd. Dat was het verhaal geweest dat ze voor de buren had opgehangen en dat ze aanvankelijk ook aan Frans vertelde.

Maar dat flinterdunne dekmanteltje ging meteen de eerste avond al aan flarden, zoals het ook in de buurt geen stand had kunnen houden: net als veel katholieke jongens uit de streek had Robert zich immers bij de SS voor het Ostfront gemeld, bekende ze nadat Frans onomwonden zijn eigen relaas had gedaan. Met grote, starende ogen had ze vervolgens de verhalen van de op drift geraakte wapenbroeder van haar zoon aangehoord. Van Robert had ze, behalve een aankondiging dat hij naar Rusland ging, nooit meer iets vernomen. Des te gretiger luisterde ze nu naar het eindeloze gepraat van Frans, de ongedachte boodschapper uit die macabere wereld van het Ostfront waarvan ze zich in de drie jaar dat Robert nu weg was de meest ellendige voorstellingen had gemaakt.

Nu hoorde ze van Frans het echte verhaal. En al had hij Robert niet op de slagvelden ontmoet, de scènes en gebeurtenissen die hij schilderde hadden ook net zo goed haar eigen zoon kunnen betreffen. Ze had uit de kelder, die nog vol stond met onaangeroerde voorraden van haar man zaliger, een fles jenever gepakt. 'Schnaps!' had Frans verheugd gelachen. Ze had hem drie, vier keer ingeschonken en er zelf ook eentje genomen.

Niet minder dan tien weken bleef Frans bij Martha in Oss. Hij kwam de deur niet uit, sliep ook overdag urenlang en dronk zich avond aan avond, al vertellend, een fors stuk in de kraag. Hij had het nodig, zowel de drank als dit luisterend oor. Wat hij thuis in Voorburg aan aandacht van zijn vader had gemist, haalde hij hier in Oss bij Martha in. En met elk glas leek hij ook zijn eigen rampzalige oorlogsverleden telkens weer voor zichzelf een stukje begrijpelijker en aanvaardbaarder te kunnen maken. 'Begrijp je, Martha?' was steeds zijn slotzin voordat hij, als door een verlate Russische sluipschutter getroffen, op de bank van het ene moment op het andere het hoofd op zijn borst liet vallen en in een ronkende slaap verzonk.

Martha begreep hem, maar ze begreep ook dat deze situatie niet lang zou kunnen aanhouden. In het hele land circuleerden lijsten met namen van gezochten, zowel NSB'ers als SS'ers, en ook in Brabant liepen er brigades rond met een huiszoekingsbevel op zak.

Hij moest hier weg, wist ze. Toen Frans haar op zekere dag vroeg om hem te helpen de grens met België over te steken, schakelde ze een oude kennis van haar man in, die op de hoogte was van de smokkelroutes in de Brabantse Kempen. Eind september was Frans vertrokken.

–ZESTIEN–

Voor Wera waren deze ontwikkelingen natuurlijk catastrofaal. Amper drie jaar getrouwd werd ze nu voor de tweede keer geconfronteerd met een echtgenoot die voor langere tijd uit het zicht verdween en niets meer van zich liet horen. Haar eerste reactie was een voor haarzelf geruststellende verklaring te formuleren. Dat hij er nu even niet was vertaalde ze koppig als een begrijpelijk gevolg van de oorlogsverschrikkingen die hij had meegemaakt. Frans was nu eenmaal gedeformeerd uit de oorlog teruggekomen; dat had ze meteen al gemerkt toen hij op 1 juni 1945 opeens voor haar stond. Wat haar nu te doen stond was ook duidelijk: gehoor geven aan de oekaze van de Oude Heer – Nederlands leren en Nederlandse worden. Als alle oorlogsstof was neergedaald, zou Frans ook wel eieren voor zijn geld kiezen en terugkomen.

Ze heeft het wel geprobeerd, mijn moeder. Ze leerde onze syntactisch o zo moeilijke taal. Tot op haar sterfbed sprak ze, een halve eeuw later, Nederlands door de telefoon met haar kleinkinderen. Zoals ze ook Nederlands sprak met al die Nederlandse flierefluiters met wie ze na de oorlog, toen Frans vertrokken was, in contact was gekomen. Want ze was mooi en romantisch, en daarbij zeer naïef. En ze hunkerde naar liefde.

De Hollandse studenten die in het najaar van 1945 De Laan bezochten, uitgenodigd door Jimmy en Xeno die in Amsterdam en Delft waren gaan studeren, vielen en bloc voor haar. Ze merkte dat, uiteraard, maar haar solidariteit met de man die net als al die andere jongens uit Riga het uniform had aangetrokken en de wapens had opgenomen, verbood haar aanvankelijk daarop in te gaan. Daar kwam natuurlijk bij dat ik als rondkruipende baby allerminst bijdroeg tot de gewenste ambiance voor een eventueel minnespel.

Hoewel, toen ik twee was (dit is mijn allereerste herinnering), lag ik een keer op een matrasje op de commode, net verschoond door mijn moeder, te wachten op wat er verder zou gebeuren. Er gebeurde niets, want Wera was verzeild geraakt in de avances van Jimmy, mijn oom, die ondanks zijn handicap als ex-poliopatiënt een geduchte casanova was en van de tijdelijke afwezigheid van mijn vader gebruikmaakte om haar in zijn netten te strikken.

Ongedurig van aard als ik ben, draaide ik me na enige tijd om op mijn buik, zag vlak voor me een raam openstaan en tijgerde daar fluks naartoe. Het driedimensionale karakter van de wereld om mij heen had ik duidelijk nog niet genoeg doorgrond en van de gevaren die zich achter en vooral onder het raamkozijn aandienden had ik geen weet. Zonder een kik te geven stortte ik naar beneden, vier meter diep.

Dit is een reconstructie op basis van wat Wera en Jimmy later tegenover mij bekenden. Mijn eigen herinnering is deze: ik zie uit de deur van de bijkeuken mijn moeder aan komen stormen, in peignoir en met een volkomen verwilderde blik in de ogen, waarvan ik nu, achteraf, pas kan zeggen dat angst, wroeging, schaamte en bezorgdheid, en vooral liefde – wilde, panische moederliefde – er de componenten van moeten zijn geweest. Ze zag eruit als een vreemde, exotische vogel in haar felgekleurde, fladderende ochtendgewaad.

De tweede herinnering: ik zie een man in een blauwe overall die op een stellage bezig is een inmiddels aangebracht traliehek te meniën voor het raam waar ik uit was gevallen. Ik zag toen ook het verband tussen mijn val en het werk van die man. Maar dat ik aan de dood ontsnapt was en hoe dat in zijn werk was gegaan, besefte ik natuurlijk niet. De dood is voor een tweejarige nog een onbenoemd iets. Ik had iets ondergaan, en mijn moeder had me in haar warme armen genomen.

Pas veel later hoorde ik dat het op een zondagochtend gebeurd was, dat de arbeiders die bezig waren een nieuwe betonnen oprijlaan naar de garage aan te leggen, die zaterdagmiddag hun werk niet hadden afgekregen en, precies onder mijn raam, een aantal zakken cement plus een forse hoop zand hadden achtergelaten voor maandag, als ze de klus zouden afmaken. Op dat vreemde, levensreddende kussen was ik terechtgekomen.

Het was een gebeurtenis die door mijn grootouders, en dan vooral mijn grootvader, zeer zwaar werd opgenomen. Dat Jimmy hierin een discutabele rol had gespeeld werd al snel onder tafel geschoven; het ging om het abjecte gedrag van mijn moeder. Zij immers had zich veil geboden, niet alleen aan Jimmy, maar aan een hele reeks vrijers. Want zover was het inderdaad gekomen, toen Wera verdwaasd en besluiteloos in het haar vijandig gezinde Briva Latvija achter bleef nadat Frans haar had verlaten. Op zoek naar een begripvol oor en een bemoedigende arm om de schouder, die haar uit het naargeestige doolhof van de kille, afwijzende Münninghoff-familie zou kunnen leiden, had ze na enige tijd totaal geen weerstand gehad tegen de vrolijke, charmante jongeheren die haar pad kruisten en hun uiterste best deden om het haar voor een korte tijd zo aangenaam mogelijk te maken. Ze begon uit te gaan en liet mij dan achter op De Laan, waar ik meestal door Omi, soms ook door Frau Kochmann of Livia, in bed werd gestopt.

Wat mijn moeder bezielde weet ik niet precies, maar begrijpen kan ik het ten volle. Een beauty van achter in de twintig is het aan zichzelf verplicht om de kansen die het leven biedt waar te nemen. Waarmee natuurlijk niet gezegd is dat ze dat ook daadwerkelijk deed. De mannen met wie ze optrok hadden hun eigen, Nederlandse agenda en leken geen langdurige relatie met haar te kunnen of willen ontwikkelen. En omgekeerd al evenmin: er was er geen een bij, vertelde ze me later, die er ooit blijk van gaf ook maar iets van haar innerlijk leven of van haar specifieke problemen aan te voelen. Haar allesoverheersende gevoel was een diep verlangen naar Frans.

Die leek eind 1945 eindelijk weer iets meer greep op zichzelf te krijgen. En toen hij op de trein stapte naar Eindhoven, waar hij door een kennis van Martha werd opgehaald om diezelfde nacht nog via het Kempener kerkdorp Netersel de grens met België over te steken, langs een onnavolgbaar smokkelpad door bos en hei, had hij een duidelijk doel voor ogen. Hij zou in Brussel bij Kurtitsch intrekken en dan contact opnemen met Guus van Blaem, een jongen met wie hij bevriend was geraakt op de kostschool Huize Katwijk in Den Haag, waar hij aan het eind van de jaren dertig op terecht was gekomen. Hij had gehoord dat Guus in Brussel en Antwerpen met interessante zaken bezig was, waaronder wapenhandel. En wapens, dat was nou precies het domein waarin Frans als ervaringsdeskundige kon gelden.

Bij aankomst in Brussel bleek Kurtitsch al behoorlijk ingewerkt te zijn in zaken die het daglicht niet konden velen, maar waarin Frans met zijn specifieke verleden zeker van nut kon zijn. Meteen de eerste avond al nodigde Kurtitsch een zekere Alfred Valdemanis uit, een Let die nauw betrokken was bij het opzetten en onderhouden van een van de vele vluchtlijnen voor nazi's naar Zuid-Amerika. Toen Frans die naam gehoord had, had hij zijn jeugdvriend vragend aangekeken: een etnische Let, was die wel te vertrouwen? Maar Kurtitsch had hem verzekerd dat Alfred in orde was en dat hij veel goede contacten had die hem, Frans, beslist verder konden helpen.

In het gesprek, dat drie wodkaflessen duurde, tot vier uur 's morgens, legde Alfred uit dat er duizenden oud-ss'ers waren die zich overal in Europa op onderduikadressen schuilhielden in afwachting van een mogelijkheid om naar Brazilië, Argentinië of een ander Zuid-Amerikaans land te ontsnappen. En daar viel uiteraard goed geld aan te verdienen. 'Je weet toch dat iedere ss'er bij voorbaat verdacht is van oorlogsmisdaden, ook al ben je zoals jij bij de Waffen-ss geweest en heb je alleen maar eerlijke frontgevechten gevoerd? Denk maar niet dat je een eerlijk proces krijgt,' had Valdemanis gezegd. En hij had Frans aangeboden als begeleider op de sluiproute op te treden: 'Jij haalt de klanten op, begeleidt ze naar de haven en zet ze aan boord van het schip dat wij voor de reis geselecteerd hebben. Daarna nemen wij het van je over. En na een tijdje, wie weet, kun je zelf ook mee om aan de overkant een nieuw leven te beginnen.'

Frans had zich aanvankelijk geïnteresseerd getoond, maar gaandeweg bekroop hem toch de twijfel en begon hij overal gevaren te zien die aan dergelijke missies zouden kleven. Eigenlijk wilde hij helemaal niet uit Europa weg. Ja, in Nederland zouden ze hem natuurlijk arresteren vanwege vreemde krijgsdienst, maar daar viel over enige tijd met hulp van de connecties van zijn vader waarschijnlijk wel een mouw aan te passen. Trouwens, hij wilde het allerliefst naar Duitsland om het land te helpen opbouwen, maar dan moest hij eerst uitzoeken waar en hoe hij daar terechtkon. Maar vooral, zo had hij na de tweede fles wodka opeens geroepen, was hij het er niet mee eens dat Alfred en Kurtitsch van deze mensensmokkel rijk wilden worden. Over de ruggen van zijn oude kameraden, zogezegd. 'Nee, hier ben ik geloof ik niet geschikt voor,' had hij ten slotte gemompeld. 'Laat mij maar iets met wapens doen, daar ben ik veel beter in.'

Kurtitsch en Alfred hadden hem onderzoekend aangekeken en de sfeer was daarop meteen een stuk killer geworden, ook toen Alfred verdwenen was en hij alleen bij Kurtitsch was achtergebleven. Het was hem vervolgens duidelijk geworden: er was een leven geweest voor de oorlog, dat in het geval van Kurtitsch en hemzelf paradijselijk genoemd kon worden; daarna kwam er een leven tijdens de oorlog, waarin vriendschappen heilig waren geweest en je de grootste of ellendigste daden als vanzelfsprekend uitvoerde. Maar er was nu een leven na de oorlog aangebroken, waarin het vooral ging om berekening en sluwheid. En daarin was Kurt Strandmann beduidend bedrevener dan hij, Frans Münninghoff.

Gedesillusioneerd had hij de volgende middag, nadat hij zijn roes had uitgeslapen, afscheid van Kurtitsch genomen en was hij op zoek gegaan naar Guus, de enige persoon in Brussel bij wie hij op dat moment wellicht terechtkon. Toen hij ten slotte bij het opgegeven adres in Brussel-Noord aanbelde, werd de deur opengedaan door een vrolijke, aantrekkelijke brunette die hij alleen van naam kende: Mimousse van Blaem. Een volle nicht van Guus, maar bovendien ook diens wettige echtgenote.

Met een hoopvolle glimlach stelde Frans zich aan haar voor. Ze had van hem gehoord en, wat meer was, met een hartelijke kus liet ze hem binnen.

Het was liefde op het eerste gezicht.

–ZEVENTIEN–

Mimousse was de dochter van een arrogante keel-, neus- en oorarts in Breda, Toine van Blaem, en een Belgische baronesse, Elisabeth de Heusch de la Zangrye. Het huwelijk, dat in de nadagen van de Eerste Wereldoorlog was gesloten, werd in kringen van de gedegenereerde Belgische landadel algemeen als een mesalliance beschouwd. En de onverbeterlijke rokkenjager Toine hield het dan ook, toen er na vier in recordtijd geconcipieerde kinderen nog steeds geen sprake was van acceptatie bij de hooggeplaatste zuiderburen, voor gezien en liet zijn gezin in de steek voor een Nederlandse patiënte die zowel verschrikkelijk rijk was alsook gelukkig geen kakkineuze pretenties had. De baronesse trok hierop met haar vier kinderen in bij haar ouders op het landgoed Ridderborn, diep verscholen in de bosrijke heuvelen van Belgisch-Limburg.

Het kasteelleven op Ridderborn rond 1930 was geen pretje; daarover waren Mimousse (ze heette eigenlijk Marie Ghislaine, maar die plechtstatige naam werd in het dagelijks gebruik opgevrolijkt tot het frivole Mimousse) en haar zussen Yvonne, Jacquot en Edith het later roerend eens. Eigenlijk was het meer een klooster dan een kasteel, en 'Granny', zoals we de baronesse later noemden, had zichzelf en haar kinderen, met stilzwijgende goedkeuring van haar zeer oude, broze en wereldvreemde ouders, aanvankelijk onderworpen aan een strak katholiek regime, dat vooral geen uitwegen naar wereldse geneugten bood. Het leek in de eerste plaats in het leven geroepen om met nonnentucht haar mislukte huwelijk met de autoritaire schuinsmarcheerder Van Blaem toch tot een valabel entreebewijs voor bij de hemelpoort te transformeren.

Zo groeiden Mimousse en haar zussen op tot naïeve, enigszins eigengereide meisjes, die uitstekend op de hoogte waren van de griezelig precieze etiquette en omgangsvormen die de Belgische adel hanteerde (de vork wordt met de bolle kant naar boven gedekt en niet zo lomp andersom, als een achtergelaten hooivork, zoals die Hollanders dat doen; de één na onderste knoop van het vest staat *à la Albert* open enzovoort, enzovoort – ze heeft het mij, Nederlandse puber, allemaal tot in detail bijgebracht), maar daarbij ver van de realia van de harde, op drift rakende wereld van de jaren dertig stonden. Het Belgische internaat waar ze hun opleiding kregen veranderde daar niets aan, geleid als het werd door benedictijner nonnen die discipline op de eerste plaats stelden, en hun didactische aanpak bovendien nog eens overgoten met een pieus sausje van religieuze contemplatie. De lange vakanties, waar de meeste meisjes op het internaat reikhalzend naar uitzagen omdat ze dan weer eens een paar weken in de gewone wereld onder gewone mensen konden verkeren, gingen voorts goeddeels verloren aan stomvervelende familiebezoeken bij *oncles* en *tantes*, die immers op de hoogte gehouden moesten worden van het feit dat er op Ridderborn, mesalliance of niet, toch vier dametjes rondliepen die weliswaar geen baronesjes genoemd mochten worden, maar met wie je toch uitstekend voor den dag kon komen.

Gelukkig verscheen daar op Ridderborn al snel een reddende engel in de figuur van Bob Pietersma, een vrolijke Nederlandse agronoom die door de oude De Heusch voor enkele weken was ingehuurd om het landgoed eens flink op de schop te nemen en weer rendabel te maken. Binnen de kortste keren ontstond er een heftige liefdesrelatie met de ondanks alle levenstragiek nog goed ogende, gescheiden baronesse die, het zelfopgelegde celibataire kasteelleven meer dan beu, zich bereid verklaarde deze Pietersma desnoods tot aan het eind van de wereld te zullen volgen. Dat kwam toevallig goed uit, want Pietersma had zich via Wageningse relaties aangemeld voor plantersdienst in Indië en had kort daarvoor een toewijzing op Java ontvangen.

Ridderborn was in feite zijn laatste Europese klus geweest; hij stond op het punt om, naar het zich liet aanzien voorgoed, naar Indië te emigreren. Zou Elisabeth...? Granny stemde er zonder met de ogen te knipperen in toe om samen met hem te vertrekken. De kinderen waren geen bezwaar, zei Pietersma. Hij was dol op kinderen, en met Yvonne, Jacquot en Edith, tieners die natuurlijk dringend een vader in hun leven wensten, had hij inmiddels een uitstekende, bijkans familiale band opgebouwd. Zingend pakten de meisjes samen met Granny hun koffers.

Maar voor de oudste, Mimousse, was emigratie geen optie. Anders dan haar zussen, die niets meer met hun vader te maken wilden hebben, had zij zich in een queeste naar Toine van Blaem gestort. Een diepe drang om te begrijpen waarom hij zijn gezin had verlaten lag hieraan ten grondslag. 'Ik voelde dat ik nooit tot rust zou komen als ik dat niet had uitgezocht, en van Granny kreeg ik hier absoluut niets over te horen,' vertelde ze me later.

Eenmaal achttien geworden had ze het internaat afgerond en nog voor haar twintigste was ze naar Nederland vertrokken, een onthutste Granny in tranen achterlatend. Geld voor het treinkaartje en de reis had ze zelf gespaard van haar zakgeld; ze had verder niemand nodig. Dit was haar missie en die ging ze uitvoeren. Ze moest en zou te weten komen wie haar vader was, hoe zijn familie, waarover in België zo laatdunkend werd gedaan, eruitzag en waarom hij willens en wetens uit haar leven was verdwenen.

De pompeuze arts had haar aanvankelijk niet eens herkend toen ze aanbelde bij zijn praktijk in Breda en was gewoontegetrouw begonnen deze knappe jongedame met een routineus charmeoffensiefje te bestoken. Toen ze met de ontstelde kreet 'Ik ben het, Mimousse!'

zijn pluimstrijkerijen onderbrak en hem de schellen van de ogen rukte, draaide hij zich gegeneerd om en verzocht haar te vertrekken. Hij zei het er, onthutst door zo veel stormachtige emoties, meteen eerlijk bij: 'Omdat ik me kapotschaam.'

Dat voor Toine ongekende statement verschafte Mimousse evenwel de mogelijkheid om de rol van engel der vergeving op zich te nemen, en daar maakte ze ogenblikkelijk gebruik van. Even later lagen vader en dochter snikkend in elkaars armen en mocht ze blijven.

Het dient gezegd dat Toine van Blaem zich hierna tegenover Mimousse van zijn beste kant liet zien. Zijn tweede vrouw Annette, met wie het huwelijk kinderloos was gebleven, had nooit aangedrongen op hereniging van haar man met de Ridderborner dochters, ook al hadden die de naam Van Blaem behouden. Van nature zonnig en wars van omhaal van woorden had deze steenrijke redersdochter uit de Alblasserwaard zich altijd misprijzend-lacherig getoond over wat zij geografisch discutabel 'de katholieke stofnesten in de Borinage' noemde: daar woei geen zeewind door je haren, daar kon je nooit eens lekker lachen, daar was geen avontuur. 'Laat ze toch stikken in hun provinciaalse bekrompenheid, Toine,' was steevast haar raad geweest tijdens de zeldzame keren dat Ridderborn en het verleden ter sprake waren gekomen. 'Al die baronnekes en prinsekes, ze kunnen me wat.'

Dat waren gesprekken geweest waarin Toine en zij, nadat duidelijk was geworden dat zij geen kinderen kon krijgen, hadden gemijmerd over de vier dochters die voorgoed, zo leek het, uit hun leven waren verdwenen. En over het waarom van de sociale vernederingen die hij, toch een gerespecteerd arts en notabel van Breda, zich had moeten laten welgevallen omdat Van Blaem, wapen en zegelring ten spijt, nu eenmaal geen adel was.

Maar nu de oudste dochter eigener beweging naar hen toe was gekomen, kon dat natuurlijk slechts als een geschenk uit de hemel worden gekwalificeerd. Meteen werd de grootste logeerkamer voor Mimousse ingericht en al de volgende dag moest ze met Annette, of ze wilde of niet, gaan winkelen in de stad. Diezelfde avond nog leverde Maison Van Maas de omvangrijke aankopen aan huis af.

Voor de vluchtelinge uit Ridderborn was Breda anno 1938 misschien niet het vurig gezochte paradijs, maar een weg terug was er eenvoudig niet meer. Haar moeder had zich inmiddels in de echt laten verenigen met de gedreven Pietersma en was samen met haar drie andere dochters naar Indië afgereisd, en Ridderborn was met zijn erin rondscharrelende, achtergebleven stokoude bewoners tot een angstaanjagend spookkasteel verworden. Bovendien: dit was haar bewuste keuze geweest. Mimousse had gekozen voor haar vader en voor Nederland.

Dat schiep verplichtingen voor Toine en Annette, en zij handelden daarnaar. Om het verblijf van zijn dochter in Breda aantrekkelijker te maken, bracht Toine Mimousse in contact met Guidi en Guus, twee zoons van zijn broer Theo die notaris was in het nabijgelegen Kaatsheuvel. Deze Theo van Blaem had toen, in 1939, al een uitgesproken slechte reputatie, die tijdens de oorlog nog aanzienlijk zou verslechteren. In zijn eerdere standplaats Urmond had hij zich laten verleiden mee te doen aan omvangrijke financiële malversaties, waarbij het kapitaal van plaatselijke uit Duitsland weggevluchte joden in het geding was. Daarvoor had hij contacten gehad met Otto Rebholz en diens witwasserij in Amsterdam. Dat was aan het licht gekomen, en toen de oorlog afgelopen was leek een aanklacht tegen Van Blaem in de lucht te hangen, die hem, naast een mogelijke gevangenisstraf, in elk geval schorsing voor het leven als notaris zou opleveren.

Maar daar had mijn grootvader op voor hem typerende wijze inmiddels een stokje voor gestoken. Hij hoorde van de zaak doordat Guus en Guidi in de oorlog klasgenoten waren van Jimmy en Xeno op het exclusieve katholieke internaat Huize Katwijk, dat weliswaar door de Duitsers gevorderd was, maar in Wassenaar onder de naam 'Denneheuvel' aan de Groot Hasebroekseweg doorging met het streng katholieke onderricht aan rijkeluiszoontjes. Opa was een van de royalere donateurs van het internaat, en aangezien hij uiteraard besefte dat de betrokkenheid van Rebholz in de Van Blaem-zaak ook op hemzelf zou kunnen terugslaan als de Duitsers vertrokken waren, ging hij al in het laatste oorlogsjaar aan de slag om met stille diplomatie en zwijggeld de potentiële commotie rond Theo van Blaem de kop in te drukken. Geholpen door de jezuïeten van Huize Katwijk slaagde hij daar wonderwel in, en zo wist na de bevrijding opeens niemand in Urmond en wijde omstreken meer iets van door notaris Van Blaem ooit verduisterde joodse tegoeden.

Wie nu gedacht mocht hebben dat er in huize Van Blaem in Kaatsheuvel op het familiealtaar een extra kaarsje ten teken van dankbaarheid voor Joan Münninghoff ontstoken zou worden, heeft het mis. De vileine notaris begreep dat hij een gefortuneerde geldschieter bij de strot had en deinsde er niet voor terug om mijn grootvader met de Rebholz-connectie te blijven chanteren. Dat had onder meer tot gevolg dat Opa na de oorlog de studie van Guidi, die ook notaris wilde worden, voor een groot deel betaalde, voordat Theo van Blaem in 1947 door een val van de trap zijn nek brak en overleed. Het familieverhaal wil dat de Oude Heer in het geheel niet verbaasd had gekeken toen dit bericht hem ter ore kwam.

In dit licht bezien was het nog een geluk bij een ongeluk dat Guus van Blaem geen studieplannen had en een vrijbuitersleven vol uitdagingen verkoos boven een door Joan Münninghoff gefinancierd burgermansbestaan in Den Haag. Hij was inmiddels verliefd geraakt op zijn nichtje Mimousse, trouwde met haar en vestigde zich in Brussel, in die tijd een kosmopolitische stad met ongelooflijk veel mogelijkheden voor mensen die de chaos van vlak na de oorlog konden overzien. Guus van Blaem, wiens leven heeft bestaan uit een bonte aaneenschakeling van de meest fantastische oplichterijen, onwaarschijnlijke affaires met allerhande dames uit de betere stand en al dan niet gemeende waandenkbeelden die hij omtoverde tot megaprojecten waarvoor hij niet zelden, tegen ieders verwachting in, geldschieters wist te vinden, ging zich in de Belgische hoofdstad vol overgave bezighouden met allerlei schemerduistere zaken.

Wapenhandel was er een van. Het ging ook om (mensen)smokkel en – toen al gewild bij een klein segment van de Nederlandse elite – verdovende middelen. Mijn grootvader was dat alles om het even. Had Guus van Blaem in de oorlog nog geregeld zijn hand bij hem opgehouden, nu was hij godlof uit het zicht verdwenen. Dacht hij. Maar ook in die situatie zou een dramatische wijziging komen: nu Frans zich bij Guus had gemeld, kwam er opeens een nieuwe dimensie in de relatie tussen Guus van Blaem en de familie Münninghoff en dienden nieuwe mogelijkheden tot makkelijk geld verwerven zich aan.

Voor Frans betekende het contact met Mimousse en Guus in Brussel naar zijn gevoel de eerste gerede kans om zich aan zijn mistige, mislukte oorlogsverleden te ontworstelen en iets aan zijn eigen toekomst te gaan doen. Die was voor hem niet langer verbonden met Nederland of met zijn familieleden. Zijn vader had zich van hem afgekeerd – nee, sterker nog: had hem tijdens de oorlog misbruikt om tegenover de Duitsers de schijn op te kunnen houden. '*Mein Sohn, wie Sie wissen, kämpft in Russland, wo er verwundet war und das Eiserne Kreuz für Tapferkeit bekommen hat...*' – een betere binnenkomer bij het hoogste Duitse echelon was niet denkbaar geweest. En dat terwijl hij zich een enkele keer had laten ontvallen, waar andere Nederlandse mensen bij hadden gestaan, dat hij de daden van zijn zoon afkeurde, maar er helaas niets aan kon doen. Verbitterd tot op het bot door dit verraad en verteerd door machteloze rancune probeerde Frans elke gedachte aan zijn vader zoveel mogelijk te onderdrukken.

Nee, in Voorburg had hij geen ouderlijk huis meer. Zijn moeder durfde zich niet tegen de Oude Heer te verzetten en datzelfde gold voor Xeno, Jimmy en Titty. Die laatste twee waren net zo tegen de Oude Heer gekant als hij, maar bij Xeno lag dat anders. Die verafgoodde zijn vader en had zich weten op te werken tot diens assistent. Hij ging mee op alle zakenreizen van de Oude Heer door het uit de oorlog ontwakende Europa. In de eerste plaats als chauffeur, want Opa was nachtblind en er moest vaak tot 's avonds laat in de Chrysler doorgejakkerd worden, wilde men het strakke reisschema kunnen aanhouden. In deze hectische periode gunde de Oude Heer zich geen frivoliteiten, want hij begreep maar al te goed dat er vele kapers op de kust waren en dat snelheid en efficiëntie in deze eerste maanden na de oorlog geboden waren, wilde hij van het tijdsgewricht kunnen profiteren.

Een lange rij vooroorlogse relaties in Zweden, Finland, Denemarken, Engeland, Frankrijk, Spanje, Portugal, Tsjecho-Slowakije en natuurlijk ook Duitsland werd door vader en zoon Münninghoff opgezocht, met het aanbod om de draad weer op te pakken. Ook werden nieuwe contacten onderweg langs de zorgvuldig uitgekiende route gelegd. Telkens weer was Xeno onder de indruk van de voorbereidingen die zijn vader had getroffen en de kennis van zaken en talen die hij overal tentoonspreidde. En hij toonde zich een oplettende leerling. 'Xeno leert snel en hij ziet de kansen die deze tijd ons biedt,' had zijn vader waarderend gezegd. 'Ik denk dat hij mijn opvolger wordt.' En zo had hij Xeno ook steeds vaker aan zijn relaties gepresenteerd: als zijn opvolger.

Dus wat had Frans nog te zoeken op De Laan? Ja, een vrouw en een kind. Maar tussen Wera en hem was de oorlog gekomen en die had het liefdesvlammetje genadeloos uitgeblazen. Hij kon niet meer met haar verder, dat voelde hij. Nee, hij moest zelf een nieuwe toekomst opbouwen, van Wera gaan scheiden en met een andere vrouw verdergaan. Dat kind kon ze, wat hem betrof, houden. Alleen door het verleden tot op de bodem af te breken kon hij verder.

Er hing rond Frans Münninghoff een waas van oorlogsmelancholie en heroïek. Zich veilig wanend in België, waar niemand hem kende, koketteerde hij met zijn gewonde been en verzon er een verhaal bij dat op de stranden van Normandië begon en in de Ardennen eindigde. Aan geallieerde kant, welteverstaan. Met zijn knappe, mannelijke gelaatstrekken, zijn door de oorlog afgetrainde gestalte en zijn donkere, fluweelbruine ogen maakte hij op zowel vrouwen als mannen diepe indruk. Mimousse, wie de gênante oplichterspraktijken van Guus sowieso de keel uit hingen, zag na een tweede miskraam haar relatie met de notariszoon helemaal de mist in gaan en ging genadeloos voor de bijl.

Hoewel ze het ware verhaal van Frans natuurlijk kende – dat had Guus haar allang verteld –, was het feit dat hij in Rusland aan de Duitse kant had gevochten voor haar geen beletsel. En ze vertrouwde hem volledig toen hij op haar onomwonden vraag of hij ooit bij oorlogsmisdaden betrokken was geweest, direct met een hartstochtelijk 'Nee, ik heb gevochten!' had geantwoord. Dat was voor haar genoeg geweest. Voortaan zou ze haar leven wijden aan deze tragische held. Na een halfjaar zette ze Guus aan de dijk en ging met Frans op een piepkleine etage in Brussel wonen. Aan trouwen dachten ze voorlopig niet. Eerst moest er geld verdiend worden.

Uiteindelijk wist Frans nog verrassend lang uit handen van de politie te blijven. Pas in augustus 1946, toen hij al maandenlang in de wapenhandel had meegedraaid en onder de ongure sjacheraars een zekere reputatie als technisch expert had verworven, liep hij bij een controle in de Antwerpse haven tegen de lamp. In hoeverre een wellicht op wraak beluste Guus hierbij instrumenteel is geweest, is onduidelijk. Bij het parket te Brussel wist men in elk geval niet goed raad met deze Frans Münninghoff, want terwijl hij bij een aantal fikse wapendeals betrokken was geweest, kon het bewijs daarvoor niet geleverd worden en beperkte men zich uiteindelijk, toen zijn identiteit vast was komen te staan en men op de hoogte was van het adres van zijn familie in Voorburg, tot uitzetting uit België wegens illegaal verblijf. In Roosendaal werd hij op 4 september aan de Nederlandse politie overgedragen en ingesloten in de gevangenis van Scheveningen. Er was immers inmiddels een aanhoudingsbevel tegen hem uitgegaan voor het toetreden tot vreemde krijgsdienst.

–ACHTTIEN–

Het had er alle schijn van dat Frans nu voor de Nederlandse rechter zou moeten verschijnen en wegens het vervullen van buitenlandse krijgsdienst een veroordeling van minstens een paar jaar zou krijgen. Dat zou, gekoppeld aan het gegeven dat hij bij de SS had gediend, zeer ongunstige publiciteit opleveren voor de naam Münninghoff, en dat kon de Oude Heer in deze fase van de heropbouw van zijn zakelijk imperium absoluut niet gebruiken. En daarom gebeurde het ook niet. De Oude Heer had deze mogelijke gang van zaken al direct nadat Frans in juni 1945 het ouderlijk huis had verlaten, ingecalculeerd. En zijn anticipatievermogen was, zoals altijd, indrukwekkend.

Joan Münninghoff ging te rade bij zijn oude vrienden van het katholieke establishment, en in de eerste plaats bij zijn huisvriend en vertrouweling Henri Kolfschoten, de broer van pater Constant uit Riga, die minister van Justitie zou worden. Voor de zoveelste maal was de herenkamer van Briva Latvija het in sigarenrook gehulde werkterrein van een jezuïtische denktank waarin op onnavolgbare wijze, en in het diepste geheim, een plan werd ontworpen dat uiteindelijk Frans zoveel mogelijk buiten schot zou moeten houden.

De heren waren het erover eens dat er strikt juridisch waarschijnlijk niets te verhapstukken viel en dat de SS-factor bovendien gevaarlijk kokerdenken bij de rechters en lynchreacties bij het publiek zou kunnen oproepen. Maar er was ook nog zoiets als een ontkiemende Koude Oorlog, waarin het profiel van de voormalige Sovjetbondgenoten steeds meer de trekken van de nieuwe vijand begon aan te nemen, en in die ontwikkeling, zo opperde mijn grootvader, zou iemand als Frans, die Russisch sprak en het land kende, zeker geschikt bevonden kunnen worden om voor een Nederlandse inlichtingendienst nuttig werk te gaan doen, in ruil voor ontslag van rechtsvervolging.

Kolfschoten beaamde dat met een paar slagen om de arm, want zo simpel zou dat natuurlijk ook weer niet gaan, maar hij zei er meteen bij dat hij geen idee had hoe hij de zoon van zijn vriend op dat spoor zou kunnen brengen. Bovendien, een eigen Nederlandse inlichtingendienst bestond nog niet; wat er aan veiligheidsmensen rondliep was allemaal ongecoördineerde padvinderij of het waren uit Londen overgewaaide dikdoeners. 'Laat dat maar aan mij over,' had de Oude Heer glimlachend gezegd, waarna beide vrienden met een glas cognac de zaak beklonken.

Toen Kolfschoten die avond Briva Latvija verliet, had Opa Münninghoff al een kansrijk scenario in zijn hoofd. Zijn oudste zoon moest met stille trom het land uit; daar ging het om en dat zou hij bewerkstelligen.

Onder de vele relaties die de Oude Heer gaandeweg had opgebouwd bevond zich ook een zekere Pierre Sweerts. In de oorlog was deze Belgische avonturier bij de SS gegaan en had zich daar weten op te werken tot *Hauptsturmführer*. Toen het tij begon te keren, was Sweerts evenwel behendig in de rijen der geallieerden doorgedrongen door zich voor te doen als een spion die na een langdurig mollenbestaan weer was opgedoken. In het voornamelijk door romantische avonturiers, fantasten en mystificateurs bevolkte wereldje van de elkaar beconcurrerende Nederlandse geheime diensten in oprichting wist Sweerts zich op wonderbaarlijke wijze een prominente plaats te verwerven. Hij was typisch zo iemand die erop kickte als mensen bij het horen van zijn naam een veelbetekenend gezicht trokken en opmerkten dat je met hem moest oppassen – zonder dat ze nu precies zouden kunnen vertellen wat die Sweerts dan wel allemaal uitvoerde of op zijn kerfstok had.

Sweerts had minstens twaalf schuilnamen, die hij met het grootste gemak door elkaar heen gebruikte en zelfs tegen elkaar uitspeelde. Met één ervan, Arie van der Molen, deed hij de beste zaken: onder die naam opereerde hij bij MI6, waar hij al snel na zijn ondervragingen werd aangenomen als specialist voor Nederland. Hij werd hoofd van de Special Counter Intelligence, gevestigd in een oud fort, Blauwkapel, in de provincie Utrecht.

Een ideale persoon, kortom, voor mijn grootvader, die een energieke, listige duvelstoejager goed kon gebruiken. Bij het sluiten van zijn deals overal in Europa was het immers van groot belang voor de Oude Heer om inside-information en voorkennis van op de achtergrond spelende zaken te hebben. Het was de periode waarin nieuwe elites zich formeerden en oude structuren zich tegen dreigende afbraak probeerden te verzetten. De netwerken die hij van voor de oorlog bezat waren in sommige gevallen onbruikbaar geraakt. Maar het was niet bij voorbaat duidelijk in welke gevallen het onverstandig was om zomaar bij oude vrienden aan te kloppen. Daar moest inlichtingenwerk aan voorafgaan, en dat kon Sweerts als geen ander.

Al bij de eerste kennismaking met Sweerts, in het kader van een door Londen bevolen evaluatie van zijn MI6-acties tijdens de oorlog, was de Oude Heer geïntrigeerd geraakt door deze welbespraakte, intelligente man, die hem uitvoerig en bloemrijk verhaalde over de diverse lastige parketten waar hij, Sweerts, zich met diabolische behendigheid telkens weer uit had weten te redden. En toen bij discrete navraag bleek dat al die verhalen nog klopten ook, aarzelde mijn grootvader geen moment meer en stelde hij Sweerts voor om voor een fors bedrag zijn 'speciale medewerker', zoals hij dat noemde, te worden.

Daar hoefde niemand iets van te weten. Sterker nog: het was een geheim tussen hen beiden, en Sweerts bleef voor de buitenwacht gewoon zijn baan in Hollandsche Rading vervullen. Dat die baan van nature veel ontraceerbare periodes van afwezigheid inhield sprak vanzelf; dat was nu juist de door beide heren zo gewenste coulisse waarachter ruimte voor allerhande manipulaties en geruisloze acties geschapen kon worden. Daarover werd in de herenkamer aan De Laan intensief gebrainstormd. Het wegsluizen van Frans Münninghoff was een van die operaties. Het zou niet de meest succesvolle worden.

Toen Sweerts uiteindelijk in 1947 door de politie in Utrecht van zijn bed werd gelicht, had hij 68 valse paspoorten in huis, 'gefinancierd door een Nederlandse miljonair, een zekere M., uit de omgeving van Den Haag', zoals *Het Vrije Volk* wist te berichten. Vreemd genoeg – maar wellicht was dat een eigenaardigheid van het tijdsgewricht – ging het socialistische dagblad er niet toe over de naam van mijn grootvader te publiceren. Misschien ook wisten ze het niet. Er heerste toen nog veel *Autoritätsglaube* en werkelijke onderzoeksjournalistiek bestond nog niet.

Voor wie die paspoorten die bij Sweerts gevonden werden bestemd waren, werd evenmin publiekelijk bekendgemaakt. De betrokkenheid, achteraf geconstateerd, van het internationale rooms-katholieke netwerk dat door het Vaticaan werd aangespoord om de strijd tegen het bolsjewistische rode gevaar met kracht te voeren, zal hiermee te maken hebben gehad. Er moesten mensen worden weggesluisd, mensen met bepaalde capaciteiten die anders voor de heilige roomse zaak verloren zouden gaan als deze personen wegens hun oorlogsverleden zouden worden opgepakt en berecht. Maar dit soort zaken kon absoluut niet in de openbaarheid komen, en dat gebeurde dan ook niet in naoorlogs Nederland.

Van der Molen had, in opdracht van de Oude Heer, mijn vader in de kleine drie maanden dat deze gevangenzat verscheidene malen in de Scheveningse strafgevangenis opgezocht. 'Hij sprak zeer goed Frans en Duits, maar slecht Nederlands,' vertelde mijn vader mij later. 'Ik vond het wel een aardige vent. Ik dacht dat hij Luxemburger was of zoiets. Hij zei dat hij een inlichtingenman was, mijn gegevens had bekeken en tot de conclusie was gekomen dat ik de aangewezen man was om voor de geallieerden een paar klussen op te knappen.' Veel meer dan dat heeft mijn vader nooit over deze periode tegenover mij losgelaten.

De boodschap van Van der Molen was duidelijk: Frans Münninghoff zou als ex-ss'er een zware douw krijgen als hij voor de Nederlandse kadi zou worden gesleept, maar er was een patente manier om dat te omzeilen. Hij sprak toch Russisch? Nou, dan was hij de aangewezen man om in de inmiddels tot stand gekomen Sovjetzone in Berlijn eens te gaan rondkijken 'om daar de diverse toestanden en systemen door de Russen in praktijk gebracht te onderzoeken', zoals het aandoenlijk onbeholpen in het verslag van het latere politieverhoor in mei 1947 staat opgetekend.

Mijn vader vroeg beleefd of Van der Molen een gaatje in zijn hoofd had. 'Zie je dan niet dat ik nooit zal kunnen infiltreren met die kop van mij?' riep hij schaterlachend. 'Ik heb nu eenmaal geen Slavische trekken. De Russen zullen me wantrouwen, en voordat ik het weet hebben ze me gearresteerd en vanwege mijn oorlogsverleden, dat ze natuurlijk ook meteen zullen ontdekken, geëxecuteerd. Die hele opzet van jou is waardeloos, Van der Molen. Ik doe het niet.'

Na een week gaf Sweerts zijn pogingen op, om prompt met een nieuw voorstel te komen. Nou goed, dan niet naar Berlijn. Maar zou Zuid-Amerika iets voor Frans Münninghoff zijn?

Om wat te doen, vroeg mijn vader.

Sweerts dacht dat mijn vader niet op de hoogte was van de vluchtlijnen die, onder meer in discrete samenwerking met het Vaticaan, voor ondergedoken ss'ers richting Paraguay en Argentinië werden ingesteld. Maar toen hij met het verhaal kwam dat Frans in dat verre werelddeel een onderzoek naar communistische mantelactiviteiten moest gaan verrichten, stuitte hij onmiddellijk op grote achterdocht. Want Frans had immers bij Kurtitsch en Valdemanis genoeg opgestoken om te weten dat er in die regio op allerlei manieren flink geld aan de ss-vluchtelingen kon worden verdiend, terwijl er van bolsjewistische activiteiten in Zuid-Amerika nauwelijks sprake was. 'Als het erom gaat mijn oude kameraden te bespioneren, Van der Molen, dan zeg ik je één ding: dat doe ik niet, dat is in strijd met mijn principes,' liet hij weten. En, met een droevige glimlach: '*Meine Ehre heisst Treue.*'

Sweerts, aldus voor het blok gezet, besloot de zaak hard te spelen. Wekenlang liet hij niets meer van zich horen, maar hij zorgde er intussen op een geraffineerde manier wel voor dat de omstandigheden in de gevangenis voor Frans een stuk onaangenamer en al spoedig ondraaglijk werden. Mijn vader werd, op instigatie van Sweerts, die ook in kringen van de gevangenisdirectie zijn connecties bleek te hebben, naar een andere vleugel overgebracht en in de directe nabijheid geplaatst van niemand minder dan Hanns Rauter, de beruchte baas van de ss in Nederland.

Rauter, die zwaar gewond was geraakt tijdens een aanslag van het verzet in maart 1945, had bij het einde van de oorlog niet uit het ziekenhuis kunnen wegkomen en was in dezelfde vleugel van het Oranjehotel ondergebracht als waar hij in de oorlog talloze verzetslieden had laten wachten op hun dood. Het waren kleine, donkere en koude cellen, waar Rauter inmiddels aan gewend was geraakt, maar die voor Frans Münninghoff een ware hel betekenden.

Nog onaangenamer evenwel waren de ontmoetingen met Rauter tijdens het uurtje luchten op de kleine, ommuurde en met prikkeldraad overspannen binnenplaats. Rauter, die in afwachting van zijn proces in eenzame opsluiting werd gehouden, was zeer argwanend tegenover zijn ongedachte metgezel en begon hem onmiddellijk met groot vertoon van nazisuperioriteit uit te horen. *'An der Front in Russland gewesen? Und dann hier im Scheissholländerknast? Wieso denn, erklären Sie mal.'* Dat was een psychologisch zeer ongemakkelijke situatie voor mijn vader, die enerzijds zijn eigen soldateneer, opgedaan aan het oostfront, wilde etaleren, maar anderzijds natuurlijk zijn Fahnenflucht van eind 1944 tegenover deze directe medewerker van Himmler tot elke prijs verborgen moest zien te houden.

Maar dat lukte niet. Rauter bleek al spoedig van een en ander uitstekend op de hoogte – hij was ongetwijfeld getipt via Sweerts –, waarna de confrontatie tussen beide mannen ontaardde in een voor Frans ondraaglijke kwelling. Rauter had zijn begripvolle, troostende SS-vader kunnen zijn, maar toonde zich nog hardvochtiger dan zijn eigen vader door geen enkel verhaal van hem te geloven en hem op niet mis te verstane wijze toe te bijten dat het Derde Rijk dankzij verachtelijke zielenpoten als Frans Münninghoff ten onder was gegaan en dat hij, wat hem betrof, de kogel verdiende.

Mijn vader vond geen weerwoord, stortte geheel in en was vervolgens als was in de handen van Sweerts toen deze medio november weer langskwam om het loon van deze sluw opgezette hersenspoelingsoperatie te incasseren. Ja, hij zou naar Zuid-Amerika gaan, en ja, hij was bereid daar alles voor Van der Molen te doen, als hij maar van deze ellendige plek weggehaald kon worden. Een paar dagen later, op 26 november, openden zich de poorten van de Scheveningse strafgevangenis en werd Frans Münninghoff in een auto van de Special Counter Intelligence met onbekende bestemming afgevoerd.

Sweerts alias Van der Molen moet gedacht hebben dat hij mijn vader door deze gang van zaken mentaal dermate had gebroken dat de opdracht van mijn grootvader hiermee zo goed als definitief was afgerond. Die jongen voelde zich nu zo verschrikkelijk eenzaam en verlaten dat hij, Van der Molen, nog het enige baken in de doffe mist van treurnis rond Frans Münninghoff was. Hij bracht hem onder in zijn eigen huis, een huurwoning in Utrecht, en probeerde hem daar op zijn gemak te stellen met goed eten, veel jenever en whisky, en veel rust. Dat was precies waar Frans, na vijf weken strafcel en Rauter, dringend behoefte aan had. Maar na een kleine week besloot Van der Molen dat het tijd werd om de verdere gang van zaken te bespreken.

'Je einddoel wordt Argentinië, maar je reist via Paraguay, omdat daar de controle aan de grens minder scherp is. Ze hebben in dat pauperlandje totaal geen benul van buitenlanders en de grenswachten zijn er allang blij als je ze wat dollars toestopt. Op het vliegveld van Buenos Aires gaat dat allemaal een stuk minder gemakkelijk, want de Argentijnen hebben het na de oorlog hoog in de bol gekregen vanwege al die verhalen over uitgeweken belangrijke ss'ers, en hun autoriteiten vinden nu dat ze de wereld af en toe moeten laten zien dat er niet met hen te spotten valt. Nationale trots, weet je wel.'

Van der Molen snoof verachtelijk en ging verder: 'Dus jij als onbelangrijke ss'er loopt een gerede kans om daar aangehouden te worden – vandaar onze keus voor Paraguay. Eenmaal in Asunciòn ga je eerst een paar maanden acclimatiseren. We hebben daar een appartement waar je rustig kunt wonen en je op de situatie kunt concentreren. Je gaat daar ook intensief Spaans leren, want je zult je in de komende jaren gemakkelijk in dat werelddeel moeten kunnen bewegen, en ik hoef jou als vluchteling niet te vertellen dat je daarvoor de taal moet spreken. Pas als wij het zeggen ga je verder.

Eerst steek je met hulp van onze mensen de Rio Paraguay over. Een fluitje van een cent; die grens is daar zo lek als een mandje, want er is weinig verschil in economische omstandigheden en levenspeil tussen beide landen, en ze zijn ook niet met elkaar in oorlog, dus aan grensbewaking wordt nauwelijks prioriteit gegeven. Vervolgens pak je de lijnbus naar Buenos Aires. Daar hebben we ook onze mensen zitten, maar het enige probleem is dat die geen Duitse achtergrond hebben en daardoor ook geen entree bij de *alte Kameraden*. Daar ga jij met je Baltische connecties voor zorgen. Om het je gemakkelijker te maken hebben wij besloten dat je er niet hoeft te spioneren, want daar heb je grote problemen mee zoals ik weet, maar alleen maar langzaam maar zeker onze mensen hoeft te introduceren in de ss-kringen die zich daar aan het formeren zijn. Wij denken dat je daar een jaar of twee voor nodig hebt, misschien zelfs iets korter; dat hangt ervan af hoe jij je verhaal brengt.

Overigens, wist je dat er een oom van je uit Estland, Helmuth von Russow, inmiddels die kant op is gegaan? Die is samen met een vriend in een zeilbootje de oceaan overgestoken, en voor de kust van Brazilië, toen ze in een zware storm verzeild waren geraakt, zijn ze door een luxe passagiersschip aan boord genomen. Die mensen wisten niet wat ze zagen toen ze die twee baardige, vrijwel naakte zeeduivels uit het water zagen komen. Een van de passagiers, een jonge vrouw uit São Paolo, werd onmiddellijk verliefd op je oom en die hangt nu de herenboer uit op de gigantische rubberplantage van haar vader in het Braziliaanse achterland. Ze gaan binnenkort trouwen en hij wordt dus slapend rijk. Zo zie je maar hoe doortastendheid en zin in avontuur worden beloond.'

Van der Molen zweeg even en keek mijn vader aan. Frans was met stomheid geslagen: Onkel Helmuth, de zachtmoedige kruidendokter uit Reval van wie hij al jaren niets meer had gehoord, had zich dus op deze wonderbaarlijke manier uit de oorlogsmêlee weten te redden. Hij was altijd al zijn lievelingsoom geweest, en Frans nam zich voor om, eenmaal in Argentinië aangekomen, zo snel mogelijk contact met hem te zoeken. Als hij ergens met open armen en begrip ontvangen zou worden, dan was het wel bij Helmuth von Russow.

Van der Molen leek gedachten te kunnen lezen: 'Als jij erin geslaagd bent onze mensen in de juiste kringen te positioneren, beschouwen wij je taak als gedaan. We zullen je dan niet met andere klussen belasten; die verzekering geef ik je nu. Ik draai er verder ook niet omheen: je vader, die dit verhaal van Helmuth von Russow aan mij heeft verteld, heeft een aanzienlijke som gelds voor jou gereserveerd om in Brazilië een nieuwe start te maken. Daarbij zal Helmuth je helpen. De enige voorwaarde is dat je nooit meer naar Nederland of zelfs maar naar Europa terugkeert. Je vader wil dat niet. Ik vind het erg vervelend voor je, maar hij heeft een paar weken geleden tegen een politieman die hem over jou kwam ondervragen zelfs gezegd dat hij je voor dood heeft verklaard.'

Deze pathetische woorden misten hun uitwerking niet op Frans. Dat hij zich zelf van zijn vader had afgewend was één ding, maar dat er omgekeerd een nog sterkere en mogelijk zelfs definitieve afwijzende reactie was gekomen, trof hem midscheeps. Een vader die zijn zoon verstootte, hem voor dood verklaarde – iets ellendigers was toch nauwelijks denkbaar? En die Van der Molen was dus helemaal niet een veiligheidsman die het beste met hem voorhad en een plan had bedacht om hem uit de bak te houden, maar gewoon een knecht van de Oude Heer, iemand die keihard en zonder scrupules diens opdrachten uitvoerde.

Een gevoel van diepe malaise overviel hem: wat was er overgebleven van de kameraadschap waarin hij zich vier oorlogsjaren lang had gekoesterd? Achteraf bezien was dat, ondanks de doden die om hem heen gevallen waren, de beste tijd van zijn leven geweest. Want hoe was het nu gesteld? Iedereen, tot zijn eigen vader aan toe, leek er in de eerste plaats op uit om hem, Frans Münninghoff, te gebruiken.

Iedereen, behalve Mimousse. Die was spontaan in huilen uitgebarsten toen ze hoorde dat hij gearresteerd was en had hem meer dan eens in de Scheveningse gevangenis opgezocht, totdat hij in afzondering werd geplaatst.

'Ik heb het begrepen,' zei Frans tegen Van der Molen, 'en ik ga akkoord. Maar geef me eerst een paar weken om afscheid te nemen van mijn nieuwe vriendin. Ze woont in Brussel, maar dat zal mijn vader je ongetwijfeld ook allemaal verteld hebben. Ik wil met haar trouwen, maar ik weet natuurlijk niet of ze dit hele avontuur in Zuid-Amerika met me kan of wil meemaken.' En op Van der Molens toezegging dat ze na verloop van tijd zou mogen overkomen naar Argentinië: 'Mooi, dat vermoedde ik al. Maar begrijp in elk geval dat ik niet kan vertrekken zonder haar eerst gezien te hebben. Ik zal heel wat met haar te bespreken hebben. Kun je ervoor zorgen dat ik naar Brussel kom?'

Op 1 december 1946 stond hij voor haar deur in Elsene. Met een juichkreet vloog ze hem om de hals en in een vloeiende beweging droeg hij haar naar de slaapkamer. Hij had van Van der Molen tot de eerste week van 1947 de tijd gekregen en die korte periode wilde hij tot het uiterste benutten om zijn relatie met Mimousse van Blaem tot een succes te maken.

–NEGENTIEN–

Een van de weinige bewoners van De Laan die geen minachting voor Guus van Blaem had gekoesterd was Titty, de enige zus van de gebroeders Münninghoff. Net als Frans, die een jaar ouder was dan zij, had ze in de jaren dertig Nederlandse scholen bezocht. Maar omdat zij afwisselend in Voorschoten en in Nijmegen bij verre familie had verkeerd, had ze nauwelijks contact met haar broer gehad. Nadat ze in 1940 eindexamen had gedaan aan het Sacré Coeur College, kwam ze naar Voorburg, samen met haar vriendin Livia Ecury.

Titty had artistieke ambities. Zo rond haar vijftiende had ze bij zichzelf een zekere begaafdheid voor tekenen en boetseren ontdekt, reden waarom ze, eenmaal in Voorburg beland, een opleiding ging volgen aan de kunstacademie in Den Haag. Lang, donker, mager, enigszins schonkig gebouwd en met een forse haakneus was Titty bepaald geen schoonheid. Ze straalde weinig vrouwelijkheid uit en oogde met haar inktzwarte iconenogen vooral somber en zelfs – zo zag ik het althans met mijn prille kinderblik – dreigend.

In haar kennissenkring had ze de duistere bijnaam 'Ria Munningstier' verworven. Die naam voorspelde op een geheimzinnige manier niet veel goeds, en zo was het ook. Als ze een slok te veel op had, en dat gebeurde nogal eens, kon ze hysterisch agressief worden. Dat was telkens weer een angstaanjagend schouw- en vooral hoorspel, want dan brulde ze met haar zware doorrookte stem het hele huis bij elkaar. Met de Oude Heer kon ze nauwelijks overweg, maar ze was wel de lieveling van Omi, naar wie ze genoemd was – ze heette officieel Erica – en die in Riga zelfs proactief een aparte Romeinse zuilengalerij bij het huis in Ilgeciems had laten bouwen 'zodat de gasten op de bruiloft van Titty niet nat worden als het regent', zoals ze toen ter verklaring tegen Opa had gezegd. Die had daar erg om moeten lachen en hoofdschuddend zijn handtekening onder het aannemerscontract gezet.

Toen ik een halve eeuw later het huis in Ilgeciems bezocht en die galerij zag, waarin een paar werkneemsters van de inmiddels in het pand gevestigde Sovjetmilitaire instelling een sigaretje stonden te roken, werd ik overvallen door een gevoel van grote deernis met mijn tante, die immers geenszins aan de hoge bestemming van dit wonderlijke bouwwerk had kunnen voldoen. Het leek er zelfs geruime tijd op dat Titty ongetrouwd zou blijven; vrijers dienden zich niet aan en al deed ze haar best om daar nonchalant geëmancipeerd over te doen, het deed haar toch veel verdriet.

Maar dat veranderde toen Guus van Blaem in haar leven kwam. Nadat hij Mimousse aan Frans had verloren, was de Brabantse notariszoon geruime tijd de weg kwijt geweest. Zijn zaakjes in de Antwerpse onderwereld had hij moeten opgeven, naar verluidt omdat hij in toenemende mate door de wapenmaffia, die hem hinderlijk vond, werd bedreigd. En ook de Belgische politie begon steeds meer belangstelling voor hem te tonen, naar hij zelf later zou vertellen omdat ze in hem een ideale undercover zagen. Iets waar hij niet aan moest denken – met de voeten in een blok beton op de bodem van de Schelde leek de onvermijdelijke afloop van een dergelijke aanstelling – en dus had hij de wijk genomen naar Nederland.

Eerst naar zijn broer Guidi die, inmiddels afgestudeerd, als kandidaat-notaris een kantoor in Kaatsheuvel was begonnen. Maar omdat Guus eigenlijk alleen maar kwam uitvreten en met zijn fantastische projecten, waar hij urenlang zeer begeesterd over kon praten, zijn broer voortdurend van zijn werk afhield, werd hem al na enkele weken te verstaan gegeven dat hij maar beter kon vertrekken. Waarheen was voor hem duidelijk: natuurlijk naar Voorburg, waar de heer des huizes hem niet zomaar de deur zou wijzen.

Guus van Blaem trof op De Laan evenwel een vrouwenhuis aan. De Oude Heer en Xeno waren voortdurend in het buitenland, Jimmy was in Amsterdam gaan studeren en had daar inmiddels de artistieke scene rond het Leidseplein ontdekt, en Frans zat bij Mimousse in Brussel.

Omi had duidelijk geen zin in Guus toen die zich met een ruiker in de hand liet aandienen door een al evenzeer misprijzend kijkende Frau Kochmann. Van meet af aan had mijn grootmoeder deze *good looking* charmeur en fantast met groot wantrouwen bejegend, maar anderzijds was ze er met haar Russische inborst ook de vrouw niet naar om hem, toen ze eenmaal zijn larmoyante Brusselse verlatingsverhaal en de rol van Frans daarin had aangehoord, in de kou te laten staan. Hij kon dus komen logeren, op voorwaarde dat hij zo snel mogelijk eigen kamers zou gaan zoeken. Toen dat eenmaal geregeld was, bekommerde ze zich nauwelijks meer om hem en ging ze weer geheel op in haar vriendinnenkransjes, die voornamelijk in het Kurhaus, Des Indes en in statige villa's in het Belgisch Park gesitueerd waren. Dat het kwaad inmiddels geschied was en Titty en Wera een weerloze prooi waren voor Guus, ontging Omi ten enenmale.

Guus nam de gelegenheid om zich aan de jongedames van De

Laan te wijden ten volle waar. Elke dag kwam hij 'even langswippen', zoals hij het jolig uitdrukte. En hoewel Frau Kochmann met een steeds nijdiger gezicht de thee serveerde en steeds openlijker haar bezwaren kenbaar maakte, waren de harten van beide jonge vrouwen al snel vervuld van rozige gevoelens jegens deze goed geklede, aantrekkelijke en vooral bijzonder begaafd converserende adonis, die bovendien in die periode de enige was die geregeld aandacht aan hen besteedde.

In korte tijd bracht Guus beide dames het hoofd op hol. Bij Titty ging hij zo voortvarend te werk dat ze al na vier maanden haar ouders smeekte om met hem te mogen trouwen. Dat ze inmiddels zwanger van Guus was geworden liet de Oude Heer, die rabiaat tegen dat huwelijk was maar tegelijkertijd als doorgewinterde katholiek de roomse code van het gedwongen huwelijk niet wilde schenden, na een aantal woede-explosies geen keus. Wel had hij zijn voorzorgsmaatregelen genomen: een bevriende notaris die in het voorjaar van 1947 de akte van huwelijkse voorwaarden had opgemaakt, zou later aan de borreltafel hoofdschuddend verklaren dat hij nog nooit van zijn leven zo'n vernederend knevel- en wurgcontract had gelezen. Maar daar zat Guus niet mee: hij had vaste voet aan de grond gekregen in dit bastion en met het verstrijken van de tijd zouden zijn kansen zeker komen.

Hoe Guus er, getrouwd en wel, in slaagde om tussen de bedrijven door ook bij Wera een niet-aflatende veenbrand van mooie gevoelens te doen ontstaan, is een raadsel waar een gekweld vrouwenhart achter schuilt. Mijn moeder zat eigenlijk, al wilde ze dat niet hardop zeggen, nog steeds op de terugkeer van Frans te wachten. Dat hij inmiddels in Scheveningen gevangenzat, hoorde ze pas veel later. Ze wilde toen meteen naar hem toe, maar de Oude Heer had haar wijsgemaakt dat zijn zoon geen bezoek mocht hebben, en daar had Wera zich bij neergelegd, niet bij machte om dat zelf bij de gevangenisautoriteiten te gaan verifiëren.

Maar dat had haar verlangen naar Frans niet gedoofd. Tegen beter weten in had ze daar tijdens de spookachtige, door familierancunes verziekte oudejaarsviering op De Laan met een stiekeme wens in gedachten op gedronken: dat 1947 het jaar mocht worden waarin het tussen Frans en haar weer goed zou komen.

De berichten uit Brussel die haar vervolgens in januari via Guus bereikten, boden haar echter geen enkele hoop. Frans was duidelijk helemaal ingepalmd door Mimousse, zelfs zo erg dat hij, zo vertelde Guus, zich had onttrokken aan een plan dat de Nederlandse inlichtingendienst met hem had gehad. Daar had Wera niets vanaf geweten; met klimmende ontzetting had ze van haar boodschapper, die zachtjes haar hand begon te strelen en haar troostend omarmde, enkele details gehoord. Paraguay, spionage, Argentinië als nieuwe permanente woonplek, Mimousse die later zou overkomen, Brazilië als eindbestemming – Wera kwam in het hele scenario niet voor. Dat diezelfde Mimousse het plan had afgewezen en Frans had overgehaald om in België onder te duiken en alle banden met geheime diensten te verbreken, had weliswaar haar instemming, maar hielp haar intussen geen steek verder. Frans' hart had zich definitief voor haar gesloten, zoveel was zeker.

Vertwijfeld keek ze Guus aan: 'En hoe moet ik nou verder, met mijn kind? Ik kan hier toch niet voor altijd blijven, in dit huis met mensen die me haten en het liefst naar het andere eind van de wereld zouden zien vertrekken?' Guus had haar gerustgesteld: ze was nog steeds getrouwd met Frans, dus voorlopig kon ze op De Laan blijven – ik, Bully de Stamhouder, was immers nog pas drie –, in afwachting van betere tijden. Die zeker zouden komen; daar zou hij, Guus, persoonlijk voor zorgen. Dat hij twee maanden later zelf met Titty ging trouwen was daarbij, vond hij, geen belemmering.

Intussen pakten zich zeer donkere wolken samen boven het hoofd van mijn vader. Toen de eerste week van januari 1947 voorbij was en Sweerts alias Van der Molen volgens afspraak contact met hem opnam, had hij hemel en aarde bewogen om zijn verblijf in het inmiddels danig omgewoelde liefdesnestje met Mimousse te mogen verlengen. 'Ik ben nog nooit zo verliefd geweest, dat moet je kunnen begrijpen! Laat me nou nog even!' had hij geroepen.

Van der Molen had erom gegrinnikt en aan Frans Münninghoff een stapeltje documenten gegeven. 'Hier, je paspoort, dan kun je alvast aan je nieuwe identiteit wennen,' had hij gezegd. 'Je heet voortaan Martin Alphonsius Jacobus Fons, geboren op 4 juli 1923 te Den Haag. Je bent gedemobiliseerd bij de Allied Expeditionary Forces – hier is je *Soldiers Pay Book* – en je hebt een visum voor Paraguay. Dat is honderd procent echt, dankzij de connecties van je vader met consul Feteira in Lissabon. Het is het enige echte reisdocument van het hele pak. De rest is allemaal vals, maar dan ook honderd procent goed vals.'

Van der Molen sprak met een glimlach die zowel sarcasme als respect voor het vertoonde vakmanschap uitdrukte. 'Voor alle zekerheid – je weet maar nooit of het nog eens van pas kan komen – heb ik er een Lets paspoort bij gedaan. Het is uitgegeven door het Letse consulaat in Bern. Je heet in dat geval Alfred Valdemanis, een persoon die jou uit je eerste tijd in Brussel welbekend is, maar die helaas inmiddels is overleden. Ik ga jou niet vertellen onder welke omstandigheden. Het belangrijkste is dat dit je nooduitgang kan zijn. In heel veel landen hebben de autoriteiten medelijden met Letse vluchtelingen en zullen ze je om die reden opnemen. Maar je moet er wel zelf een verhaal bij verzinnen.'

En, met een blik op Mimousse, die tegen de instructies in de kamer was binnengekomen: 'Nou, goed dan, ik geef je nog één week met je vriendin, maar dan moet je ook echt meekomen, want anders raakt ons schema in de war. Er zijn mensen in Zuid-Amerika die op je wachten, begrijp je?'

Frans had blij geknikt en beloofd dat hij een week later klaar zou staan om met Van der Molen mee te gaan. Maar ondertussen was hij door Mimousse al op geheel andere gedachten gebracht. Nog diezelfde dag vertrok het jonge stel naar kasteel Ridderborn, waar de vereenzaamde, stokoude baron en baronesse verrast opkeken en maar al te graag een vleugel beschikbaar stelden aan hun kleindochter en haar *fiancé*. Vanuit deze stille, afgelegen plek zouden er dan verdere ideeën voor de toekomst worden ontwikkeld; een ongewis avontuur in Zuid-Amerika in dienst van een of andere spionageclub hoorde daar zeker niet bij.

Uiteraard was Van der Molen des duivels toen hij een week later merkte dat hij bij de neus genomen was. Terecht vervloekte hij zijn door overmatige zelfverzekerdheid ingegeven nalatigheid. Natuurlijk had hij Frans onder toezicht moeten houden, maar in plaats daarvan had hij zich in slaap laten sussen door diens vermeende gewilligheid. Niet dat hij eraan twijfelde of hij Frans binnen de kortste keren weer zou vinden – daarvoor was zijn netwerk in België veel te groot en effectief. Maar wat hem vooral bezwaarde was het gegeven dat hij tegenover de Oude Heer zou moeten erkennen dat hij erin gefaald had diens zoon naar Zuid-Amerika weg te sluizen. Toen hij Frans en Mimousse na vier dagen gelokaliseerd had, en ditmaal wel deugdelijke surveillance had achtergelaten, ging hij dan ook eerst naar De Laan om de situatie met zijn opdrachtgever te bespreken.

Tot zijn verbazing reageerde deze opmerkelijk kalm, toen hem in de beslotenheid van de herenkamer de gang van zaken was uiteengezet. ‘Nou ja, we kunnen in elk geval zeggen dat we ons best hebben gedaan, nietwaar meneer Sweerts?’ begon de Oude Heer. ‘Maar als mijn zoon weigert om aan een vluchtpoging mee te werken en zich liever met een vriendinnetje bezighoudt... tja, dan kunnen wij er ook niets meer aan doen en zal hij zelf de consequenties moeten dragen.’

‘Ik vrees dat die consequenties nogal ernstig kunnen zijn,’ antwoordde Sweerts. 'Ik zal gedwongen zijn de Belgische politie in te schakelen om Frans te kunnen oppakken, want los van het feit dat ik dit niet over mijn kant kan laten gaan: de positie van uw zoon is hopeloos. Hij kan geen kant meer uit, heeft nergens relaties die hem kunnen helpen en kan zomaar in handen van allerlei ongure lieden vallen. U weet hoe onzeker alles is dezer dagen. Dus laat ik hem arresteren, terwijl ik zelf natuurlijk van een afstand de supervisie houd. Maar zoals we dat arresteren een paar jaar geleden nog deden, in stilte, met een kleine, goed getrainde ploeg, dat gaat tegenwoordig niet meer.'

Hij zweeg even, de toevoeging 'helaas' inslikkend, alsof hij de geoliede werkwijze van tijdens de oorlog nog eens in gedachten de revue liet passeren. 'En dat betekent,' vervolgde Sweerts, 'dat uw zoon naar alle waarschijnlijkheid aan Nederland zal worden uitgeleverd. En dat het ondenkbaar zal zijn dat dit buiten de publiciteit zal kunnen blijven. Ik bedoel, in België zal hij gearresteerd worden wegens valsheid in geschrifte. Ik heb hem persoonlijk drie valse documenten overhandigd, en die heeft hij zeker bij zich. Maar het Nederlands Openbaar Ministerie heeft een veel grotere claim tegen hem. Dat gaat hem vervolgen wegens vechten in vreemde krijgsdienst en als het even kan wegens oorlogsmisdaden. Want u weet hoe het momenteel gaat in dit land: er zijn te veel zaken geseponeerd, er moet weer eens een ondubbelzinnige bestraffing van een oorlogsmisdadiger komen.'

De scherpe blik van mijn grootvader deed Sweerts van kleur verschieten. 'Excuus,' bond hij stamelend in. 'Ik bedoel natuurlijk te zeggen dat er in dit geval een proces tegen een ss'er gevoerd zal worden en dat het een enorm karwei zal zijn om aan te tonen dat uw zoon niet aan de door het Nederlandse volk aangehangen stereotypen van de ss beantwoordt.'

'Meneer Sweerts,' antwoordde de Oude Heer afgemeten, 'laten we ervan uitgaan dat mijn zoon, zoals hij altijd beweert, zich verre van welke vorm van oorlogsmisdrijf dan ook heeft gehouden. De openbaar aanklager zal met bewijzen van het tegendeel moeten komen, en die zijn niet te vinden, denk ik. Daarvoor zijn de relaties met de Sovjets te gespannen, als er überhaupt al documentatie over alle ss-gedragingen bestaat. En voor de rest heb ik me inmiddels verzekerd van juridische steun van twee van de beste advocaten van Nederland, de heren De Pont en Van Dal. Die zijn thans druk bezig de verdediging van mijn zoon voor te bereiden, en ik kan u alvast verklappen dat het staatsburgerschap van Frans de sleutel zal zijn.

Was hij op het moment dat hij tot de ss toetrad Nederlander of Let, daar gaat het om. In het eerste geval hangt hij, in het laatste geval gaat hij vrijuit. Over die vraag zal met documenten bewijs op tafel gebracht moeten worden. Dat biedt ons een zekere speelruimte, zoals u zult begrijpen, en ik zie dan ook wat dit betreft de toekomst met enig vertrouwen tegemoet. Zeker, het was me liever geweest als mijn zoon met stille trom ons land had kunnen verlaten om een toekomst bij zijn oom Helmuth in Brazilië op te bouwen. Maar hij wil dat kennelijk zelf niet. Het zij zo, al kan ik uw falen in deze affaire natuurlijk niet over het hoofd zien.

Met meer nauwgezetheid en kordaatheid uwerzijds had de Paraguay-variant immers zeker gerealiseerd kunnen worden, maar ik constateer dat u in de beslissende fase van deze operatie een geduchte steek hebt laten vallen. Dat stelt onze samenwerking, zoals die tot dusver verliep, op losse schroeven. Ik stel dan ook voor dat wij onze contacten vooralsnog beëindigen.'

De Oude Heer stond op en liep naar de brandkast in de hoek van de herenkamer, opende die en haalde er een vrij dikke envelop uit. 'Uw honorarium, conform onze afspraak,' sprak hij koeltjes. 'Wilt u het misschien natellen?'

Sweerts liet zich niet kennen. 'Dat is bepaald niet nodig, dank u zeer. Resumerend: ik zorg ervoor dat uw zoon weer naar Nederland komt, zij het als gevangene der Koningin. Maar ik heb van u begrepen dat er een gerede kans op een gunstige afloop van de zaak is, en daar ben ik blij om. Want Frans is een goede jongen. Hij verdient een betere toekomst dan wat zich nu aandient: een soort permanente vlucht voor alles en iedereen.'

Beide mannen hadden inmiddels de herenkamer verlaten en stonden in de vestibule. Mijn grootvader knipte het buitenlicht aan. 'Ik ga ervan uit dat mijn zoon tijdens en na zijn arrestatie behoorlijk behandeld zal worden,' zei hij met hese stem, zonder verder op de kwalificatie omtrent Frans in te gaan. 'Maakt u zich daar absoluut geen zorgen over,' reageerde Sweerts onmiddellijk. 'Het is al vervelend genoeg dat we hiertoe moeten overgaan en niet de Paraguayvariant hebben kunnen uitvoeren, maar het zij zo. Wel, meneer Münninghoff, gegroet. Wellicht dat we elkaar op een later tijdstip nog eens ontmoeten?' En toen een duidelijk antwoord uitbleef: 'In elk geval zal ik u bij voorkomende gelegenheid graag weer van dienst zijn.'

Met deze woorden verdween hij, na een korte buiging, in de nacht. Er waren geen handen geschud.

–TWINTIG–

Al snel bleek dat Sweerts inderdaad de controle over de arrestatie en uitlevering van Frans Münninghoff in handen had. Het duurde nog een paar weken voordat hij het gewenste scenario in België en Nederland met zijn contacten had doorgesproken, maar toen liep alles dan ook op rolletjes. In de nacht van 12 februari werden Frans en Mimousse op kasteel Ridderborn van hun bed gelicht, terwijl er tegelijkertijd huiszoeking werd gedaan in hun flat aan de Maasstraat in Brussel. Daarbij kwam een aanzienlijke partij farmaceutische producten aan het licht, nog nagelaten door Guus, die er de zwarte markt voor geestverruimende middelen mee had bediend. Verdiept in hun aanhoudende minnespel hadden de bewoners de betreffende kamer ongebruikt gelaten en dus niets ondernomen om het incriminerende spul op een of andere manier te lozen.

Dat compliceerde de zaak aanvankelijk, want nu hadden de Belgen ook een behoorlijk ernstige casus tegen de twee gelieven. Maar na een maand had Sweerts het toch zo weten te draaien dat Guus van Blaem, inmiddels verhuisd naar Nederland, in deze kwestie als enige verdachte overbleef, waarna Mimousse vrijuit ging en Frans op 13 maart door de Belgische gendarmes bij de politie van Breda werd afgeleverd. Twee dagen later zat hij, voor de tweede keer alweer, in de cellenbarak van de Scheveningse strafgevangenis en nog twee dagen later moest hij plaatsnemen aan de verhoortafel van de Politieke Recherche Afdeling Den Haag aan het Lange Voorhout.

Nu zou moeten blijken in hoeverre de Oude Heer inderdaad de juiste connecties had om achter de schermen de toekomst voor zijn oudste zoon veilig te stellen – althans, een dreigende catastrofe, die zeker ook zijn eigen reputatie als zakenman zou schaden, te vermijden.

Dat leek aanvankelijk allerminst te lukken. Het Openbaar Ministerie had mr. J. Zaaijer, een gekend voorstander van een bikkelharde lijn tegen politiek delinquenten, als procureur op deze zaak gezet. Zaaijer, die ook tegen Rauter openbaar aanklager was (een proces dat met de veroordeling tot de doodstraf zou eindigen), leek vastbesloten om de onderste steen boven te halen en als het even kon Frans Münninghoff inderdaad als een oorlogsmisdadiger een zware straf te geven.

Uit de verslagen van de verhoren blijkt dat mijn vader er uitstekend in geslaagd is bij zijn ondervragers een gevoel van totale verwarring teweeg te brengen. 'Hij is een zeer duistere figuur,' staat er hulpeloos-klagerig in hun rapport als eind maart een verlenging van zijn detentie met drie maanden wordt aangevraagd en verkregen. Inmiddels had Frans omstandig uit de doeken gedaan hoe hij als middelbaar scholier had geleden onder zijn Nederlander-zijn, hoe hij in de vakanties in Riga met name door de familie van zijn moeder was gehersenspoeld voor de Duitse zaak en hoe hij daarom, en ook uit rancune jegens zijn vader met wie hij totaal niet overweg kon, na de Duitse inval in Nederland het ouderlijk huis aan de Laan van Nieuw Oosteinde in Voorburg was ontvlucht en zich op eigen houtje ten slotte bij de ss in Den Haag had gemeld. 'Want zo kon ik naar Posen, waar mijn meisje, met wie ik verloofd was, woonde,' verklaarde hij zijn gedrevenheid.

Dat konden zijn gesprekspartners nog wel begrijpen, maar wat er niet bij hen in ging was de onwaarschijnlijke discrepantie tussen de onloochenbare vaderlandslievendheid van de Oude Heer en de fervente anti-Nederlandse gezindheid van diens oudste zoon. Een dergelijke diametrale opstelling tussen vader en zoon hadden ze nog nooit meegemaakt en ze weigerden daarin te geloven. Eerder werd deze schildering van zaken gezien als een poging om de indiensttreding bij de ss buiten de strafbare context te houden van dienstneming bij een vijandelijke macht in oorlogstijd. En bovendien lag daar het Nederlandse paspoort dat hem in 1940 was uitgereikt, toen het gezin in Voorburg was neergestreken.

Tevergeefs beargumenteerde mijn vader zijn redenen om dat paspoort toentertijd als 'niet op hem van toepassing zijnd' te omschrijven. 'Het werd me opgedrongen door mijn vader. Die man had absoluut geen idee van wat mij bewoog. Mijn hart lag bij Wera en bij mijn kameraden uit het Baltikum. Ik heb zelfs in 1939, toen we uit Letland wegvluchtten, de benen genomen naar familie in Hannover omdat ik niet naar Nederland wilde. Mijn vader heeft me toen door de Duitse politie laten oppakken en afleveren in Voorburg. En ik kon niets doen om me daartegen te verzetten, al voelde ik me absoluut geen Nederlander. Maar ik was pas negentien toen ik dat paspoort kreeg; ik moest doen wat mijn vader me beval,' laat hij in het verhoorverslag opnemen.

'Maar nu de oorlog afgelopen is en u daar als verliezer uit bent gekomen, wilt u opeens toch weer Nederlander zijn?' vraagt een van de twee politiemensen die tegenover hem zitten. En hij laat een tweede, nieuw Nederlands paspoort zien, een officieel document, dat op raadselachtige wijze op 4 september 1944 onder nummer 363775 op de naam van Frans Münninghoff is aangemaakt.

Nu vallen voor mijn vader even alle zekerheden weg. Dit paspoort kent hij niet, en naar hij vermoedt heeft de Oude Heer dit voor hem laten vervaardigen voor het geval dat hij, Frans, uit het oorlogsgebied teruggesluisd zou moeten worden naar het relatief veilige Nederland. Inmiddels is hij, vooral dankzij de indringende *soufflages* van de confrères De Pont en Van Dal, donders goed gaan beseffen dat hij in het gevecht dat hij nu moet voeren met de Nederlandse justitie één ding moet vermijden, namelijk de erkenning dat hij ooit tussen 1940 en 1945 willens en wetens als Nederlands staatsburger heeft rondgelopen. Een Nederlands paspoort, en a fortiori twee exemplaren, is daarbij bepaald geen aanbeveling, want dan staat procureur Zaaijer klaar om hem ex artikel 101 van het Wetboek van Strafrecht wegens indiensttreding als Nederlander bij een vreemde krijgsmacht in oorlogstijd voor een paar jaar achter slot en grendel te plaatsen.

Het moet een niet al te moeilijke opgave voor hem zijn geweest, dat ontkennen van het Nederlanderschap. Per slot van rekening had hij altijd Nederland en de Nederlanders oprecht geminacht. En dus begint Frans Münninghoff omstandig uit te leggen dat hij nu weliswaar over Nederlandse papieren beschikt, maar dat zulks er vooral mee te maken heeft dat een aantoonbaar Lets staatsburgerschap onmiddellijk tot levensgevaarlijke situaties met de Sovjets kan leiden. De Baltische landen zijn immers door de USSR opgeslokt!

Hij noemt een recent geval van drie Litouwers die door de geallieerden uit een opvangkamp in België naar huis werden gestuurd en daar door de bolsjewieken werden opgepakt en zonder vorm van proces gefusilleerd. Met een Lets paspoort, waar hij recht op had,

had hem zonder meer hetzelfde kunnen overkomen. Daar komt nog bij dat hij tijdens zijn oorlogsjaren in Rusland contacten heeft gelegd met een anticommunistische verzetsorganisatie die in Kiev en Moskou haar hoofdkwartieren heeft, zo verzint hij er ter plekke bij. Aan het hoofd staat een starets van de Orthodoxe Kerk, een zekere Dionisios – dat is natuurlijk een schuilnaam. Het zal niet lang meer duren of de wereld zal ervan horen.

Zijn ondervragers luisteren gefascineerd toe. Dit soort story's uit de grote wereld verschilt wel erg van de Nederlandse spruitjesverhalen waar ze doorgaans mee te maken krijgen. En ze lijken de onmogelijke spagaat waarin deze jongeman terecht is gekomen uiteindelijk ook te doorgronden.

'Dus u wilt nu weer Nederlander zijn, maar over de afgelopen oorlogsjaren niet als Nederlander worden beschouwd?' is hun conclusie.

Frans Münninghoff kan niet anders dan deze gevolgtrekking beamen. 'Ik beschouwde de Duitsers minder als mijn vijanden dan jullie nu doen, maar zag in hen in de eerste plaats de bondgenoten van mijn vaderland, Letland,' laat hij, goed geïnstrueerd door zijn advocaten, pathetisch weten. 'Maar nu is alles veranderd. Het Letland waarin ik geleefd heb bestaat niet meer. Ik begrijp dat ik geen andere keus meer heb dan Nederlander te worden.'

Natuurlijk is er door het Openbaar Ministerie gezocht naar bewijzen van door hem gepleegde oorlogsmisdaden. Het was voor Frans een onbespreekbaar thema: als zijn ondervragers hierover begonnen, ontplofte hij van door minachting gevoede woede. 'Jullie weten helemaal niets van de gang van zaken aan het Russische front! Wij waren daar om te vechten, niet om vrouwen te verkrachten, kinderen te vermoorden of dorpen plat te branden. En wat jullie me allemaal vertellen over concentratiekampen en gaskamers en jodenvernietiging: ik heb daar nooit iets van gemerkt of gehoord toen we in de Oekraïne vochten. Nu wel natuurlijk, maar ik weet niet wat ik er allemaal van denken moet.

Kijk, wij hebben de oorlog verloren. Dus dat betekent dat jullie de waarheid in pacht hebben. Jullie kunnen ons van van alles en nog wat beschuldigen, en wij kunnen niets terugzeggen, omdat niemand naar ons zal luisteren of ons verhaal zal geloven. Maar wat kan ik anders zeggen dan dat er bij ons in de Waffen-ss *verdammt anständige Leute* rondliepen? En denk erom: ik was een man van de frontlinie. *Immer vorwärts!* Wat er achter onze rug allemaal voor rottigheid gebeurde, daar trokken we ons niets van aan, dat was onze zaak niet. Zelf overleven en de vijand doden, dat was waar het ons om ging.'

Het was hetzelfde verhaal als dat waarmee hij mij, zijn steeds achterdochtiger wordende, opgroeiende puberzoon, aan het eind van de jaren vijftig en het begin van de jaren zestig in Den Haag bestookte. Ik begreep dat ik daar stijf mijn mond over moest houden, maar intussen hoorde ik op het Gymnasium Haganum van gediplomeerde leraren de rijk gedocumenteerde verhalen over de vernietigingskampen en de ellendige rol van de ss daarbij. Maar op zondagmorgen werd dat aan onze keukentafel glashard ontkend door mijn verontwaardigde vader.

Of ik als-je-blieft een goed onderscheid wilde maken tussen gewone ss en Waffen-ss. En dan vooral ook tussen de Balten binnen die laatste organisatie en de rest, de Rijksduitsers. Al zaten daar ook heel veel prima kerels tussen, met nadrukkelijke uitzondering van de Saksen. 'We waren er trots op dat we elitejongens waren, fysiek het allerbeste wat er in Duitsland en omstreken rondliep. Met mijn hand op mijn hart, Bully, kan ik je verzekeren dat wij tot het uiterste bereid waren te vechten, en dan bedoel ik ook echt vechten op leven en dood, maar dat we ons nooit aan zoiets laags als oorlogsmisdaden tegen weerloze burgers, joden of niet-joden, hebben schuldig gemaakt. Dat was, zo je wilt, beneden onze waardigheid en tegen ons eergevoel als soldaat.

Daarom ook heb ik, ook al scheet ik in mijn broek van angst, die Rus in het ondervragingscentrum laten lopen. Omdat ik wist dat hij afgeknald zou worden. En wat voor ellendige verzinsels er ook nu op ons losgelaten worden, ik kan je alleen maar zeggen dat we, als we elkaar ontmoeten, elkaar recht in de ogen kunnen kijken, zonder schaamte, want ons geweten is zuiver.'

Het was opvallend dat hij bij dit soort gespreksthema's nooit 'ik' zei, maar altijd terugviel op zijn collectief. Had hij daar dan nog contact mee? En wat waren dat voor lieden?

Ik heb later, in de jaren zestig, toen ik op kamers in Leiden woonde en een zwervend bestaan leidde, een keer de stoute schoenen aangetrokken en me gemeld bij de Duitse kinderboekenschrijver en beroepsmilitair Hans-Erich Seuberlich in Beieren, Bad Reichenhall, onder München. Wat je noemt een nette kerel: goed geconserveerd, strak in het pak, mooi huis, BMW voor de deur. Een man van aanzien in het naoorlogse Duitsland en een van diegenen die onloochenbaar hadden bijgedragen aan het hervinden van een nieuw elan, in dat verdwaasde, platgebombardeerde puinhopenland, een nieuwe energie die de uitgeputte Duitse bevolking uiteindelijk in staat stelde weer haar plaats in Europa naar behoren in te nemen.

Seuberlich had dat gedaan door een stuk of twintig jeugdboeken te schrijven, die stuk voor stuk een broodnodig optimisme, gekoppeld aan geloof in hoge zaken als trouw en eerlijkheid, uitstraalden – dit alles tegen de achtergrond van eigentijdse petticoats, rock-'n-roll en op Vespa's rondtoerende Duitse jongeren. Zaken die de nieuwe generatie Duitsers in de jaren vijftig mede het gevoel gaven dat er, ondanks alles, wel degelijk aansluiting met het andere, betere Europa mogelijk was.

Seuberlich had zich in de oorlog als lid van het *Sonderverband* Brandenburg, een commando-eenheid onder Abwehr-commandant Wilhelm Canaris, onderscheiden in gevaarlijke operaties aan het Oekraïense front en was daar, zo wist ik, ook mijn vader tegengekomen toen deze in de voorste linies als sergeant bij de Wiking Division een gevechtsgroep leidde. De beide mannen kenden elkaar goed, omdat ze allebei in 1920 in Riga waren geboren en hun kinderjaren op dezelfde lagere school en in dezelfde kringen hadden doorgebracht – een Seuberlich was een kleine eeuw eerder zelfs peettante van Omi's vader geweest –, totdat mijn grootvader had besloten van zijn oudste zoon weer een Nederlander te maken door hem naar het seminarie in Oss te zenden.

Maar net als mijn vader was Seuberlich in de oorlog in het centrum voor ontheemde Balten, Posen, terechtgekomen en daar hadden ze enige tijd weer met elkaar opgetrokken, met als dagelijks trefpunt café Schwan. Omdat Seuberlich snel doorstootte naar een officiersrang, was het contact te velde natuurlijk alras verloren gegaan, maar de toevallige ontmoeting in de Oekraïne was toch allerhartelijkst geweest en ze hadden de tijd gehad om een paar uur lang uitvoerig oorlogservaringen met elkaar uit te wisselen. Omdat ik van Seuberlich, gezien zijn grote reputatie, een betrouwbaar oordeel over mijn vader verwachtte, had ik hem gevraagd of ik langs mocht komen, wat hij direct goed had gevonden.

'*Ein richtiger Draufgänger*,' zo karakteriseerde hij zijn voormalige klasgenoot. 'Ik begrijp zijn moeilijke positie in Nederland. Ik vertel u waarschijnlijk iets nieuws als ik u zeg dat hij mij een paar jaar geleden heeft opgezocht in Bonn, waar ik toen als *Oberst* van de *Bundeswehr* geregeld verkeerde, om me te vragen of ik voor hem een functie binnen het Duitse leger kon regelen. Helaas heb ik hem niet kunnen helpen. Het probleem was dat hij inmiddels te oud was. Althans, zo heb ik hem dat formeel verteld.

Maar zijn werkelijke probleem zat tussen zijn oren, *lieber* Alexander, en daar zit het waarschijnlijk nog steeds. Hij heeft zich niet van de oorlog los kunnen maken, zoals dat zovelen overigens niet gelukt is.' Seuberlich ging voor het enorme raam staan dat uitzicht bood op de imposante Alpen. Tegen de kraakheldere avondlucht klapwiekte plotseling een adelaar statig voorbij, als een symbool van het nieuwe Duitsland, waar mijn gesprekspartner wel deel van uitmaakte en mijn vader niet.

'En in een land als Nederland, waar onderdrukking door ons en collaboratie met ons als vrijwel nergens anders in Europa hand in hand gingen, is het al helemaal moeilijk om de juiste weg te vinden.' Seuberlich wierp nog een tweede, peinzende blik op het snel verduisterende panorama. 'U hoeft zich geen zorgen te maken,' besloot hij. 'Als Frans oorlogsmisdaden had gepleegd, zou ik dat zeker geweten hebben. Sterker nog: ik zou het gemerkt hebben, die keer dat we elkaar in de Oekraïne spraken. Je merkt aan iemands oogopslag en manier van spreken meteen of hij iets ernstigs te verbergen heeft. Uw vader had dat niet, kan ik u verzekeren.

Ik acht hem ook qua karakter niet tot wandaden in staat. Daarvoor heeft hij bijvoorbeeld een veel te groot gevoel voor humor, al klinkt dat misschien wat raar. Natuurlijk, hij heeft mensen gedood. Tientallen, of misschien wel meer dan honderd, denk ik. Die gevechtsgroep van hem had een behoorlijke reputatie verworven en hij had toen, in 1943, al het IJzeren Kruis. Maar dat maakt hem nog niet tot oorlogsmisdadiger. Hij hield op een jongensachtige manier van vechten en hij was er goed in.

Hij vertelde me bijvoorbeeld dat hij een paar weken tevoren tijdens een verkenningstocht in een maïsveld een Russische luitenant bijna letterlijk een kopje kleiner had gemaakt met zijn pioniersschop – ik zie aan uw reactie dat u dat verhaal al kent. Ik vind dit een voor hem typerend moment: hij was als het moest kordaat, efficiënt en genadeloos. Kwaliteiten die in een oorlog zeer goed van pas komen, maar in ons huidige tijdsgewricht zijn zaken als empathie, kennis en anticipatievermogen van groter belang. En in de zakenwereld, waar hij tot zijn eigen ellende in terecht is gekomen, moet je ook mensen naar de mond kunnen praten, de schone schijn ophouden als het slecht gaat en zo nodig zelfs je relaties kunnen bedriegen.

Dat heeft Frans niet in zich. Hij is altijd blijven verlangen naar die korte periode in zijn leven waarin eerlijkheid, kameraadschap en trouw onvoorwaardelijk waren en waarin hij zo wonderbaarlijk goed functioneerde. De oorlog was zijn *Sternstunde*, begrijpt u. Die keer dat hij me opzocht heeft hij me gesmeekt om hem een plaats in de Bundeswehr te bezorgen. Hij zou Duitser worden, desnoods zonder zijn gezin in Duitsland komen wonen – alles had hij ervoor over. Tevergeefs probeerde ik hem uit te leggen dat er in het nieuwe Duitse leger een totaal andere sfeer heerst en dat hij zeer ongelukkig zou worden door de enorme bureaucratie en vooral door de confrontatie met de nieuwe generatie Duitse jongens, die absoluut niet die discipline hebben die hij gewend was. Ik geloof dat hij het me kwalijk heeft genomen dat ik niets voor hem deed. In elk geval is het bij die ene ontmoeting in Bonn gebleven. Dat schrijf ik dus op het conto van zijn naïviteit en zijn impulsiviteit. Jammer, want hij is een *sehr gemütlicher Kerl* en je kunt enorm met hem lachen.'

–EENENTWINTIG–

Gezellige vent of niet, de Nederlandse ondervragers in Scheveningen 1947 doen hun uiterste best om Frans Münninghoff er als oorlogscrimineel bij te lappen. Maar in de gesprekken met hem komen ze, ook na enkele maanden, geen stap verder, en verificatiemogelijkheden uit het oosten zijn er niet: de Sovjets weigeren mee te werken, ze reageren althans niet op verzoeken om informatie, wellicht omdat Nederland het laatste westerse land is geweest dat de USSR, in 1942 pas, heeft erkend en zich ten aanzien van de machthebbers in Moskou zeer kritisch opstelt. Bovendien is de sfeer al ernstig verkild in het kader van de Koude Oorlog, die een muur van wantrouwen tussen Oost en West heeft opgetrokken.

Dus proberen de mannen van de politieke recherche incriminerende gegevens van Wera, die in juni voor verhoor wordt opgeroepen, los te krijgen. Ze weten dat het huwelijk volkomen in het ongerede is geraakt en ze vuren de ene suggestieve vraag na de andere op mijn moeder af. Maar ondanks haar zenuwen geeft ze geen krimp.

Ze vertelt hoe Frans en zij elkaar in Riga hadden ontmoet en dat ze hem eind 1940 in Posen in café Schwan weer zag: 'Hij droeg een Duits uniform met koppelriem en hij was gewapend. Om zijn arm had hij een band met DOLMETSCHER erop. Ik was meteen weer verliefd op hem, hoewel we elkaar zowat een jaar niet gezien hadden. Toen begon de oorlog. Hij schreef niet, maar hij heeft me wel twee keer bezocht in Posen, waar ik een baan bij de overheid had gekregen. Uiteindelijk zijn we op 11 mei 1942 in Hamburg getrouwd. Waarom daar? Ik had daar in de buurt, op het platteland, verre familie van mijn grootmoeders kant, en die konden zich nog het een en ander permitteren, dus we gingen er graag naartoe om daar ons huwelijk te vieren en ons eens lekker te laten verwennen. Nee, trouwen in Nederland kwam niet in aanmerking. Frans had een zeer slechte relatie met zijn vader en was eigenlijk niet meer van plan om ooit nog naar Voorburg terug te komen.'

In het verslag over het verhoor komt nu de fase waarin Wera kennelijk de instructies van de advocaten zo ongeveer uit haar hoofd heeft geleerd. Ze vermeldt, zonder details, Frans' verwonding in het voorjaar van 1943 bij Tsjerkassy en zijn opname in het ziekenhuis van Bamberg. In de zomer van 1943 ziet ze hem weer, als hij met ziekteverlof naar Posen komt. Daar word ik, rond Frans' drieëntwintigste verjaardag op 19 juli, geconcipieerd. In het verhoor is evenwel niets van enige toespeling daarop terug te vinden. Evenmin staat er vermeld dat mijn vader na zijn tweede verwonding, begin 1944, nogmaals in Posen belandt en bij mijn geboorte aanwezig is.

'Hierna is Frans volgens mijn beste weten uit de dienst ontslagen,' vervolgt mijn moeder. 'Hoe hij uiteindelijk toch naar Nederland, naar zijn ouderlijk huis is gekomen, weet ik niet. Ik was daar inmiddels sinds september 1944, toen Xeno mij en mijn kind had opgehaald vanwege de dreiging van de aanvallende Russen. Op 1 juni 1945 stond Frans in Voorburg opeens voor de deur.

We hebben toen een moeilijke tijd beleefd. Hij kon al die ellende van de oorlog niet verwerken, en bovendien was zijn vader heel hardvochtig tegen hem. Dus na enkele weken vertrok Frans weer, zonder te vertellen waarnaartoe. Sindsdien heb ik hem niet meer gezien. U vraagt mij of hij een ss'er was. Ik kan u dat niet verklaren, want nimmer deed hij mij mededelingen over zijn werkzaamheden of ervaringen in de oorlog.' De voor de hand liggende vraag of ze dan niet aan het uniform had kunnen zien of Frans al dan niet bij de ss was, beantwoordt Wera als een echte ingénue met een blozend: 'Daar had en heb ik echt geen verstand van, hoor.' De paar toneellessen die ze in de Stadsschouwburg van Posen had gevolgd, wierpen ook nu weer hun vruchten af.

Ze heeft het goed gedaan bij de ondervraging, daar is vrijwel iedereen in de familie het over eens. En Jimmy, Titty en Omi vinden eigenlijk dat het nu maar eens afgelopen moet zijn met die stemmingmakerij tegen dit lieve meisje uit Riga. Laat haar toch rustig met haar kind, onze stamhouder Bully, hier blijven, zo klinkt het. Maar daar denken de Oude Heer en, in diens kielzog, Xeno toch anders over tijdens de korte tussenstops die ze gedurende hun intensieve zakenreizen op De Laan maken. Wera moest weg, ook al had ze het goed gedaan bij de ondervragers en had ze Frans niet laten vallen.

Hoe mijn grootvader de tijd en de energie heeft kunnen vinden om tussen alle zakelijke beslommeringen door ook nog eens een vernietigingsplan tegen Wera uit te denken, is mij een raadsel, maar het gebeurde. IJzersterk en onafwendbaar, zoals altijd als hij zijn plannen uitvoerde. Alleen duurde het dit keer veel langer dan gewoonlijk voordat hij er succes mee boekte.

Dezelfde mr. Bart van Dal die later de vrijlating van Frans zal bewerkstelligen, wordt achter de schermen ook ingezet om Wera met juridische middelen van het toneel te laten verdwijnen. Dat Van Dal een jeugdminnaar van Mimousse is geweest maakt zijn gemotiveerdheid, zo taxeert de Oude Heer terecht, alleen maar groter. De jeugdige jurist laat er geen gras over groeien: hij zorgt ervoor dat op 8 augustus 1947 de scheiding tussen Frans en Wera, mijn natuurlijke ouders, wordt uitgesproken. Maar omdat zijn zoon nog steeds in de gevangenis zit, zijn de plannen van de Oude Heer om de voogdij over mij van Wera naar Frans over te hevelen voorals-nog kansloos. De rechtbank beslist in oktober 1947 dat Wera de voogdij over mij krijgt, met Frans als toeziend voogd vanuit zijn cel in Scheveningen. Maar daar zal hij niet lang meer blijven.

Het is inmiddels het najaar van 1947 en het politieke klimaat in Nederland lijkt te kenteren. De roep om wraak, in de eerste maanden na de oorlog nog overheersend, maakt plaats voor een gevoel dat de wederopbouw van het land gebaat is bij een onberispelijk rechtsstelsel. En daarin moeten zaken op de keper beschouwd worden, niet gevoelsmatig worden afgedaan.

Henri Kolfschoten is maar kort minister van Justitie geweest, maar voor hij in 1946 aftreedt heeft hij wel al een aanzienlijke versnelling weten te bewerkstelligen in de afhandeling van de ruim 70.000 zaken die tegen zogenoemde politiek delinquenten op de rol staan. Voor bijna driekwart van die gevallen, namelijk diegene die als licht beoordeeld worden, wordt de deur naar al dan niet voorwaardelijke invrijheidstelling voorzichtig geopend.

En Kolfschotens opvolger, Johan van Maarseveen, ook weer een katholiek en ook weer behorend tot de kennissenkring van mijn grootvader, zij het niet zo intiem als de gebroeders Kolfschoten, geeft aan deze ontwikkeling een energieke stoot: een paar zware gevallen, zoals Hanns Rauter, worden als vette kluif voor de eventuele nahonger van het volk bewaard, maar in 1947 is het aantal politiek gedetineerden daadwerkelijk teruggebracht tot 25.000, het streefgetal dat al in 1946 in de Tweede Kamer in het debat over de regeringsverklaring als wenselijk werd genoemd.

Daar zit de zaak tegen Frans Münninghoff evenwel nog steeds bij. Nu is het voor mijn grootvader dus de kunst om zijn zoon in de categorie lichte gevallen te laten belanden. Van Maarseveen heeft hij daarbij aan zijn zijde, maar de minister toont zich terecht gevoelig voor de prioriteiten van die tijd als hij in de herenkamer de kwestie nog eens nauwkeurig onder de loep neemt: 'Daar kan ik als bewindsman geen directe invloed op uitoefenen, Joan. We hebben nu juist gekozen voor een transparante rechtsgang. Ik heb vooral te maken met Zaaijer, en die man is nog steeds net zo rabiaat als in mei 1945. Zeker, hij lijkt in het onderzoek tegen Frans niet veel verder te komen, en het bevel tot bewaring kan niet tot sint-juttemis worden verlengd, maar dat zal Zaaijer juist tot grotere daadkracht aanzetten. Ik wil wel proberen om via via wat begrip voor de psyche van je zoon bij Zaaijer te kweken, maar als hij op basis van documenten – en dat zijn die twee Nederlandse paspoorten nu eenmaal – een veroordeling kan doordrukken, zal hij dat zeker niet laten.'

De Oude Heer knikt alleen maar. Hij en Van Maarseveen, en ook de Kolfschotens, weten dat er nu langs andere wegen dan het formele recht gehandeld zal moeten worden. En daar was hij ook allang op voorbereid.

De verdere gang van zaken laat zien dat er achter de schermen intensief tegen Zaaijer aan gepraat is. In september nog toont de procureur-generaal zich zeer vastbesloten: hij stuurt een verzoek aan de chef van de tweede afdeling van het departement van Justitie om inlichtingen over een mogelijk strafblad van Frans Münninghoff. Maar als hij begin oktober daar het antwoord op krijgt dat betrokkene 'onbekend is in het strafregister' (zeer opmerkelijk, gezien de Belgische perikelen van mijn vader), heeft Zaaijer al zijn conclusie getrokken en die, een dag eerder reeds, verwoord in zijn strafeis: drie jaar cel 'wegens als Nederlander vrijwillig in krijgsdienst treden bij een buitenlandse mogendheid, wetende dat deze met Nederland in oorlog is'.

Nog geen twee weken later – het is dan 13 oktober 1947 – blijkt het Bijzondere Gerechtshof te Den Haag (een van de acht speciaal voor de zware gevallen ingestelde gerechtshoven) een andere mening toegedaan: 'Veroordeling ingevolge artikel 101 Wetboek van Strafrecht is uitgesloten wegens de Letse nationaliteit van betrokkene. Die jongen is nooit in Nederland geweest en het is volkomen logisch,' zo staat er tot mijn diepe verbazing in een brief aan mr. Zaaijer, 'dat Frans Münninghoff Rusland meer als zijn vijand beschouwde dan Duitsland.'

Hoe is het hof tot deze conclusie gekomen, die zo haaks staat op het oordeel van de alom gerespecteerde mr. Zaaijer? En hoe is het mogelijk dat men denkt dat mijn vader, die ruim acht jaar in Nederland scholier is geweest, nooit in ons land heeft vertoefd? Je proeft in deze krakkemikkige formulering de haast die men heeft om van deze zaak af te komen, omdat er achter de coulissen al een beslissing is gevallen.

En dat is ook zo. De gedreven advocaat Bart van Dal heeft inmiddels de verdediging in zijn eentje op zich genomen. Terwijl confrère De Pont zich met lucratiever zaken binnen het Münninghoff-imperium gaat bezighouden, werkt 'Bartje', zoals hij door onze familie liefkozend wordt genoemd, aan een heuse deal met justitie.

Daarbij gaat het er vooral om dat Zaaijer zijn gezicht niet verliest; op dit delicate traject worden de kanonnen Van Maarseveen, de gebroeders Kolfschoten en en marge zelfs Emanuel Sassen, de katholieke latere minister van Overzeese Gebiedsdelen, en Laurens Deckers, lid van de Raad van State en voor de oorlog KVP-minister van Defensie en Landbouw, ingezet. Zij allen frequenteren de herenkamer van Briva Latvija om de tactiek van de lobby en de details van de te nemen demarches te bespreken. En hoewel Zaaijer bepaald niet van het houtje is, slagen de rooms-katholieke functionarissen er uiteindelijk toch in om de officier van justitie voor hun karretje te spannen.

Een wonderlijke correspondentie bevestigt dat. 'Bij schrijven van 12 januari 1948 bericht de minister van Justitie mij dat Zijne Excellentie van oordeel is dat uw cliënt de Nederlandse nationaliteit niet heeft verloren,' schrijft Zaaijer op 15 januari aan Van Dal, en hij voegt daar de terechte conclusie aan toe dat voortzetting van de strafvervolging dus mogelijk is. Met andere woorden, ook minister Van Maarseveen geeft hem formeel gelijk.

Het is echter onderdeel van een spel voor de buitenwacht. Want dan komt, geheel out of the blue, in één adem de aankondiging van Zaaijer: 'Maar ik ben niet ongenegen hiervan af te zien, in aanmerking nemende dat deze man innerlijk eerder Let dan Nederlander was. Voor de Balten zijn er wel verzachtende omstandigheden.'

Hoe Zaaijer aan dit inzicht gekomen is wordt nergens duidelijk gemaakt. En dat 'innerlijk Let'-zijn klopt ook totaal niet: mijn vader beschouwde zichzelf in de eerste plaats als een Balt met een Duits-Russische bloedmix, waar helaas ook nog wat Nederlandse genen in ronddreven, maar zeker niet als Let. Dat waren immers de lokale heikneuters wier taal hij weliswaar behoorlijk goed sprak, maar met wie hij, het huishoudelijk personeel daargelaten, niet omging.

Maar dat hield Bartje van Dal natuurlijk in zijn pleidooien verborgen: met verve bracht hij het verhaal van de jongen die zijn mooie Letse jeugd in Riga verpulverd zag worden door de bolsjewieken en zich daarom bij de Duitsers had aangesloten. Van een psychologisch onderzoek zoals dat tegenwoordig gebruikelijk is, was in die tijd geen sprake. En wat wist men in Nederland nou van Letland, dat inmiddels door de USSR was opgeslokt en achter het

IJzeren Gordijn was verdwenen? Het kwam in die jaren aan op welsprekendheid en overtuigingskracht, naast een geolied netwerk in de hogere kringen. De katholieke broederschap rond mijn grootvader zorgde voor het laatste, Bartje van Dal voor het eerste.

Er kwam nog bij dat Van Dal tijdens een persoonlijk onderhoud met Zaaijer op 28 januari verzekerde dat Frans Münninghoff 'zo spoedig mogelijk Nederland zal verlaten om zich duurzaam in het buitenland te vestigen, dat alles wordt gedaan om het vertrek te bespoedigen en dat betrokkene zich in afwachting van dit vertrek onopvallend zal gedragen. Ook de vader van de betrokkene heeft mij zijn woord gegeven, dat een spoedig vertrek zoveel mogelijk zal worden bevorderd.'

In deze brief, waarin Van Dal het gesprek met Zaaijer resumeert, spreekt de advocaat aan het slot de hoop uit dat 'deze verzekering aanleiding is om Frans Münninghoff vrij te laten'. Enkele dagen later concludeert het ministerie van Justitie, ervan uitgaand dat betrokkene naar Zuid-Amerika zal vertrekken: 'De vraag kan gesteld worden of het landsbelang vordert zulks te beletten omwille van een vervolging voor daden welke Münninghoff ook als Let heeft bedreven. Het dossier gaat hierbij terug.'

Zo afgemeten zal een sepot zelden geformuleerd zijn. Spreekt hier een zekere korzeligheid van Zaaijer en de zijnen uit, die wellicht beseffen dat hun een rad voor ogen is gedraaid?

We zullen het nooit weten.

Nog geen week later, op 30 januari 1948, is mijn vader na tien maanden weer een vrij man.

–TWEEËNTWINTIG–

Maar ook al was hij nu een vrij man, dat betekende nog niet dat Frans Münninghoff al zijn burgerrechten had herkregen. Weliswaar was een veroordeling en de daarmee samenhangende publiciteit voorkomen, maar een aantekening van mr. Zaaijer in de marge is veelzeggend: 'Het blijft echter een enigszins duistere figuur. Ik acht het meer een zaak voor de Vreemdelingendienst.'

Die zich dan ook prompt bij mijn vader, die na zijn invrijheidstelling op De Laan verbleef, meldde en zijn paspoort en identiteitsbewijs innam. Het was een kort, maar stevig gesprek geweest, in de herenkamer en met gesloten deuren, waarbij ook Opa aanwezig was. De sfeer was ijzig, zowel tussen de twee ambtenaren en mijn familieleden als tussen de Oude Heer en mijn vader onderling. Die keken elkaar niet aan.

Mijn grootvader bevestigde nogmaals dat er uitgewerkte plannen bestonden om Frans richting Zuid-Amerika te laten vertrekken. Als hij er tenminste aan wilde meewerken. Mijn vader staarde slechts wrokkig voor zich uit en mompelde pas iets van een bevestiging toen hem daar expliciet om werd gevraagd. De heren van de vreemdelingenpolitie voelden de situatie goed aan en beëindigden, nadat ze de gewenste documenten hadden ontvangen, binnen een kwartier het gesprek. 'We geven u de raad u koest te houden,' zeiden ze bij het afscheid tegen mijn vader.

Nauwelijks was het bezoek verdwenen of de herenkamer schudde op zijn grondvesten door de hevigste woedeaanval die mijn vader ooit ten overstaan van zijn vader gehad heeft, naar hij me later verzekerde. 'Ik voelde me zo ontzettend vernederd, Bully, dat kun je je niet voorstellen. Dat zo'n stelletje Nederlandse klootzakken me daar even kwam vertellen dat ik me koest moest houden, en dat mijn vader met ze heulde, want zo voelde ik dat. Ik heb de Oude Heer toen alles verweten wat ik maar bedenken kon, van zijn veelwijverij en zijn slechte vaderschap tot zijn verraad aan mij, zijn zoon, van wie hij per se een Nederlander had willen maken en die hij vervolgens, toen dat mislukt was, in de oorlogsjaren voor eigen doeleinden genadeloos had gemanipuleerd. Na een minuut of tien was ik uitgeraasd. "Wat ben jij voor een vader, dat je me nu het land uit wilt werken? Dat doet een vader toch niet?" zei ik op het eind. Ik voelde me verraden en was echt wanhopig, dat kun je je voorstellen.

En weet je wat hij toen deed? Hij had al die tijd zwijgend voor me gestaan, maar toen ik klaar was ging hij achter zijn bureau zitten en pakte de patiencekaarten! En zonder een woord te zeggen begon hij een spel te leggen. Dat deed hij altijd als hij wilde nadenken. Dan legde hij een blocnote en een potlood naast zich neer, en telkens als er tijdens het spel een gedachte opkwam die hij de moeite waard vond, maakte hij daar een aantekening van. En dat gebeurde nu ook! Zonder mij verder ook maar een blik waardig te keuren liet hij me staan en begon hij die lullige kaartjes te leggen, terwijl ik net mijn hart bij hem had uitgestort. Maar hij sloot zich compleet voor me af. Het was alsof ik tegen een muur aan had staan praten. Ik ben toen huilend van woede weggelopen. Hij bleef zitten en gaf geen enkele reactie.'

Bijna drie jaar lang bleef op De Laan deze moeizame status-quo gehandhaafd. Xeno en Jimmy bleven er wonen, zij het dat ze beiden zogenaamd studeerden en voornamelijk in Delft respectievelijk Amsterdam verbleven, Xeno voor waterbouwkunde (waar hij al snel de brui aan gaf, omdat hij meer brood in het zakenimperium van zijn vader zag) en Jimmy voor de toentertijd zeer populaire 'zevende faculteit', die zich met politieke wetenschappen bezighield en daarom schertsend ook wel de 'zwevende' faculteit werd genoemd. Jimmy werd daar de boezemvriend van Hein ten Harmsen van der Beek, de broer van de dichteres Fritzi Harmsen van Beek (omdat de volledige naam moeilijk te onthouden was, had zij die ingekort). Hein en Fritzi zouden na de dood van hun vader, de kunstenaar en illustrator Eelco ten Harmsen van der Beek, in 1953 diens aanzienlijke erfenis (onder meer zo groot vanwege het succes van zijn 'Flipje' voor de jamfabrieken van Tiel) er op legendarische wijze doorheen jassen, waarbij de inmiddels geformeerde Leidseplein-scene (van Mulisch tot Nooteboom, van Campert tot Shaffy, van Gerard Reve tot Rijk de Gooyer) voor excentrieke verpozing terechtkon in de door Fritzi gekraakte Blaricumse villa 'Jagtlust'. Jimmy is overigens nauwelijks op die veelbesproken vrijplaats in het Gooi, 'waar alles kon', geweest; samen met Hein hield hij zich op in andere kringen, onder meer met Pieter Goemans, wiens spontane creatie van 'Aan de Amsterdamse grachten' hij van nabij heeft meegemaakt, en de voordrachtskunstenaar Albert Vogel, welk contact later zou leiden tot zijn huwelijk met diens zuster, de actrice Ellen Vogel.

Titty was ingetrokken bij Guus, met wie ze inmiddels getrouwd was en van wie ze in rap tempo vijf kinderen zou krijgen. En Frans had, samen met Mimousse, na een paar maanden onderdak weten te krijgen op een oude, halflekke woonboot, de Juno, die in de haven van de olieraffinaderij Poortensdijk aan de Junostraat in Den Haag voor anker werd gelegd.

Met de Oude Heer had mijn vader inmiddels een soort gewapende vrede gesloten; men ontweek elkaar zoveel mogelijk en beperkte de onderlinge conversatie tot een minimum. Wel had Frans een administratief baantje op Poortensdijk gekregen, zodat er voor de buitenwacht niets te roddelen viel. Maar meer dan gedogen was het niet; zo was Mimousse, die in Opa's rooms-katholieke ogen een verdorven vrouw was, niet echt welkom op De Laan. Niet alleen omdat ze gescheiden was; hij had door een detective haar doopceel laten lichten en was te weten gekomen dat ze als twintigjarige de veel jongere Guus, die toen net veertien was geworden, had ontmaagd.

Die schanddaad deed de deur in de meest letterlijke zin voor haar dicht, zij het dat de wellevendheid mijn grootvader gebood Mimousse toch op hoogtijdagen in huis te gedogen. Maar van harte ging dat niet, en toen de Juno vrij kwam, pakte Frans dus met een zucht van verlichting zijn koffers en vertrok.

Vanaf de Juno keek mijn vader uit op de fabriek die hij een paar jaar later zou erven, maar waar hij nu niets zinnigs kon doen. Het management was in handen gelegd van oom Wim, de broer van Joan, die een verrassende affiniteit met het product van de raffinaderij – smeerolie en aanverwante lubricanten – bleek te hebben. In het laboratorium achter in de fabriek nam oom Wim geregeld letterlijk de proef op de som door een nieuwe samenstelling te testen door er een vinger in te dopen en die af te likken, waarbij hij dan, al naargelang zijn appreciatie, verheerlijkt of vol afschuw de kring van laboranten en fabrieksarbeiders rondkeek die zich ter aanschouwing van dit ongehoorde staaltje productbetrokkenheid om hem heen had verzameld.

Voor Frans, die als het ware in de wacht was gezet, was het verblijf op Poortensdijk behoorlijk frustrerend. De administratieve handelingen die van hem verwacht werden, waren minimaal en beledigend voor zijn intelligentie, en dus trok hij, om zich als zoon van de eigenaar een houding te geven, een witte jas aan en ging hij allerlei onbenullige amateurproeven doen in het laboratorium.

Daarbij kreeg hij op zeker moment hulp van een uitgeweken Rus, graaf Stubendorff, die scheikundig ingenieur in Sint-Petersburg was geweest. Mijn vader moest het van zulke zwerfvogels hebben, want aan het dagelijkse Nederlandse sociale verkeer onttrok hij zich. Niet zozeer omdat hem dat door de vreemdelingenpolitie was opgedragen, maar vooral omdat hij zich na de aanvaringen met justitie onzeker voelde, en ook omdat hij zichzelf een diepe afkeer van de Nederlandse samenleving had opgelegd.

Met de ongeveer zeventigjarige Stubendorff – 'Stubka' in de wandeling – die aan de burgeroorlog in zijn land een houten been had overgehouden, vormde mijn jonge vader – hij was nog geen dertig – een wonderlijk koppel. De arbeiders in de fabriek, met wie hij een joviale band onderhield (ik denk dat hij bij hen iets van zijn vroegere soldatencamaraderie kwijt kon), maakten er geintjes over en spraken van 'Sickbock & Co' als het tweetal, onderling Russisch pratend (superverdacht natuurlijk in deze McCarthy-jaren van de Koude Oorlog!), het laboratorium binnenging.

Er ging van de gedragingen van beide heren iets uit wat zowel komisch als geheimzinnig overkwam. Er is dan ook een keer een inval van de politie geweest, waarschijnlijk op aanwijzing van een pas ontslagen werknemer. Maar er werd niets gevonden; het was en bleef, ook na onderzoek, onschuldige spielerei. Dachten de koddebeiers.

Stubendorff bleek een procedé te beheersen om afgewerkte olie weer nieuw leven in te blazen. Op zichzelf niets mee mis, en toen ik jaren later het door hen beiden gezamenlijk geschreven manuscript '*Vom Grabe bis zur Wiege*' onder ogen kreeg, was ik vooral onder de indruk van de getallenreeksen, de heldere grafieken en de secure beschrijving van het reïncarnatieproces. Maar dat Stubka nog andere chemische goocheltrucs beheerste en dat mijn vader die kennis op wettelijk ongeoorloofde wijze te gelde zou gaan maken, kon ik toen nog niet bevroeden.

Wonderlijk genoeg bleef het met de Nederlandse overheid afgesproken Zuid-Amerikaanse scenario onuitgevoerd. Inlichtingenrapporten uit die jaren melden dat er geen sprake meer is van reisplannen – integendeel, dat er in 1949 door Frans Münninghoff een normale reispas is aangevraagd om hem in staat te stellen werkzaamheden voor Poortensdijk in het nabije buitenland – België in de eerste plaats – uit te voeren. Als reden voor het afblazen van de intercontinentale plannen worden 'financiële problemen, verband houdende met de glasfabriek Nemaglas in Schiedam' opgegeven. In die stad had de Oude Heer vlak na de oorlog een 'Nederlandse Machinale Glasfabriek' opgericht, waar hij een stuk of zeventig Boheemse glasmakers, allen vaklieden maar volgens hetzelfde rapport 'grotendeels ex-politiek delinquenten', illegaal had ondergebracht.

Het is ronduit verbazingwekkend dat mijn grootvader, ondanks het feit dat de autoriteiten van een en ander op de hoogte waren, toch gewoon zijn gang kon gaan. Zoals ook broer Tom, na aanvankelijke problemen bij zijn terugkeer uit Zweden (hij werd in 1946 op Schiphol aangehouden met twintig kilo goudstaven in zijn bagage), al spoedig alle gelegenheid kreeg om zijn zakelijke talenten op Nederlandse bodem te etaleren. Oom Tom had uit Zweden een patent op tegelfabricage meegenomen, schafte een kraakmachine aan en begon de Vibro Steenfabriek, op een steenworp afstand van Poortensdijk op het industrieterrein De Binckhorst, op de grens met Rijswijk. Als grondstof voor zijn tegelproductie vermaalde hij de onafzienbare puinhopen die van het bombardement op het Bezuidenhout waren overgebleven en die hij voor een prikje had opgekocht.

Glas en tegels: voor een land dat uit een oorlogssituatie weer moest opkrabbelen waren dit natuurlijk essentiële materialen voor de wederopbouw, en het is tekenend voor de beide broers dat ze op die behoefte onmiddellijk waren ingesprongen – Tom had er zelfs zijn prettige bestaan in het neutrale en ongeschonden Zweden voor opgegeven. Maar dat ze van de Nederlandse overheid de gelegenheid kregen om dit te doen, terwijl er uiteraard ondernemers waren met een heel wat schoner doopceel, die géén goudstaven het land in probeerden te smokkelen of suspecte glasblazers aan werk probeerden te helpen, roept vragen op.

Dat hier sprake is geweest van protectie van dezelfde hogerhand die in de rechtszaak tegen mijn vader zo effectief bleek, is niet juist. Dat was de katholieke broederschap geweest die het blazoen van een van haar meest gerespecteerde leden, mijn grootvader, met succes had gevrijwaard van ongewenste smetten.

Maar hier ging het om economische gunsten, en wel als beloning voor diensten in de oorlog verleend. Triviaal, in zekere zin. In dit verband wordt in de familieverhalen de naam genoemd van dezelfde dr. Anton Speekenbrink die ook in Zweden contactpersoon was geweest bij het overbrengen van Koning naar de regering in ballingschap in Londen. Uit erkentelijkheid voor de inzet van mijn grootvader en oom Tom tijdens die actie zou hij, inmiddels een zeer invloedrijke topambtenaar in Nederland, het onderzoek naar zowel de goudstaven als de glascriminelen hebben laten verzanden of stopzetten, met als argument dat het goede vaderland gebaat was bij ondernemers die van aanpakken wisten en hun nek durfden uit te steken – en aan die kwalificatie voldeden de gebroeders Münninghoff ten volle.

Dat de Oude Heer toch in financiële moeilijkheden kwam had ermee te maken dat Nemaglas in 1948 met een klap die tot ver buiten Schiedam te horen was geweest de lucht in vloog. Het onderzoek naar de oorzaak leverde weinig op: er waren een paar pompen defect geraakt, heette het. Maar vertrouwelijke politiebronnen wisten de Oude Heer een heel ander verhaal te vertellen: hier was sprake geweest van sabotage, uitgevoerd op instigatie van de Belgische glasfabrikant Glaverbel te Luik. Volgens een bilateraal verdrag was de naoorlogse productie van vensterglas exclusief aan dit bedrijf gegund en Nemaglas had die overeenkomst omzeild. En omdat het nog ruim een jaar duurde voordat de verzekering tot schadevergoeding overging, terwijl Nemaglas door deze gebeurtenissen natuurlijk geen splintertje glas meer kon leveren, was het hele plan om zoon Frans naar Zuid-Amerika weg te sluizen op losse schroeven komen te staan, zo wist familieadvocaat Bart van Dal in 1949 aan justitie te melden. Frans zou namelijk bij een bevriende zakenrelatie van de Oude Heer, een glasfabrikant in Paraguay, worden ondergebracht, en dat ging nu vanzelfsprekend niet meer. Bovendien was Zuid-Amerika conjunctureel geen echte optie meer. Of het OM daar begrip voor kon opbrengen; het was toch ook zo dat Frans Münninghoff zich onopvallend gedroeg, zeer zelden in het openbaar gezien werd en zich keurig netjes als werknemer bij Poortensdijk opstelde? Aangezien inmiddels in februari 1949 ook definitief was beslist dat mijn vader zijn Nederlanderschap niet kwijt was, zagen de autoriteiten opeens ook geen aanleiding meer om hem het Nederlands paspoort, dat ze nog geen jaar daarvoor hadden ingenomen, te onthouden. Wonderlijke inschikkelijkheid.

Het wonderlijkst van al was echter dat Wera en ik nog bijna drie jaar in Briva Latvija bleven. Met een koppigheid die bijna niet te bevatten was, bleef mijn moeder in dat grote huis, terwijl de heer des huizes haar vrijwel negeerde en bij gelegenheid zelfs openlijk op haar vertrek speculeerde, uiteraard met achterlating van mij. Maar vertrekken, dat verdomde ze, daarin bijgestaan door Omi en Titty, waarbij vooral de laatste een geweldige keel kon opzetten tijdens de knetterende ruzies die regelmatig over dit onderwerp de kop opstaken. Daarbij werd dan in één moeite door ook de behandeling van Guus, haar echtgenoot, onder de loep genomen. Want die stond, ondanks het feit dat hij inmiddels twee kinderen bij Titty had verwekt, nog lager op de acceptatielijst van de Oude Heer dan Wera en had zelfs te verstaan gekregen dat hij niet meer welkom was aan tafel.

Daar waren ook wel goede redenen voor: Guus had dure kerstcadeaus, zoals een bontjas en een amethisten ring met briljanten, die Titty van haar ouders had gekregen, naar de lommerd gebracht. Maar daar wilde Titty niet van horen; ze hadden immers allerlei plannen om een galerie en een atelier op te zetten. En hoe kon haar vader niet inzien dat zij gelukkig was met Guus, met de man die haar twee prachtkinderen had geschonken?

De Oude Heer moest daar dan schamper om lachen. Hij riep dat zijn dochter 'horig' was (ik hoor het hem nog roepen, en al wist ik pas veel later wat dat betekende, aan de giftige klank van Opa's stem kon ik toen al wel merken dat het iets heel ergs was) en handhaafde zijn oekaze: die Guus, die kwam er op De Laan niet meer in.

Zover ging hij uiteindelijk niet met mijn moeder, zij het dat die haar huiselijke status voornamelijk ontleende aan mijn stamhouderschap. Dat werd door mijn grootvader, ik denk in een poging om een en ander tegenover zichzelf te rechtvaardigen, tot een soort mythisch begrip getransformeerd en niet zelden zei hij, opstaand van een tafel waar de vlam voor de zoveelste keer in de pan was geslagen en de aanzittenden elkaar van alles en nog wat naar het hoofd gooiden: ‘Wacht maar, ik ga ervoor zorgen dat Bully na mijn dood alles krijgt, met Xeno als beheerder. Want jullie denken toch niet dat ik alles wat ik heb opgebouwd voor de leeuwen ga gooien?’ Vooral het vooruitzicht dat Guus indirect een deel van de erfenis zou gaan opstrijken, maakte de Oude Heer toornig, en als hij zich dan in eenzaamheid terugtrok in de herenkamer, kon je aan het nijdige gepets waarmee hij de patiencekaarten legde merken dat de zaak hem hoog zat.

DEEL 2

WERA

–DRIEËNTWINTIG–

Dat de rol van mijn moeder wat mijn grootvader betrof uitgespeeld was, was duidelijk. Maar voordat ze haar konden wegsturen, moest er ten aanzien van mij een beslissing geforceerd worden. Het vonnis van 27 oktober 1947, waarbij Wera de voogdij over mij had gekregen en Frans vanuit de Scheveningse cellenbarakken mocht toezien, werd daarom na mijn vaders vrijlating in alle hevigheid door de familie aangevochten. Natuurlijk was het vooral mijn grootvader die hier een leidende rol in speelde.

Frans en Mimousse zouden immers gaan trouwen en waren al druk doende samen een nieuw leven op te bouwen. En daarin was vooralsnog geen plaats voor een kind uit een eerder huwelijk; Mimousse, die met Guus tot twee keer toe een miskraam had gehad, was vastbesloten zelf een kind ter wereld te brengen om daarmee de band met Frans en de familie te bezegelen. Mijn vader schikte zich gedwee in die opzet en gaf er in elk geval geen blijk van dat hij werkelijke vaderambities ten aanzien van mij koesterde.

Maar voor de Oude Heer lagen de zaken anders. Niet alleen was het instituut van de stamhouder der familie hem heilig, ook was hij er onlangs over ingelicht dat hem niet al te veel tijd meer restte om zijn zaken op orde te brengen. Al in 1936 was er keelkanker bij hem geconstateerd, waarvoor hij in Berlijn regelmatig behandeld werd door de fameuze Palestijnse arts Hamid Chaoul. Hoe gerenommeerd deze man was, moge blijken uit het feit dat hem door het nazibewind de titel 'ere-ariër' was verleend. Zijn bestralingen, die levensverlengend waren gebleken voor menig nazikopstuk, hadden ook een uitstekend effect op mijn grootvader gehad: diens stem nam weliswaar steeds meer de klank van een schuurmachine aan, maar de ziekte als zodanig was onder controle.

Maar ook hier gooide de oorlog roet in het eten. Een van Hamids leerlingen was de Nederlander Daniël den Hoed, naar wie later een kliniek in ons land zou worden vernoemd. Deze nam de behandeling over toen regelmatig reizen naar Berlijn door de krijgshandelingen problemen ging opleveren, en na de oorlog bleef die situatie gehandhaafd. Dat leidde er uiteindelijk toe dat een van de assistenten van Den Hoed een verkeerde diagnose stelde op basis van een onnauwkeurig, onvolledig onderzoek.

Toen mijn grootvader een jaar later voor controle nogmaals langskwam, kreeg hij de ontstellende mededeling dat er inmiddels een tumor was ontstaan die geen hoop op genezing meer bood. Hij nam dat bericht stoïcijns op en vertelde het aan niemand, zelfs niet aan zijn vrouw. Xeno was de eerste die hij, vanwege de te verwachten zakelijke consequenties, inlichtte. Het was toen al 1949 en de artsen hadden hem op dat moment nog hooguit twee jaar gegeven. Dat zouden er, met behulp van allerlei nieuwe medicamenten, waarvan sommige in de experimentele fase, uiteindelijk nog bijna vijf worden. Dit alles maakte mijn grootvader, wat mijn toekomst betrof, alleen maar doelbewuster en rücksichtsloser.

Aanvankelijk leek het er overigens allerminst op dat de familie Münninghoff bij de rechter voet aan de grond zou krijgen. Nadat Frans en Mimousse op 3 augustus 1949 getrouwd waren, startte mijn grootvader onverwijld de eerste gerechtelijke procedure. Advocaat Van Dal beargumenteert het verzoek om teruggave van de voogdij aan mijn vader met het verhaal dat Wera wegens gebrek aan inkomsten niet in staat is mijn opvoeding naar behoren te verzorgen. 'Zij woont bij de grootouders van het kind en die betalen alles,' staat er – niet ten onrechte. Tevens zegt Van Dal dat Wera had aangekondigd naar het buitenland te willen vertrekken, omdat ze hier als niet-Nederlandse nauwelijks kans op een baan heeft. Ze zou plannen hebben in de richting van Denemarken, waar haar grootmoeder woont (overigens onder zeer kommervolle omstandigheden, zoals Van Dal opmerkt), of naar Duitsland, naar haar moeder. Ook al geen vetpot, volgens Van Dal, die concludeert dat het kind – ik dus – veel beter af zou zijn bij de vader, die de Nederlandse nationaliteit bezit en een ordentelijk leven als getrouwd man is gaan leiden.

Maar op de zitting voor de kinderrechter in oktober blijkt deze niet ontvankelijk voor de argumenten van de familie. Wera verklaart dat ze helemaal niet naar het buitenland wil. Misschien heeft ze er wel eens in een moment van wanhoop aan gedacht, zegt ze, maar inmiddels is ze druk bezig om een baan te zoeken als hulp in de huishouding, liefst bij een gezin met veel kinderen. Haar zoontje gaat naar een kleuterschool in Voorburg en wordt in het grote huis van haar gewezen schoonouders met alle denkbare zorg en liefde, van haarzelf en van de huisgenoten, omringd. Natuurlijk, gezien haar scheiding is de situatie verre van normaal, maar daar zal zeker binnen afzienbare termijn verandering in komen als ze een nieuw onderkomen zal hebben gevonden.

De kinderrechter ziet al met al geen omstandigheden die tot wijziging in de voogdij aanleiding zouden kunnen geven en wijst het verzoek van Frans en de Oude Heer, die op papier in dezen gezamenlijk opereren, af. Dat doet hij ook in hoger beroep, dat in januari 1950 dient. Maar dan is er inmiddels door mijn grootvader een manier bedacht om de gang van zaken te versnellen en mijn moeder in een bijkans onmogelijke positie te manoeuvreren.

Hij laat weten dat Briva Latvija hem te groot is geworden: de kinderen zijn allen het huis uit, Livia is inmiddels ook vertrokken en Frau Kochmann heeft aangekondigd dat ze haar laatste levensjaren bij familie in Noord-Duitsland wil doorbrengen. Dus gaat hij kleiner wonen en dient ook Wera vóór 1 februari 1950 vertrokken te zijn.

In afwachting van de verkoop van het huis neemt hij samen met Omi zijn intrek in het Kurhaus.

Waarschijnlijk zal mijn grootvader gedacht hebben dat hij hiermee Wera dermate het mes op de keel zette dat zij hem zou smeken om de zorg voor het kind op een of andere manier van haar over te nemen. Met een dergelijk testimonium paupertatis zou het omzetten van de voogdij weer tot de reële mogelijkheden gaan behoren. Maar mijn moeder gaf zich niet gewonnen. Ze vond eind januari een baan als huishoudster in een pension aan de Groothertoginnelaan in Den Haag, waar ze zestig gulden in de maand ging verdienen, met gratis kost en inwoning voor haarzelf en voor mij. Ondanks het feit dat ze voornamelijk Duits sprak – geen aanbeveling in die tijd – was ze dus binnen de draconische tijdsmarge gebleven die mijn grootvader haar voor haar vertrek uit zijn huis had gegeven.

Enerzijds bevangen door verdriet en weemoed om alles wat had kunnen zijn, maar anderzijds ook trots en opgelucht dat die moeizame jaren nu voorbij waren en dat zij zelf aan een eigen toekomst voor ons beiden kon gaan werken, verliet Wera samen met mij Briva Latvija. Niet lang na ons vertrek kondigde de Oude Heer aan dat hij vooralsnog geen koper voor het huis had kunnen vinden, dat de markt voor een huis als dit momenteel niet veelbelovend was, dat het verblijf in het Kurhaus hem te duur werd (Omi, die zich in deze chique omgeving prima vermaakte, was het daar helemáál niet mee eens) en dat hij bij nader inzien toch maar aan de Laan van Nieuw Oosteinde 125 in Voorburg bleef wonen. Natuurlijk was dat een zichtbaar affront jegens mijn moeder, maar die toonde zich inmiddels een stuk assertiever en ging direct in de tegenaanval. Op 1 maart al diende ze bij de rechter een verzoek in tot alimentatie, te betalen door Frans en de Oude Heer, ter hoogte van 125 gulden per maand.

Hoe kwam Wera Lemcke, zoals ze inmiddels weer was gaan heten, aan die stoutmoedigheid? Zij die altijd op de achtergrond had gefigureerd, die als een schim door Briva Latvija had gewaard, bang als ze was voor de Oude Heer en ook voor Xeno, sloeg nu opeens met de vuist op tafel en eiste alimentatie! Ik denk dat het besef dat ze met zestig gulden per maand mij nooit behoorlijk zou kunnen kleden en opvoeden, een belangrijke drijfveer is geweest. Maar dan nog was de stap naar de rechter voor iemand die geen Nederlandse was maar een Duitse en die onze taal maar gebrekkig beheerste, vijf jaar na de oorlog bepaald niet voor de hand liggend.

Pas veel later, door toevallige ontmoetingen met mensen die haar indertijd gekend hadden, kwam ik erachter dat Wera er in de vijf jaar dat ze op De Laan had verbleven toch in geslaagd was een soort netwerkje van aanbidders op te bouwen: mannen die haar welgezind waren of ronduit begeerden en bij wie ze, met name als ze op hun avances was ingegaan, wat een enkele keer gebeurde, nog op een soort patronage kon rekenen. De meesten van hen kwamen uit de welgestelde kennissenkring van Xeno en Jimmy, en waren hoffelijk genoeg om haar moreel en in een enkel geval bescheiden financieel te steunen toen de zaak op De Laan escaleerde. En een enkeling ging verder en probeerde haar te gebruiken in zaken die het daglicht niet konden velen, maar waarbij een mooie jonge vrouw van nut kon zijn als entourage.

De rap pratende, kakkineuze Wassenaarder Karel Hofdijk viel als een blok voor mijn moeder toen hij haar tijdens de zomer van 1948 bij de Wassenaarse Slag op het strand had ontmoet. Haar lange donkerblonde haar, haar mooie danseressenbenen, haar gracieuze gang en haar ingetogen, melancholieke blik dwongen hem naast haar in het zand te gaan zitten en een gesprek met haar aan te knopen. 'Jongejonge, wat was jij een obstakel toen,' wist deze man zich te herinneren toen ik hem ergens in de jaren negentig sprak. Want mijn moeder had er altijd op gestaan dat ik meeging: naar het strand, naar feestjes, naar wat dan ook. Meestal werd ik natuurlijk ergens gestald in een of ander hoekje waar ik werd beziggehouden of mezelf kon vermaken. Maar op het strand was er geen sprake van dat ik mijn moeder ongestoord met haar minnaars haar gang liet gaan. IJsjes, voetballen, vliegeren, pootjebaden, zandkastelen bouwen – het hele arsenaal werd uitgespeeld, en ik weet eigenlijk zelf niet meer of ik in de gaten had dat mijn moeder af en toe met verkeerde kerels omging en dat het juist goed was als ik daar hinderlijk tussendoor liep.

Karel Hofdijk was zwaar verkeerd. Hij was eigenlijk net zo'n fantast als Guus van Blaem, maar dan nog leper. Hoe zijn oplichterspraktijken precies in elkaar staken is me onbekend, maar zeker is dat hij er uiteindelijk twee jaar voor de bak in draaide en dat mijn moeder daar een geduchte knauw in haar reputatie door kreeg. Want Hofdijk had haar herhaalde malen misbruikt, zonder dat ze dat zelf in de gaten had, door haar mee te nemen naar zakendiners en haar dan als een Baltische prinses en zijn toekomstige levenspartner te presenteren.

Omdat mijn moeder inderdaad geparenteerd was aan het Koerlandse vorstengeslacht Lieven, had ze bij die gelegenheden, ook al omdat ze het Nederlands nu eenmaal niet tot in detail kon volgen, maar wat geglimlacht, aldus de indruk wekkend dat Hofdijk inderdaad op het punt stond zijn definitieve entree in de hoogste Baltische exil-kringen te maken. In een tijd zonder databases en andere eigentijdse hulpmiddelen was dit voldoende om rond Hofdijks activiteiten een romantisch en veelbelovend floers te leggen, dat zijn geloofwaardigheid bij het aangaan van allerhande duistere transacties zeer ten goede kwam. Het was deze gewiekste Hofdijk geweest die uiteindelijk Wera's alimentatieverzoek aan de rechtbank had doorgedrukt.

Tot de onaangename verrassing van mijn grootvader is de rechtbank ook nu weer onvermurwbaar. Ondanks het feit dat hij Frans laat zeggen dat Wera had kunnen weten dat in het huwelijk met hem armoe troef zou worden, 'aangezien ik geen enkel diploma had en in geen enkel opzicht enig vak verstond' (het is ronduit pijnlijk om te zien hoezeer mijn vader zichzelf op bevel van de Oude Heer verlaagt), veroordeelt de rechter beide mannen tot een betaling van vijftig gulden per maand per persoon: de helft aan Wera, de andere helft is, via de voogdijraad, voor mij.

Het zijn belachelijke bedragen, ook voor die tijd. En des te schrijnender is het voor mij nu, ruim een halve eeuw na dato, te moeten constateren dat mijn vader en mijn grootvader nog alles op alles hebben gezet om die bedragen te reduceren, het liefst tot nul. Pas als in juni 1950 ook in hoger beroep dit vonnis wordt bekrachtigd, volgen de eerste betalingen.

Maar dan is er al iets gebeurd dat het leven van Wera en mij op een dramatische manier zal veranderen.

–VIERENTWINTIG–

We hadden een ronduit moeizaam bestaan, mijn moeder en ik, aan de statige Haagse Groothertoginnelaan. In het pand op nummer 128, dat door een weduwe, mevrouw Roovers, als pension werd uitgebaat, betrokken we een halve zolder. Dat was één kleine kamer, met daarnaast een badkamer die we moesten delen met de andere zolderbewoner, een vage kantoorbediende. De beide vensters in het schuine dak boden uitzicht op een paar kale boomtoppen en daarboven de hemel, die op die eerste dag, ergens eind januari, uitzichtloos loodgrijs was.

Mijn moeder spande een waslijn door het vertrek. In het grootste gedeelte stond haar bed, en een lage tafel, twee stoelen en een kast. In het kleinste deel stonden mijn bed, een taboeretje en een kleine kast. Toen ze met een paar dekens en lakens de ruimte in tweeën had gedeeld keek ze me met een intreurige blik aan: 'Ja, lieve jongen, ik weet het: op De Laan had je een mooie eigen kamer met al je speelgoed. En je had de serre waar ik je altijd voorlas, en de tuin waarover jij me zo veel spannende dingen hebt verteld. Dus het zal moeilijk voor je worden hier in dit nieuwe huis. Maar je bent al een grote jongen, bijna zes jaar al, je kunt het wel *durchhalten*. Mevrouw Roovers is heel aardig, daar moet je heel beleefd tegen zijn en je mag geen brutale dingen tegen haar zeggen. Vergeet niet dat er nog vier andere mensen wonen in dit huis. Ik ken ze nog niet, maar ik ga voor ze werken. Daar moet je dus *zuvorkommend* tegen zijn, want ik kan natuurlijk geen *Ärger* gebruiken, dat begrijp je.'

Ik knikte ten teken dat ik van een en ander goed was doordrongen, maar inwendig werd ik verstikt door gevoelens van wanhoop, verdriet en twijfel. De nieuwe werkelijkheid kwam, na al die jaren van welstand bij mijn grootouders, als een angstaanjagend zwart monster op me af.

Het meest van al miste ik natuurlijk mijn hond Freddy, die, zo hoorde ik, voor de zoveelste keer de benen had genomen, maar voor wie nu op De Laan geen terughaalactie meer werd georganiseerd. Daar moest ik erg om huilen en af en toe, als ik 's avonds tegen zessen alleen op straat liep en iedereen binnen aan de avondmaaltijd zat, riep ik een paar keer heel hard zijn naam, in de hoop op het wonder dat Freddy de weg naar mij had weten te vinden en kwispelend om de hoek stond te wachten, zich verstoppend om me te plagen.

Maar behalve dat was er ook een groeiend gevoel van malaise dat bezit van mij nam. Mijn deel van het zolderkamertje, dat ik aanvankelijk nog wel spannend had gevonden omdat je met een beetje goede wil kon fantaseren dat het een indianententent was, begon me steeds meer te benauwen, omdat de bittere armoe van mijn moeder al snel alle speelsheid uit mijn leven verdrong.

Daar kwam bij dat ik het eten, in de centrale keuken voor het hele huis door mevrouw Roovers klaargemaakt, bij vlagen niet door mijn keel kon krijgen, gewend als ik was aan de geurige, vleesrijke Baltische kost van Frau Kochmann. Bij gebrek aan een eettafel mochten we samen met mevrouw Roovers in de keuken eten, wat meteen een innerlijk conflict bij mij opriep, omdat ik enerzijds begreep dat ik mijn moeder niet hielp door kritiek op het gebodene te leveren, maar anderzijds soms fysiek niet in staat was het vereiste pokerface op te zetten in de confrontatie met de resultaten van mevrouw Roovers' kookkunst. Met name het Brussels lof, door mijn moeder steevast 'cichorei' genoemd en in de Roovers-variant van een penetrante bitterheid, wekte mijn diepe afschuw, die ik niet onder stoelen of banken stak. Helaas was het een van de goedkopere groenten en dus verscheen het gehate gerecht, vaak alleen met aardappelen en jus, geregeld op tafel.

Toen ik in mijn walging een keer aan tafel ook nog de bijbehorende mimiek produceerde, gaf mijn moeder me een klinkende draai om de oren. Dat was de eerste en tevens laatste keer in haar en mijn leven dat zoiets gebeurde, en ik begreep onmiddellijk dat die oorvijg voornamelijk uit wanhoop voortkwam en eigenlijk mevrouw Roovers gold, die er kennelijk niet in geïnteresseerd was een smakelijke hap op tafel te brengen – en nog eigenlijker mijn vader en mijn grootvader, die ons dit allemaal in feite hadden aangedaan.

Mijn moeder had me weten te plaatsen op de Duinoordschool, een bastion van protestantse christelijkheid in de Bentinckstraat dat geleid werd door meneer Van Westering, een klassieke bovenmeester met een goed hart, die er geen moeite mee had om een katholiek jongetje tot zijn school toe te laten, iets wat voor die eerste naoorlogse jaren van verzuiling beslist een zeldzaamheid was. Van Westering stelde als enige voorwaarden dat ik me niet aan de dagelijkse samenzang met psalmen en gebed, waarbij hij aan het orgel in de gang speelde, zou onttrekken en dat ik mijn katholieke achtergrond niet zou afficheren.

Waarschijnlijk was de schoolkeuze van mijn moeder een daad van verzet tegen de roomse terreur die ze op De Laan had ondervonden. Mijn grootvader was immers rabiaat katholiek en had er, nadat ik in Voorburg gedoopt was (dat was er in het brandende Posen niet van gekomen), op gestaan dat ik, behalve de heilige communie, ook het heilig vormsel toegediend zou krijgen en daartoe catechismuslessen zou volgen. Ik deed gewillig mee aan dit vrome traject en nam de katholieke gebruiken als vanzelfsprekend in me op.

Ze bezaten trouwens een mystieke lading waar ik op die leeftijd gevoelig voor was, met al dat onverstaanbare Latijn en goudbrokaat en wierook in de kerk. Ik ging zelfs zover dat ik in mijn kamer op De Laan een eigen altaar bouwde, waarvoor ik samen met Freddy een heilige mis nadeed, met aan het eind een zegening in de vorm van een extra dikke knuffel omdat hij de hele dienst zo braaf had uitgezeten.

Omdat ik dus niet beter wist, voelde ik me niet bijster op mijn gemak op de Duinoordschool, waar de kinderen tot mijn verbazing na het ochtendgebed geen kruisteken sloegen. Sterker nog: ze hadden commentaar toen ik dat wel deed: 'Wat doe jij nou voor raars?' Ik begreep dat ik het mezelf door te persisteren nodeloos moeilijker zou maken dan ik het al had en nam mijn toevlucht tot een list. De volgende keer krabde ik, na de ochtendzang op weg naar de klas, peinzend op mijn voorhoofd, vervolgens controleerde ik of het knoopje van mijn hemd ter hoogte van de navel wel goed dicht zat en ik rondde de sacrale operatie af door enkele passen verder een stofje van mijn linkerschouder af te slaan en, weer een paar seconden verder, wat te frummelen aan mijn rechterschouder.

Op deze wijze hoopte ik dat de god van mijn grootvader niet te toornig zou zijn over mijn afdwaling. Mijn schoolgenoten merkten overigens niets van dit heimelijke ritueel, ook omdat ze niet echt geïnteresseerd in me waren.

De meesten kenden elkaar van christelijke kleuterscholen uit de buurt en velen zaten ook al een hele tijd bij elkaar op de zondagsschool of op de padvinderij. Allemaal clans waar ik nooit mee van doen had gehad en waar mijn moeder ook geen contact mee had. Daarvoor was ze te on-Nederlands, te druk bezig en ook te arm.

Omringd door louter oudere mensen die door het huis rondsloften en mij, de zoon van een Duitse poetsvrouw, voornamelijk bits en wantrouwig bejegenden, had ik alle reden om zoveel mogelijk de straat op te gaan. Daar kwam nog bij dat mijn moeder de hele dag bezig was met huishoudelijke karweitjes en nauwelijks tijd voor me had, een situatie die nog verergerde toen ze ook werk elders aannam. 'Bezigheid' is overigens een beter woord: twee middagen per week reed ze op een fiets die ze van mevrouw Roovers mocht lenen naar een adres in het Bezuidenhout, waar ze dankzij de tussenkomst van Omi optrad als gezelschapsdame voor een freule, een zekere Mathilde.

Die uren koesterde ze: 'Met Mathilde lees ik gedichten van Goethe en Schiller, dat wil ze graag. Soms ook Heine of Uhland. En heel af en toe ook Keats of Shelley. Bully, je kunt je niet voorstellen hoe heerlijk dat is, na al dat boenen en stofzuigen wat ik hier moet doen. Het doet me aan vroeger denken, aan de jaren dat ik in Londen woonde en Granny mij ook vaak voorlas.' Ik begreep natuurlijk best, hoewel die dichtersnamen me niet veel zeiden, dat mijn moeder er aardigheid in had om af en toe eens wat anders omhanden te hebben dan dweilen of de afwas, zoals ik het ook waardeerde dat mevrouw Roovers het werkschema van mijn moeder had aangepast met de uitroep: 'Kind, laten we hopen dat je nou eindelijk eens geluk hebt! Een freule! Beter kan het niet!'

Maar het resultaat voor mij was wel dat ik door de week de Groothertoginnelaan tot het avonduur ging mijden. Als mijn moeder er niet was (wat ook op de niet-freuledagen vaak het geval was, omdat ze meestal 's middags boodschappen moest doen), zou ik immers door mevrouw Roovers naar boven gestuurd worden en dan mocht ik het huis niet meer uit, zo was er afgesproken. Alles beter dan dat: de kleine, bedompte zolderruimte zonder uitzicht benauwde me.

En zo werd ik als vanzelf een straatjongen, wat voornamelijk inhield dat ik rondscharrelde in de halve wildernis die er was ontstaan in de uitgestrekte tankgrachten die de Duitsers aan het eind van de oorlog in het kader van de Atlantikwall dwars door het Statenkwartier hadden aangebracht. Daar had ik na enkele weken op een talud met allerlei rondslingerend restmateriaal een formidabel hoofdkwartier voor mezelf ingericht, vanwaaruit ik de omgeving uitstekend in het oog kon houden. Nu was het zaak het terrein met deelnemers te bemannen; dan zouden de gevechten eindelijk kunnen plaatsvinden. Ik begon erover na te denken wie van mijn klasgenoten ik hiervoor zou benaderen.

Maar in het voorjaar van 1950 kreeg mijn moeder een verkeersongeluk en veranderde alles. Op weg naar Mathilde werd ze op de fiets aangereden door een auto, waarbij ze een enkel brak, alsmede een paar ribben, terwijl haar rechterschouder zwaar ontwricht raakte. Met een bont en blauw gezicht en met een zware hersenschudding lag ze in een bed in het Ziekenhuis Zuidwal toen ik, door mevrouw Roovers van school gehaald, haar mocht zien. Pas na tien dagen mocht ze naar huis. 'Het was mijn schuld. Ik was aan het dromen op de fiets,' was het eerste wat ze tegen me zei.

Op slag werd onze situatie dramatisch slechter. Het genezingsproces zou zeker enkele maanden duren, en al die tijd kon ze niet werken of voor mij zorgen. Mevrouw Roovers vond het goed dat we bleven, maar beperkte haar financiële bijstand tot dertig gulden per maand, met de afspraak dat Wera die terug zou betalen zodra ze weer zou kunnen werken. Voor mij brak nu een tijd van eenzame vrijheid aan. Niemand lette nog op me, maar omdat ik nog geen vriendjes op school had weten te maken, wist ik me geen raad met al die naschoolse uren die me in de schoot werden geworpen. Al mijn klasgenootjes gingen als de school was afgelopen naar hun gezellige huizen, waar hun moeders, zo wist ik uit hun verhalen, klaarstonden met thee en koekjes, maar niemand kwam op het idee om mij mee te vragen, en zelf hierover een balletje opgooien durfde ik niet.

Zo doolde ik maar wat eenzaam rond door de tankgrachten, om tegen vijven via de winkels van de Frederik Hendriklaan de weg naar huis te aanvaarden. Als een kleine volwassene liep ik, de etalages monsterend, over het trottoir. Het besef dat ik nooit iets van de uitgestalde waar zou kunnen kopen, en mijn moeder al evenmin, bedrukte me. Voor winkeldiefstal, al was het maar een peer bij de groenteboer, was ik echter te netjes opgevoed. Ik haatte het pension van mevrouw Roovers en ik was bang dat het met mijn moeder nooit meer goed zou komen en dat ik voor altijd tot dit armoedige bestaan, waarin nooit iets extra's kon, veroordeeld zou zijn.

In de bijna twee maanden dat mijn moeder op de zolderkamer in bed verbleef kreeg ze nauwelijks bezoek. Dat De Laan niets van zich liet horen was te verwachten, maar ook Titty en Jimmy lieten het afweten. Van Wera's vroegere minnaars verscheen er hoogst zelden eentje op onze zolder; misschien dat de plek en de omstandigheden, zo te midden van de stuurse pensionbewoners, hen afschrikten. De enige die geregeld langskwam was Guus. Hij, inmiddels vader van twee kinderen met een derde op komst bij Titty, slaagde er moeiteloos in om Wera's hart in deze desolate omstandigheden voor zich te winnen.

Op een dag stonden er rozen in een vaas op het tafeltje naast haar bed en zag ik op het gezicht van mijn moeder een soort vredige geluksglans die ik al lang niet meer bij haar had waargenomen. '*Lieber Schatz, komm doch mal zu mir*,' fluisterde ze toen ze me in het oog kreeg, en ze sloeg de deken open. Ik deed mijn schoenen uit en vlijde me tegen haar aan. Haar enkel was eigenlijk al genezen en ook haar ribben deden geen erge pijn meer, al mocht ik haar nog steeds niet aan het lachen brengen, wat ik het liefst deed, omdat dat me de dagelijkse ellende een beetje deed vergeten.

Maar nu ging ze me iets belangrijks vertellen, zo voelde ik, en ik begroef mijn gezicht tussen haar warme borsten. 'Najaaa,' begon ze, terwijl ze zachtjes mijn haar streelde. Met zo'n typisch Baltische uithaal, waar ik op De Laan mee was opgegroeid en die ik had leren interpreteren, uit welke mond ook afkomstig, als een voorbode van een nieuwsaankondiging. '*Weisst du, Schatz, du bleibst nicht alleine – wenn der liebe Gott das will natürlich.*' Dat laatste voegde ze er haastig aan toe. Ik begreep niets, keek haar ook niet aan, luisterde alleen maar. '*Du bekommst noch ein Brüderchen oder ein Schwesterchen, das weiss ich noch nicht*,' vervolgde ze.

'Waar gaat die slapen?' was mijn eerste vraag toen deze mededeling tot me was doorgedrongen. Mijn moeder keek me bevreemd aan: '*Da hast du recht, kleiner Affe, da hast du recht. Muss mir noch mal überlegen wie das aussieht.*' Ik merkte dat ik haar uit een mooie roes had wakker geschud met mijn praktische praatjes, en omdat ik heel veel van haar hield kon ik mijn tong wel afbijten. Maar tegelijkertijd was het vooruitzicht van een broertje of zusje niet iets waar ik me gelukkiger door voelde.

Ik had met mijn moeder van alles beleefd. We waren uit Posen ontsnapt, we hadden moeilijke jaren op De Laan meegemaakt, en nu zaten we hier samen op een houtje te bijten, maar één ding stond zo vast als een huis: ondanks alles waren wij een team, een tweespan. Daar hoorde geen indringertje bij. Van meet af aan was ik op mijn hoede voor het broertje of zusje dat mijn leven zou gaan veranderen.

Tatjana werd uiteindelijk op 4 februari 1951 geboren. Tatjana Maria Wera Nadeschda Lemcke, zoals ze op 1 maart in de Haagse gemeenteregisters werd ingeschreven, waarmee ze tevens haar Nederlanderschap verwierf, was een stil meisje dat verre van mij werd gehouden. Ook haar negen maanden in de buik van mijn moeder waren mij grotendeels ontgaan. Wera sprak er niet over en ik merkte gewoon niks. Toen het tijd werd dat Wera naar de kliniek aan de Frankenslag verhuisde, was ik al ondergebracht bij een vriendin van haar in Rijswijk. Ik heb aan die periode geen uitgesproken herinneringen, wat alleen maar kan betekenen dat een en ander naar mij toe buitengewoon discreet verliep.

De reactie van De Laan evenwel was genadeloos hard. Hier had mijn grootvader op gewacht! Was dit kind, in zonde ontstaan, niet het beste bewijs dat zijn stamhouder Alexander uit de klauwen van deze moreel totaal verdorven vrouw moest worden gered?

Dus stapt mijn vader, op aandringen van de Oude Heer, wederom naar de rechter, met een nieuw rekest. Zelf heeft hij er geen zin in; hij is gefocust op zijn nieuwe leven met Mimousse, met wie hij weliswaar nog steeds geen kind heeft, maar met wie hij wel de nachtclubs in Den Haag frequenteert. Uitgaan, dansen en drinken, in afwachting van een kind en de erfenis die aan de horizon gloort: zij gooit er al haar spaarcenten tegenaan, vooral ook om Frans aan zich te binden. Wat gemakkelijk lukt: hij is nog steeds vurig verliefd op haar en het jonge stel trekt veel aandacht in de Haagse beau monde. Zonder dat daar echte contacten door ontstaan; daarvoor is mijn vader te kopschuw, en Mimousse heeft daar begrip voor.

Ze hebben zichtbaar genoeg aan elkaar, maar de patriarchale dwang van de Oude Heer laat hun geen keus, en zo deponeert Frans op 19 februari 1951, twee weken na de geboorte van Tatjana, zijn grieven bij de rechtbank. Wera voert een ongeregeld leven en lijkt niet geconcentreerd op het bestaan van alledag, getuige haar ongeluk, waaraan zij immers schuldig was. Ze verkeert voorts in slecht gezelschap – zie bijvoorbeeld Hofdijk (tegen wie op dat moment al een justitieel onderzoek gaande is). En – het belangrijkste in die preutse jaren – ze is zedeloos. Een onecht kind, terwijl haar eigen jongen rondhangt op straat!

Mijn grootvader heeft gedegen naspeuringen laten doen: hij heeft een stapeltje verslagen van detectives die hij op de zaak heeft gezet en die ook mijn gangen, naast die van Wera, blijken te hebben nagegaan. Er is zelfs een foto waarop ik enigszins verwilderd in de tankgracht sta, naast mijn hoofdkwartier.

Op 7 maart komt de zaak voor de rechter en wordt Wera ondervraagd. Op de beschuldiging dat ze een zedeloos leven leidt antwoordt ze geschokt: 'Daar is geen sprake van. Ik ben een gescheiden vrouw, en als ik een nieuwe levenspartner zoek is dat mijn volste recht.' 'Maar u hebt het aangelegd met de heer Van Blaem, die getrouwd is met de zuster van uw ex-echtgenoot en daar twee kinderen bij heeft. Hoe verklaart u dat dan?' vraagt de rechter.

Mijn moeder begrijpt de implicatie van deze vraag niet. Nederland is een puriteins land, maar daar heeft ze zich nooit echt mee beziggehouden. In haar eigen wereld draait het altijd maar om één ding: echte, eerlijke liefde. Die heeft ze, na het drama met Frans, bij Guus van Blaem gezocht en dat zegt ze ook. 'Ik hoopte te trouwen met Guus, maar hij heeft me in de steek gelaten,' klinkt het benepen in de rechtszaal.

De rechter wil nog iets weten: 'Had u dit kind niet kunnen laten wegmaken?' vraagt hij onverwacht. 'U komt toch uit een land waar abortus niet ongewoon is, is het niet? Hebt u zelf wel eens abortus gepleegd?' Het is een vileine vraag, misschien wel door mijn grootvader gesouffleerd. In het Nederland van 1951 is abortus een helse misdaad, door alle kerkgezindten beschouwd als iets wat tegen de geloofsgedachte indruist. Mijn moeder loopt met open ogen in de val: 'Ja, ik heb de afgelopen jaren een paar keer abortus gepleegd. Dat was inderdaad niet ongewoon bij ons in Letland, en ik deed dat omdat ik bij mijn schoonouders woonde en vreesde grote problemen te krijgen als ik met een onecht kind zou komen. Maar nu woon ik zelfstandig en dit kind wilde ik. Want ik hield van Guus, met hem wilde ik verder. Het is er niet van gekomen.'

De vraag wie mijn voogd zal worden is hiermee eigenlijk al beantwoord, al zal het nog drie maanden duren voordat de rechtbank op 20 juni uitspraak doet. Ik word dan aan mijn vader toegewezen, met als toeziend voogd mr. Joseph Sopers, een aangetrouwd familielid van Mimousse en een algemeen gerespecteerd notaris.

Maar dan is Wera al vertrokken, weggevlucht naar haar moeder in Duitsland. Met ontzetting hoort ze van haar pro-Deoadvocaat, die tijdens de zitting behoorlijk heeft zitten slapen, dat ze met haar bekentenis omtrent abortus een fatale fout heeft begaan en dat haar kind haar ongetwijfeld zal worden afgenomen. In haar vertwijfeling gaat ze naar Guus, ondanks alles een van de weinigen die haar in deze situatie zouden kunnen helpen. Ze heeft per slot van rekening een kind van hem. In een oprisping van ridderlijkheid gaat Guus op haar verzoek in. Ze beramen samen een vluchtplan dat, nauwkeurig getimed, op 12 april ten uitvoer wordt gebracht.

In de DKW van Titty, die door Guus bestuurd wordt, laat ik me willoos vervoeren. Naast me op de achterbank ligt, stevig ingepakt in een reiswieg, Tatjana, aan wie ik nauwelijks aandacht besteed. Ik ben teleurgesteld en kwaad op mijn moeder, die het gepresteerd heeft om nota bene op de dag voor mijn verjaardag, 13 april, in de auto te stappen om met Guus, Tatjana en mij god weet waarheen te rijden. 'We komen hier niet meer terug,' was het enige wat ze kwijt wilde. Terwijl ik zeker weet dat ik van Opa en Omi een mooi cadeau zou krijgen, namelijk de verrekijker waar ik om had gevraagd. Die had ik immers nodig om vanaf mijn hoofdkwartier in de tankgracht de komende veldslagen te kunnen volgen. En we zouden poffertjes gaan eten op het Malieveld.

Maar op mijn vele zeurvragen hierover krijg ik geen antwoord. Guus en Wera zijn met hun gedachten duidelijk elders en er heerst een beklemmende sfeer in de auto. Ten slotte geef ik het op en sukkel langzaam weg in een droomloze slaap. Ik word weer wakker als we in het schemerdonker door een groot bos rijden. De Brunssummer heide, weet ik later. De contouren van een groot klooster doemen op. Verder is het hier leeg en stil. Even later stoppen we voor een slagboom.

Mijn moeder kreunt; ze heeft inmiddels Tatjana in haar armen genomen om haar zenuwen te kunnen bedwingen. Guus probeert haar te kalmeren, maar dat lukt maar half. Er is immers in haar perceptie één groot risico aan deze onderneming: dat de Oude Heer toch lucht van deze tocht heeft gekregen en op een of andere manier via relaties aan de Nederlandse grensbewaking de opdracht heeft laten doorgeven dat dit gezelschap moet worden tegengehouden. Ze kent hem en zijn drammerigheid, en ze is inmiddels echt bang voor hem. Daarom moest het ook allemaal in één dag gebeuren, en wel vlak voor mijn verjaardag. Niemand zou verwachten dat ze uitgerekend dan Nederland zou verlaten, er waren immers afspraken voor de viering gemaakt.

Uit een grenskantoortje komt een man in uniform. Hij is beleefd en vriendelijk, en vraagt met een grappig Limburgs accent naar de papieren. Die zijn in orde, zegt hij even later. En, waar gaat de reis naartoe? 'Naar Palenberg, daar woont mijn moeder,' zegt Wera. Het is voor het eerst dat ik iets verneem over het doel van deze reis. Het zegt me eigenlijk niets en mijn stemming wordt er niet beter op. Over een paar uur ben ik jarig. Zeven jaar. In een stad waar ik nog nooit van gehoord heb en bij een mevrouw die ik niet ken en die mijn grootmoeder schijnt te zijn.

–VIJFENTWINTIG–

Nadja Fjodorova was na de vroege dood van Harry Lemcke niet meer hertrouwd. Passief als ze was had ze de gebeurtenissen over zich heen laten komen. Tijdens de operatie Heim ins Reich week ze geen stap van de zijde van haar dochter Wera. De eerste maanden verbleven ze in het Pruisische provinciegat Kolberg. Haar zware Russische accent stuitte daar op grote achterdocht en leidde de eerste dag bij de bakker zelfs tot een handgemeen met een Rijksduitse die kwaad was geworden omdat ze bij binnenkomst iets te duidelijk '*Chell Chitler*' had gezegd. Dat was haar geleerd, maar ze begreep dat ze nu op continentaal-Duitse bodem was, waar geen begrip voor Slavische accenten te verwachten viel. Ze was, toen Wera daar een baantje had gekregen, meegegaan naar Posen, maar toen Xeno ons kwam ophalen had zij, terugvallend in haar oude miserabele cocon van zwijgende onderdanigheid, gezegd dat ze opzag tegen de gevaarlijke tocht en liever in Duitsland bleef, in Palenberg welteverstaan, waar ze twee jeugdvriendinnen had wonen. Vlak bij de grens met Nederland, zodat het contact tussen moeder en dochter na de oorlog, dus waarschijnlijk al na een paar maanden, gemakkelijk hersteld zou kunnen worden.

Dat daar uiteindelijk een kleine zeven jaar overheen waren gegaan, maakte haar vreugde alleen maar groter toen Wera met mij, haar kleinzoon, die nacht het erf van haar haveloze woninkje aan de Aachener Strasse op reed. Nadja was uiteraard van de plannen van haar dochter op de hoogte gesteld en had de enige kamer die nog kon worden vrijgemaakt voor Wera en mij ingericht. Een echte verbetering ten opzichte van de Groothertoginnelaan was het niet, al was er onder deze familiale omstandigheden geen sprake van een laken dat het vertrek in tweeën moest delen. En verder bood het raam wel uitzicht op een veelbelovende vlakbij gelegen bosrand, zoals ik de volgende ochtend na wederom een diepe, comateuze slaap kon constateren. Guus, die de nacht op de bank in de voorkamer had doorgebracht, bleek inmiddels alweer vertrokken en Nadja en Wera waren aan de huiskamertafel druk in gesprek toen ik me meldde.

De beide vrouwen sprongen op en overlaadden me met kussen. '*Mit deinem Geburtstag*,' riep Nadja voortdurend, het Russische *s dnjom rozjdenija* letterlijk vertalend, terwijl de tranen over haar wangen rolden. Ze haalde een in grauw papier gewikkeld pakje uit een la in de kast. Terwijl ik het opende, zag ik uit mijn ooghoek wat mijn moeder voor me had bedacht: op tafel had ze een *Lederhose* uitgestald plus een Hamburgse *Lotsenmütze*, waar iedereen in die dagen in een soort drang naar een nieuw Duits voorkomen mee rondliep.

Bedremmeld pakte ik het cadeautje van mijn Russische oma uit en slaakte een wilde kreet van vreugde: een replica van een Amerikaanse tank! En hij reed nog ook: als je hem met een sleuteltje opwond en vervolgens van de rem af haalde, zette het voertuig zich met een hels kabaal vastberaden in beweging, daarbij met speels gemak kleinere obstakels zoals een bobbel in het tapijt en zelfs een klein boek met zijn rupsbanden overwinnend. Voorzichtig pakte ik de tank op toen die, eenmaal uitgeraasd, tegen een poot van het dressoir tot stilstand was gekomen, en deed hem weer terug in de kartonnen doos met daarop de magische merknaam 'Schuco'. Dankbaar keek ik naar Wera's moeder op. '*Gibt es hier noch andere Kinder?*' vroeg ik. '*Das wirst du alles sofort erfahren*,' zei mijn moeder energiek. 'Kom, trek die Lederhose aan en zet die pet eens op, dan kunnen we zien of jij wel een echte *deutscher Bursche* bent.'

Mijn eerste dag in Palenberg verliep aldus aanvankelijk feestelijk. Er waren zelfgebakken *Kuchen* en ik mocht zo veel limonade drinken als ik wilde. 's Middags kwamen de beide Rigase oervriendinnen van Nadja, zoals ik mijn Russische oma mocht noemen, langs om me te bewonderen. Van de een, Olga, kreeg ik een stel geruite zakdoeken, die ze me met een huilerig gezicht overhandigde: '*Die gehörten dem Egon, meinem Sohn*, die onder Königsberg is gevallen,' lichtte ze met een vertrokken gezicht toe. Ik knikte en nam me voor deze lijkdoeken nooit ofte nimmer te gebruiken. De ander, Nastja, kwam met een portemonnee met daarin een muntstuk van één pfennig. 'Maar je weet: dat is het begin van een miljoen,' reageerde de gulle geefster onder algehele bijval op mijn beteuterde gezicht. Dit geschenk bleek geen afdankertje van een gedode Germaan en ik stak het daarom meteen in mijn zak.

Omdat de vrouwen na enige tijd op mij uitgekeken waren en samen met Wera en Nadja op samenzweerderige toon dingen gingen bespreken waar ik geen verstand van had, vroeg ik of ik naar buiten mocht om met mijn nieuwe tank te spelen.

Het erf naast Nadja's huisje, zo bleek me, was een ideaal terrein om een groot slagveld op te bouwen voor de zak met tinnen soldaatjes en allerhande andere krijgspoppetjes die ik als enig bezit bij ons overhaaste vertrek uit Den Haag had meegenomen. Bij de Aachener Strasse, een betonnen tweebaansweg waarop af en toe een auto of een bestelwagen voorbijkwam, was het drassig en, zo controleerde ik meteen, ook onbegaanbaar voor mijn olijfgroene Amerikaanse supertank met op de flanken twee grote witte sterren, die ik inmiddels 'Charlie' had gedoopt.

Maar een paar meter verder inwaarts was het droog en liep het omhoog, en daar waren ook wat struiken, waar mijn geheime hulptroepen zich zouden kunnen verschansen om een verrassingsaanval uit te voeren op het moment dat mijn hoofdmacht, waarvoor ik mijn dertig napoleontische krijgers in allerlei poses (geschenk van oom Xeno) had geselecteerd, in moeilijkheden zou komen. Om hen te ontzetten en de boze vijand een verpletterende nederlaag toe te brengen had ik mijn collectie van eveneens dertig Sioux-indianen (geschenk van oom Jimmy) in gedachten al in het bosschage geplaatst. Betrouwbare krijgers onder leiding van de fameuze Tecumseh, die juist in een bosrijke omgeving optimaal tot hun recht zouden komen, dat wist ik. De Charlie hield ik voorlopig als geheim wapen achter de hand. Ik ging naar binnen om mijn tinnen vrienden te halen en op te stellen.

Toen ik terugkwam op het erf, stond daar een jongen. Iets groter dan ik, en zeker ook een stuk ouder, zo voelde ik. Hij droeg net zo'n Hamburger loodsmuts als ik ook nog steeds ophad.

'*Was machst du da?*' vroeg hij toen ik de zak zwijgend op de grond omkeerde en de soldaten in de vereiste slagordes begon op te stellen.

Ik wist aanvankelijk niet veel uit te brengen, min of meer overweldigd door de zich eensklaps aandienende realiteit dat ik vanaf nu Duits zou moeten praten. '*Och, ich spiele etwas*,' zei ik ten slotte.

Ja, dat zag die jongen ook wel. En wat meer was, hij wilde graag met me meedoen, want hij had ook van die soldaatjes. Hij ging ze even halen; hij woonde twee huizen verder, aan de overkant van de straatweg. Vanuit zijn raam had hij mij gezien en omdat er geen andere jongens van zijn leeftijd in de buurt woonden, was hij naar me toe gekomen. Hij stak zijn hand uit: '*Hans. Wir werden Freundschaft schliessen. Bis gleich*,' en met een korte armzwaai liep hij, nadat hij gehoord had hoe ik heette, haastig naar de overkant om zijn spullen te halen.

Veel tijd om tot bezinning te komen had ik niet. We zouden, zoveel was zeker, nu een veldslag gaan nabootsen. En het zou voor de eerste keer zijn dat ik echt een tegenstander zou hebben. In Voorburg en Den Haag had ik alleen maar imaginaire gevechten geleverd, want nooit was er een klasgenoot bij mij op mijn armetierige zolderkamer geweest, en voor het grote werk in de tankgracht had ik nog niemand durven aanspreken. Maar nu zou dat hier, in dit vreemde Palenberg, dus zomaar veranderen.

Ik bedacht dat ik met mijn toekomstige tegenstander, die tevens mijn vriend zou worden, zoals hij had aangekondigd, spelregels zou moeten afspreken. Maar hoe zouden die moeten luiden? In mijn introverte eenmanswereld was het tot nu toe voldoende geweest om op zeker moment zelf een beslissing te nemen: nu eens hadden de indianen gewonnen, dan weer de Fransen, al naargelang mijn humeur. Maar dat kon nu niet meer, zoveel was duidelijk.

Voor alle zekerheid haalde ik Charlie uit zijn doos, wond hem op met het sleuteltje, zette hem op de rem en stelde hem in een hoek van het terrein verdekt op achter een stapel hout. Zoals al eerder bedacht, plaatste ik Tecumseh en zijn rode broeders tussen een paar struiken en liet ik mijn Franse grenadiers achter haastig met de hand gegraven borstweringen plaatsnemen.

Daar kwam mijn nieuwe speelmakker alweer aangelopen. Hans had twee dozen onder zijn armen, die hij plechtstatig neerzette. '*Schau mal*,' zei hij terwijl hij ze opende. Keurig in het gelid, gevat in blauwe fluwelen mallen, lagen daar in totaal zestig prachtige tinnen soldaatjes. Allemaal even goed onderhouden, strak in de verf en opgepoetst, tot en met de helmen met het SS-teken en de standaard die een van hen in een vurige, aanmoedigende houding omhooghield. '*Waffen-SS, Division Wiking*,' zei de trotse bezitter, '*komplett und unbesiegbar*.'

Wiking! Dezelfde divisie als waarin mijn vader had gevochten! Ik kon een kreet van verrassing nauwelijks onderdrukken, maar besloot vooralsnog niets over deze samenloop van omstandigheden te zeggen.

Nu was het mijn beurt om mijn manschappen te tonen. Maar voor mijn troepen haalde Hans zijn neus op. '*Franzosen, die können ja gar nicht kämpfen*,' zei hij. '*Wir waren doch im Nu in Paris*.' Ik wist niet wat ik daarop moest zeggen en voelde me ongemakkelijk. Een gevoel dat alleen maar sterker werd toen ik Hans mijn verdekt opgestelde Sioux-indianen had laten zien. '*Und das sind deine Hilfstruppen?*' vroeg Hans ongelovig. '*Das sind ja Affen! Na gut, spielen wir*.'

We spraken af dat we om de beurt tien van onze manschappen zouden verplaatsen en dan telkens het nieuw ontstane schootsveld zouden bepalen. Als we het erover eens waren welke poppetjes dodelijk geraakt waren, zouden we die, in onderling overleg, verwijderen. Het doel was de verovering van de vijandelijke standaard, in mijn geval een troosteloos mannetje dat op een achteraf gelegen heuveltje een half afgebroken napoleontisch vlaggetje torste.

Algauw bleek dat Hans zijn wil aan de krijgshandelingen oplegde. Terwijl ik toch duidelijk mijn grenadiers achter mijns inziens deugdelijke borstweringen had opgesteld, had mijn nieuwe vriend al bij de eerste beurt twaalf van mijn mannen van het slagveld verwijderd. '*Panzerfaust und Flammenwerfer*,' lichtte hij toe, en hij liet de inderdaad aanwezige zware bewapening van zijn ss'ers zien. '*Achtung*, Alexander. Deze groep stoomt in één keer door naar je vlag.'

Met heel veel moeite kon ik Hans er hierna van overtuigen dat er onder mijn grenadiers *Scharfschützen* waren, die uitgerekend de dragers van deze vervaarlijke wapens hadden uitgeschakeld. Plus nog een paar van het meelopende voetvolk. Hans stemde uiteindelijk in met zeven man verliezen aan zijn kant. Maar even later stonden er weer twee akelige zwarthelmen midden in mijn eerste linie met dezelfde wapens als in de eerste beurt dood en verderf te zaaien. Hij had ze dubbel! Bovendien was er een mitrailleursnest bij gekomen, dat zich behaaglijk in een schuttersput had geïnstalleerd en, volgens Hans, '*mit verheerender Treffsicherheit*' zeker twintig man van mij naar de andere wereld had geholpen.

Ik maakte het af op zestien en liet de resterende twee grenadiers in een geslaagde wanhoopsaanval de mitrailleur onschadelijk maken. Bovendien liet ik Tecumseh en de zijnen met twintig man te hulp komen, waardoor er nog eens acht ss'ers het leven lieten. De rest van de indianen rukte, tien man sterk, ongezien via de schuttingrand op naar het vijandelijke kampement, waar de standaard van de Wiking-divisie zich bevond. Daar was de boze vijand natuurlijk oppermachtig, maar desalniettemin claimde ik minstens tien doden, met het argument dat de Sioux er geweldig goed in waren Duitse schildwachten te besluipen en van achteren met een mes te kelen.

Hier moest Hans onbedaarlijk om lachen. 'Voor dat zootje laat ik hooguit vier man achter bij het vaandel!' riep hij smalend. '*Pass mal auf, jetzt geh' ich voran!*' En ijverig begon hij een enorme troepenmacht van wel dertig man in de richting van mijn eenzame napoleontische druiloor met zijn kapotte vlag te dirigeren.

We waren inmiddels onze afspraak dat er hooguit tien man per keer gemobiliseerd mochten worden glad vergeten en aan onze hoogrode koppen kon je zien dat we allebei geheel opgingen in onze fantasiewereld.

Ik zag de ontwikkeling op het slagveld met stijgende woede aan. Niet alleen merkte ik dat Hans vals speelde door meer soldaatjes in te zetten dan waarover hij op grond van onze gezamenlijke slachtofferramingen kon beschikken, maar ook irriteerde het me mateloos dat hij, nota bene op mijn verjaardag, zo onaardig deed over mijn speelgoed. Dus toen hij met een aan sadisme grenzende mathematische nauwkeurigheid zijn ss'ers voor mijn standaard had opgesteld en op hoge toon mijn overgave had geëist, wist ik wat me te doen stond.

Het was een afstand van niet meer dan een meter en Charlie stond op scherp. Ik had hem in de juiste richting opgesteld en toen ik hem van de rem af haalde, reed het gevaarte met dodelijke precisie onder angstaanjagend geraas recht op de verzamelde ss'ers af.

De gevolgen waren vreselijk. De poppetjes vlogen alle kanten op, waarna Charlie zijn grimmige zegetocht heuvelafwaarts voortzette en, bij stom toeval, ook het lager gelegen kamp met de Wikingstandaard stormenderhand platwalste. Mijn napoleontische sufferdje stond, ongedeerd en met zijn vaandel nog steeds in de hand, onaangedaan voor zich uit te staren.

'*Ich hab gewonnen!*' stiet ik uit, voornamelijk verbijsterd door het effect van mijn tank. '*Gar nicht!*' brulde Hans, die in enkele ogenblikken een angstaanjagende metamorfose had ondergaan. Zijn zo-even nog zo zelfverzekerde, superieur-vriendelijke gelaatstrekken waren vervangen door aanvankelijk ontzetting en vervolgens door een van haat en, zo meende ik te merken, peilloos verdriet doortrokken fysionomie.

In zijn blauwe ogen welden dikke tranen op en met een rauwe kreet stortte hij zich op mij: '*Ich bring dich um!* Dacht je dat je mij zo kunt beledigen! Dat jij met je *Scheissamipanzer* mijn Wikinger kunt verslaan? Mijn vader heeft samen met ze gevochten. Hij is gewond, hoor je? Gewond! *Kriegsverletzter Erster Klasse!*' Hans was geheel buiten zichzelf geraakt. Met zijn handen klauwde hij naar mijn ogen, wat me heel erg bang maakte. Met zijn nagels, die hard en scherp aanvoelden, trok hij een flinke jaap over mijn wang en met één hand hield hij me bij mijn bovenste boordenknoopje in een soort wurggreep. Ik merkte dat hij veel te sterk voor me was en begon panisch om hulp te schreeuwen.

Nog geen tien seconden later stonden de vier vrouwen uit Nadja's huisje om ons heen en haalden ons uit elkaar.

Ik was te verbijsterd over wat ik Hans over zijn vader had horen roepen en de razendsnelle gedaanteverwisseling die mijn nieuwe Duitse vriendje had ondergaan om iets zinnigs te kunnen uitbrengen. Tot mijn verbazing zag ik dat mijn moeder een arm om Hans heen sloeg, die met gierende uithalen en plotseling afhangende schouders in het wilde weg stond te grienen, zijn haar streelde en zachtjes wat in zijn oor fluisterde. Een van de Rigase vriendinnen had inmiddels de goede ingeving gekregen om Charlie, die in de modder bij de stoep beneden was vastgelopen, op te pakken en mee naar binnen te nemen.

Na een paar minuten leek Hans inderdaad tot bedaren te komen. Met rode gezwollen ogen en een schokkerige stem stamelde hij iets wat zo diep in het *Aachner Platt* verankerd lag dat ik het niet begreep. '*Schon gut, lieber Junge*,' sprak mijn grootmoeder, die zich ook om hem was gaan bekommeren. '*Komm doch rein, trinken wir einen Tee. Es ist ja Bully's Geburtstag.*'

Ik had nog niet de gelegenheid gehad Nadja te vertellen dat ik de koosnaam Bully verafschuwde en eigenlijk voluit Alexander genoemd wilde worden. En dat ik jarig was had ik Hans ook nog niet verteld. Maar het leek nauwelijks tot hem door te dringen dat dit ene zinnetje van mijn grootmoeder in één klap twee geheimen voor hem onthulde. Zwijgend ruimden we, daarbij geholpen door de beide vriendinnen, de her en der verspreid liggende tinnen poppetjes op en gingen Nadja's huisje binnen. Daar stond de thee al te dampen en lag een nieuwe lading Kuchen op ons te wachten.

Mijn moeder, die tot dusver eigenlijk vooral voor Hans aandacht had gehad, merkte nu pas dat ik een schram over mijn wang had waar bloed uit kwam. Met een zorg die me opeens overdreven voorkwam en me irriteerde, begon ze omstandig de wond schoon te maken en te betten. Hans keek me schuldbewust aan. '*Verzeihung*,' zei hij zachtjes, 'dat was echt niet mijn bedoeling, Alexander. Laten we vrienden blijven.'

Ik werd overspoeld door een warme golf van mededogen en vergevingsgezindheid, terwijl op de achtergrond natuurlijk wel een van de permanent in mijn brein rondwarende kobolds me toebeet dat het al met al een geweldige rotstreek van me was geweest om zo'n overkillmachine als Charlie in te zetten, waar Hans immers niets tegenover had kunnen stellen. 'Natuurlijk,' zei ik en ik legde een hand op zijn schouder met een gebaar alsof ik hem een ridderslag toediende.

'*Na sieh'ste?*' riepen de vriendinnen opgetogen, en ook mijn moeder knikte instemmend, hoewel ik korzelig haar hand had weggeduwd. '*Jetzt hat Bully einen Schmiss!*' zei Nadja opeens. Daar moesten de dames hartelijk om lachen, maar Hans en ik begrepen het niet. We spraken af dat we het gebeurde zouden vergeten en dat ik de volgende dag bij hem thuis zou komen; dan zou hij mij zijn kamer laten zien. Voor mij, die tot dusver nooit een vriendje had gehad, was dit een mededeling waar ik nog geruime tijd van wakker lag. En ook het feit dat onze beide vaders oorlogskameraden waren geweest hield me enorm bezig.

De volgende ochtend hield Nadja me staande toen ik na het ontbijt naar Hans wilde, zoals ik met hem had afgesproken. 'Niet schrikken, hoor, als je de vader van Hans ziet. Het is best een aardige man, maar hij ziet er vreselijk uit,' zei ze hoofdschuddend. '*Oezjas*, hij had misschien beter dood kunnen zijn.' Met die mededeling liet ze me gaan en ging ze naar de keuken om de luiers van Tatjana, die in de reiswieg lag te slapen, uit te koken.

Een duistere angst nam bezit van me. Wat zou er met de vader van Hans aan de hand zijn? Aan mijn moeder kon ik geen nadere toelichting vragen, want die was al twee uur eerder vertrokken naar de Amerikaanse luchtmachtbasis bij Aachen voor een sollicitatiegesprek.

Aan alles was te merken geweest dat ik, na mijn verjaardag, weer uit het centrum van de belangstelling was verdwenen; Wera had alleen maar zenuwachtig voor de spiegel aan haar uiterlijk staan werken en nauwelijks antwoord gegeven op de vele vragen die bij me opkwamen. Wat gingen we doen hier in Palenberg? Zouden we voor altijd hier blijven wonen? Waar moest ik naar school? '*Schatz*, ga jij nou maar spelen met Hans en zijn vrienden. Ik moet die baan bij de *Amis* krijgen, begrijp je? Anders kunnen we het wel vergeten hier. Je hebt toch gezien hoe arm *die Mutti* leeft? Die kan niet zomaar drie extra magen vullen, dat begrijp je toch wel?' had ze gezegd, terwijl ze met een zwart penseeltje de laatste hand aan haar wenkbrauwen legde. '*Now, wish me luck!*'

En met een plotseling uitdagende glimlach op haar donkerrood gestifte lippen aaide ze me over mijn hoofd, waarna ze op weg ging naar de bushalte. Ik vond haar Amerikaans mooi en sprekend lijken op Ava Gardner, waarbij ook haar overtuigende Engels een belangrijke rol speelde.

Toen ik voor de deur van Hans' huis stond en wilde aanbellen, was hij me voor. '*Komm rein*,' zei hij terwijl hij de deur openzwaaide. 'Ik zag je al aankomen. We gaan meteen naar boven, naar mijn kamer.'

Als om voor eens en altijd duidelijkheid te scheppen omtrent de vraag wie er in dit huis de baas was, ging er meteen na zijn woorden een deur open en stak een vrouw van ongeveer de leeftijd van Nadja haar hoofd de gang in. 'Nee Hans, dat gaat niet. Je nieuwe vriend moet eerst met ons kennismaken,' zei deze dame, alsof ze achter de deur had staan luisteren. Ze stak haar hand naar me uit: 'Jij bent dus Alexander, of moet ik Bully zeggen? Hans heeft me verteld dat je gisteren jarig was en dat jullie samen hebben gespeeld. *Komm doch rein*,' en uitnodigend hield ze de deur voor me open.

Ik ging de kamer binnen en keek rond: hun huis was wel vier keer zo groot als dat van Nadja. Een eettafel van zwaar eikenhout met zes ouderwetse stoelen met gedraaide poten domineerde de voorkamer. In de hoek bij het raam aan de straatkant vormden drie fauteuils met een ronde salontafel een gezellig zitje. Richting achtertuin zag ik een serre, gedompeld in teder voorjaarslicht. Daartussenin was een zitkamer met twee grote leren banken en een glazen rooktafel; het grootste deel van dit vertrek was aan het oog onttrokken door een Japans kamerscherm. Langs de wanden stonden niet minder dan vier indrukwekkende boekenkasten, geflankeerd door donkere schilderijen met jachttaferelen en stillevens.

Op het dressoir in de voorkamer zag ik twee foto's van militairen; een van die foto's had in de hoek een zwart lint. Hans' moeder zag waar ik naar keek en zuchtte: 'Ja, jongen, dat is Hans' oudere broer Peter. Bij Stalingrad omgekomen, nu alweer meer dan acht jaar geleden. Hij zou nu zesentwintig zijn geweest.' Ze pakte een zakdoekje om een plotselinge springvloed van tranen te deppen.

Ik zweeg ongemakkelijk en durfde pas na een poosje iets te zeggen. '*Wie alt bist du eigentlich, Hans?*' vroeg ik, met een rare nadruk op 'du', die me, meteen nadat ik het gezegd had, zeer ongepast voorkwam. Ik voelde hoe het bloed me naar het hoofd steeg. 'Hans is elf, *er ist ein Nachkömmling*,' antwoordde zijn moeder snel. 'Ga even zitten hier, dan maak ik wat chocola voor jullie. Daar hou je toch wel van?' En met die woorden, die geen tegenspraak leken te verwachten, vertrok ze naar de keuken.

Hans merkte mijn verwarring en zei op rustige, bijna docerende toon: 'Jij komt uit Holland, heb ik begrepen. *Na gut*, daar is het allemaal wel wat anders gegaan dan hier in Duitsland. Van mijn klasgenoten is er geen een die niet een familielid in de oorlog verloren heeft. Peter heb ik nauwelijks gekend. Ik herinner me zijn uniform meer dan zijn gezicht. Hij zat in dezelfde ss-divisie als mijn vader.'

Hier stokte zijn relaas. Alsof hij vanuit de achtertuin hulp verwachtte keek Hans langs me heen, totdat hij fluisterend uitbracht: '*Du kannst dir nicht vorstellen, wie schwer das alles für mich ist.* Mijn vader was notaris, een van de belangrijke mensen in Palenberg. Hij was de vertrouwensman voor honderden mensen hier in de stad. Peters begrafenis was een kolossale gebeurtenis. Iedereen die iets betekende in Aachen en omgeving was aanwezig en er was een persoonlijke boodschap van Himmler. Maar nog geen twee maanden later raakte mijn vader gewond.'

Hans lachte wrang: 'Wat heet gewond? De hele rechterkant van zijn gezicht was weggeschoten en zijn rechterbeen en rechterarm zaten zo vol granaatsplinters dat ze geamputeerd moesten worden. Hij heeft het overleefd, dat wel. Maar we zitten hier nu met een gruwelijk monster opgescheept, Alexander. *Gott sei Dank* kan mijn moeder lesgeven op het gymnasium, maar hoe het later verder moet weet ik niet.'

Ik wilde meteen allerlei dingen zeggen over mijn vader en vragen stellen, maar de moeder van Hans kwam op dat moment binnen met twee dampende mokken chocolademelk, die ze met een geforceerd feestelijk gezicht voor ons neerzette. '*Ich bin so froh dass der Hans jetzt endlich einen Nachbarjungen gefunden hat*,' zei ze quasigezellig. 'Daar had hij echt behoefte aan.'

Zwijgend dronken we de chocolade, die een fabriekssmaakje had en, waarschijnlijk om dat te overstemmen, mierzoet was gemaakt. Ik besloot vooralsnog niets over mijn vader te zeggen. In de eerste plaats was hij er niet, dus konden mijn woorden over de Kaukasus en het IJzeren Kruis – veel meer dan dat had ik op die leeftijd nog niet over mijn vaders oorlogsbelevenissen opgevangen – licht als grootspraak geduid worden.

En verder: die van mij had het er levend vanaf gebracht, en ongeschonden bovendien, op een paar granaatsplinters en twee vuistgrote littekens in zijn bovenbeen en op zijn schouderblad na. Dat zouden ze me misschien gaan nadragen. Ik voelde me ongemakkelijk: die moeder had gezegd 'met óns kennismaken' toen ze ons de woonkamer had binnengehaald. Dat betekende dat haar man, het monster waarover Hans had gesproken, in de buurt moest zijn. Misschien zat hij wel achter dat kamerscherm. Ik huiverde bij de gedachte aan de mogelijke confrontatie en probeerde me voor te stellen hoe een weggeschoten gezicht eruit kon zien.

'*Na, gehn wir*,' zei Hans toen we de chocolade ophadden. 'Ik laat je even mijn kamer zien en dan gaan we naar buiten.' '*Mach nur keinen Unsinn*,' riep zijn moeder ons na terwijl we de trap op liepen. '*Der Alexander ist ja erst sieben.*' '*Alt genug*,' antwoordde Hans, zeer tot mijn genoegen.

Het interessante aan zijn kamer was vooral dat die speciaal ontworpen leek om het huisje van Nadja te observeren. Beide ramen gaven direct zicht op mijn nieuwe woning. Ik zag Nadja met een emmer het erf op lopen, waarna ze de luiers van Tatjana stuk voor stuk uitwrong en aan een waslijn te drogen hing. Even later zag ik haar scharrelen in de zitkamer.

Behalve een bed, een werktafel en twee stoelen stond er in de kleine erker van Hans' kamer, die ongeveer anderhalve meter de straat in stak, bij een van de ramen een driepoot met daarop gemonteerd iets wat op een verrekijker leek, maar het toch niet was. Het ding was zeker twee meter lang.

'Dit is nou een telescoop,' zei Hans trots. 'Hij is van mijn vader, maar die kan hem niet meer gebruiken. Zeiss, zie je, hier staat het.' Hij wees op de bescheiden weergegeven merknaam: 'Prachtkwaliteit van voor de oorlog, uit Jena. Daar weten ze wat lenzen slijpen is.' Hij draaide wat aan een paar knoppen en ringen, en richtte de kijker op een verre kerktoren. 'Eigenlijk is een telescoop niet bedoeld voor observaties op aarde,' ging hij verder. 'De volgende keer moet je 's avonds komen, bij heldere hemel, dan zul je wat beleven! De hele sterrenhemel komt als het ware regelrecht de kamer binnen. Maar goed, kijk maar eens hoe dichtbij die kerktoren daar komt.'

Gehoorzaam volgde ik zijn aanwijzingen; de kerktoren bleek een uurwerk te bevatten dat ik met het blote oog nauwelijks had waargenomen, laat staan dat ik de tijd had kunnen aflezen. Maar door de telescoop kon ik zien dat het bijna elf uur was. '*Phantastisch*,' mompelde ik, voornamelijk om iets aardigs te zeggen.

Hans glunderde. 'Ik ben er veel over gaan lezen, over die sterren,' zei hij, en hij wees op een paar planken die vol stonden met dikke boeken. 'Allemaal boeken van mijn vader. Die was een echt goede amateurastronoom.' Hij zuchtte diep. 'Maar hij doet er niks meer aan. Ik heb hem aangeboden om hem voor te lezen en om de kijker voor hem in te stellen, maar hij wil niets meer. "Ik wou dat ik naar die sterren toe kon," zegt hij wel eens. *Na, gehn wir.*'

Op weg naar beneden hield Hans me halverwege de trap opeens staande en gebaarde me te zwijgen. Een onbestemd geruis steeg vanaf de parterre op, regelmatig onderbroken door een zwak gepiep. 'Dat is mijn vader in zijn rolstoel,' fluisterde Hans. Hij keek me strak aan en zei plotseling op verbeten toon: 'Als je mijn vriend bent, ga je nu naar hem toe om kennis te maken. Als je dat niet durft, hoef ik je niet meer te zien.'

Ik voelde het bloed uit mijn gezicht wegtrekken, maar ook nam iets als plaatsvervangende oorlogssolidariteit bezit van me: mijn vader was deze macabere dans grotendeels ontsprongen – wie was ik dan om een ontmoeting te weigeren met een kameraad die het er veel slechter vanaf had gebracht? ‘*Freilich*,’ antwoordde ik, en ik haalde mijn schouders op. ‘Ik kan er wel tegen, hoor.’

Hans glimlachte bitter. ‘*Mal sehn*,’ zei hij, en hij riep naar beneden: ‘*Vati!* Hier komt mijn nieuwe vriendje Alexander om kennis te maken!’ Door het trapgat zag ik dat een rolstoel met enkele moeizame draaibewegingen uiteindelijk op een meter of twee van de eerste traptrede tot stilstand kwam. Ik hoorde iets als een kreunend gehijg. Er was geen ontsnappen meer mogelijk. Hans gaf me een duwtje in de rug en ik liep verder de trap af.

Het ware gezicht van de oorlog, zoals zich dat in die schemerige gang onder aan de trap van Hans’ huis aan mij openbaarde, maakt radeloos. Panische angst en walging vernietigen in eerste instantie elke aanzet tot welke gedachte of emotie dan ook. Zelfs medelijden is niet aan de orde, omdat identificatie onmogelijk is met iets wat niet op deze wereld thuishoort, maar desalniettemin blijkt te kunnen ademen en bewegen.

Stijf van ontzetting registreerde ik de krankzinnige verwoestingen die één Russisch Katjoesja-salvo in een Duits lichaam had aangericht. Het rechterbeen: weg tot aan de heup. De rechterarm: een stomp tot aan de elleboog. Het rechteroog: niets meer van te zien. Ook het jukbeen eronder was verdwenen, evenals het rechteroor en de wang. In plaats van dit alles was daar een soort zwartbruine weefselspelonk waarin de kaken schemerden, alsook de wonderlijk genoeg ongeschonden gebleven kiezen en tanden. De neus was ook nog intact, evenals de lippen, die evenwel niet meer gesloten konden worden en een gestaag, kennelijk niet tegen te houden stroompje speeksel doorlieten.

Vanuit deze wanhopige vleesruïne, die met enkele leren riemen op zijn plaats gehouden werd in de rolstoel, die via een ingewikkeld draaimechaniek kennelijk met één hand bestuurd kon worden, keek een blauw linkeroog me strak aan. Op de borst glom een IJzeren Kruis. Een doodse glans.

Hans was inmiddels achter me komen staan. '*Alexander wohnt seit gestern gegenüber uns, bei der Frau Nadja*,' sprak hij op luide toon. '*Er kommt aus Holland*.' Ik zag een zweem van vriendelijkheid in het oog trekken en hoorde een paar gorgelende klanken. '*Willkommen*,' vertaalde Hans. 'Kom, geef hem een hand en dan gaan we.'

Gehoorzaam stak ik werktuiglijk mijn rechterhand uit, die ik meteen daarop, bij gebrek aan wederkerigheid, weer schielijk introk. Terwijl ik voor de tweede keer deze ochtend in dit huis een kop als vuur kreeg, stak ik in mijn verwarring vervolgens beide handen uit. Daarop produceerde Hans' vader een wel zo gruwelijk geluid dat mijn eerste impuls was om hard weg te rennen. Maar Hans zei meteen dat dit zijn vaders lachen voorstelde. Terwijl hij dit zei, voelde ik een linkerhand die zich als een bankschroef om mijn rechterpols klemde. 'Alexander,' klonk het hol, als uit een middeleeuwse vergeetput. Het blauwe linkeroog stond weer op strak en onderzoekend. Pas na een eeuwigheid verslapte de greep en kon ik samen met Hans vertrekken.

Buiten scheen een knisperende voorjaarszon. Ten prooi aan tal van onbestemde gevoelens liep ik willoos achter Hans aan. Het besef dat mijn vader er net zo ellendig uit had kunnen zien als die van Hans bedrukte me. Mijn vader had geluk gehad, en ik daarmee ook. Maar kon ik onder deze omstandigheden wel vriendjes worden met Hans en zijn makkers? Had hij niet gezegd dat al zijn klasgenoten wel iemand van hun familie aan het oostfront verloren hadden?

Hans leek mijn gedachten te kunnen lezen: 'Je hebt het goed gedaan bij mijn vader,' zei hij, en hij stelde in één adem door de hamvraag: 'En jouw vader, wat heeft die meegemaakt in de oorlog? Frau Nadja heeft me verteld dat hij ook aan het oostfront was.'

'Ik weet het niet precies,' loog ik. 'Ik heb hem al een tijd lang niet meer gezien. Mijn ouders zijn gescheiden.' '*Geschieden*,' zei ik op goed geluk, en ik voegde er haastig, beducht voor taalkundige misverstanden, aan toe: '*Auseinander, verstehst du?*' Maar het bleek toch Duits te zijn geweest.

Hans dacht na over wat hij gehoord had. 'Dus jouw vader heeft de oorlog overleefd?' zei hij ten slotte. 'En hoe ziet hij eruit, als ik vragen mag?'

'Hij is niet zo erg gewond als jouw vader,' antwoordde ik, al mijn moed bijeen grabbelend, 'maar hij heeft ook het IJzeren Kruis en hij heeft een gat in zijn been en in zijn schouder. Meer weet ik niet.'

Hans knikte treurig en kwam later niet meer op dit soort zaken terug.

Alles bij elkaar ben ik misschien iets meer dan drie maanden in Palenberg gebleven. In mijn herinnering lijkt het wel een jaar, doorgebracht op een vreemde planeet. Via Hans sloot ik me aan bij een onbenoemde jeugdbende die met katapulten schietwedstrijden deed. Hoe de andere jongens heetten weet ik niet meer, evenmin als ik me hun gezichten nog voor de geest kan halen. Rivaliserende bendes waartegen we hadden moeten vechten waren er niet in Palenberg. Een leeggehaalde bunker bij de bosrand was ons onderkomen, al werden we daar voortdurend door de plattelandspolitie uit verjaagd. Dan zochten we onze doelen elders. Een keer raakten we een raam van een oude, scheefgezakte krantenkiosk, waar nog wel degelijk iemand in bleek te zitten: een dikke vrouw, die ons krijsend achterna kwam.

Ook herinner ik me de keer dat ik, uit pure balorigheid, op een ochtend lukraak dwars over de Aachener Strasse schoot en daarbij de ruiten van een passerende Volkswagen bestelwagen doorboorde. De chauffeurs zaten me na tot in het dorpscafé, waaruit ik in een wirwar van op elkaar gestapelde omgekeerde stoelen in doodsangst als een rat via een achteruitgang wist te ontkomen.

Maar de belangrijkste gebeurtenis miste ik: mijn grootvader kwam langs om te vertellen dat de rechtszaak verloren was en dat ik terug zou moeten naar Nederland, naar zijn zoon Frans, die mijn vader was. Zijn plotselinge verschijning in het huisje van Nadja veroorzaakte een paniek als van een vos in een kippenhok.

Het was een zondag en ik was met Hans en nog een paar speelkameraadjes naar de plaatselijke voetbalclub gaan kijken. In het krakkemikkige stadionnetje van Palenberg, eigenlijk niet veel meer dan een overdekt talud naast een kort gemaaid en egaal platgestampt weiland, hielden we ons op zondagen tijdens de wedstrijden bezig met het verkopen van allerlei prullaria die we door een marskramer kregen aangereikt en waar we een klein bedrag aan commissie voor beurden. Die keer waren dat zogenaamd handige muntopbergers van plastic, waarin de munten van één, twee, vijf, tien en vijftig pfennig en één mark in corresponderende gaten konden worden gedrukt; door de veer onderop bleef de spanning gehandhaafd en kon je de munten met je duim weer naar buiten schuiven. Dit instrumentje werd door ons aangeprezen als een belangrijke Duitse naoorlogse uitvinding en vond veel aftrek.

Het voetbal mocht zich in een grote populariteit verheugen, ik denk omdat het spel de vitaliteit uitstraalde waar iedereen in feite naar hunkerde. Drie jaar later zou Duitsland wereldkampioen worden, tegen de verdrukking in, en daarmee een venster op een nieuwe, Europese toekomst openen. Iets van die sfeer van opleving waarde ook over het voetbalveld van het treurige, grauwe Palenberg, hoewel de mannen die daar kwamen er moedeloos en gesjochten uitzagen. Velen van hen waren trouwens oorlogsinvaliden, met weinig overtuigende protheses, en al snel behoorlijk aangeschoten door het bier dat ze voor een gereduceerd tarief konden kopen.

Toen ik, een halve mark rijker, tegen de avondschemering weer thuiskwam, zaten mijn moeder en Nadja in een zichtbaar aangeslagen stemming, met de ellebogen op tafel en het hoofd tussen de handen, alsof ze aan het schaken waren, tegenover elkaar aan de huiskamertafel. Veel van wat er was gebeurd die middag vertelden ze me niet. '*Dein Grossvater war hier, und er war grausam zu mir*,' was zo ongeveer het enige wat Wera losliet.

Veel later pas begreep ik dat de Oude Heer een keihard ultimatum had gesteld: er is een gerechtelijke uitspraak, die jongen komt terug naar zijn vader in Nederland, die laat ik hier niet voor galg en rad opgroeien in deze kansloze negorij.

Wera had wat hulpeloos zitten stamelen en Nadja had zich, als quantité négligeable, met Tatjana muisstil in een hoekje van de kamer teruggetrokken. Na nog geen halfuur was de boze man uit Holland weer vertrokken in zijn zilverblauwe Chrysler, die bestuurd werd door Xeno. '*Der war auch dabei, ist aber nicht reingekommen*,' was de laatste informatie die ik van mijn moeder kreeg, voordat ze me huilend tegen zich aan drukte en vasthield tot ik me, zowat stikkend, uit haar krampachtige greep bevrijdde.

De dagen hierna verliepen in een gespannen sfeer. Alle blijdschap omdat mijn moeder de tolkenbaan op de Amerikaanse luchtmachtbasis had gekregen, sloeg nu om in een voortdurende bezorgdheid om mij, haar zoon, die ze tegen de komende acties uit Nederland moest zien te beschermen. En daarbij kwam het natuurlijk slecht uit dat ze van 's morgens zeven tot 's avonds acht afwezig was. Vertrouwen op haar moeder deed ze niet; die had al haar handen vol aan Tatjana en zou zeker niet assertief genoeg zijn als er straks een of andere kerel van justitie langs zou komen om de claim uit Voorburg, *die Niederlande*, aangaande een wederrechtelijk naar Duitsland meegenomen Nederlandse minderjarige, genaamd Alexander Harry Joan Frans Silvius Münninghoff, nader op zijn ontvankelijkheid te onderzoeken. Of misschien had de Oude Heer wel zulke goede relaties in Duitsland dat ze haar kind eenvoudig met een politieauto zouden komen ophalen.

Dergelijke angstvisioenen misten hun uitwerking op Wera's dagelijks functioneren niet: ze lag er letterlijk wakker van, kon van de zenuwen nauwelijks een hap door haar keel krijgen, begon er slecht uit te zien en raakte op haar werk ook haar aanstekelijke spontaneïteit kwijt, waarmee ze in de begintijd bij de Amerikanen geweldig gescoord had. Aan elke vinger had ze in mum van tijd een half dozijn aanbidders gehad, maar die moesten het nu afleggen tegen het gealarmeerde moederinstinct.

Geen sprake van dat Wera na afloop van het werk met de Amerikanen een borrel in de mess ging drinken; ze nam meteen de eerste bus naar Palenberg en elke avond sloeg ze weer opgelucht een kruis als ze mij zag en er ook geen dwingend officieel schrijven van justitie in de bus bleek te liggen.

Langzamerhand kwam ze weer tot rust. Misschien had de Oude Heer alleen maar gebluft en was er niets aan de hand, bedacht ze na een tijdje. Per slot van rekening was er nog zo veel naoorlogse rompslomp in de juridische wereld, en de Duitse en Nederlandse overheden werkten sowieso niet goed samen. Het zou nog jaren duren voordat een zaak als deze kon worden afgewikkeld. Als het nog een zaak was, tegen die tijd.

Want Wera was van plan mij tot Duitser te laten naturaliseren. Daar had ze al een kennis in Würzburg over geconsulteerd. Binnenkort zou ze met mij daarnaartoe reizen om een en ander nader te bespreken. Als die naturalisatie eenmaal achter de rug was, zou ik nooit meer uit Duitsland weggehaald kunnen worden, dacht ze.

–ZEVENENTWINTIG–

Het moet niet lang na het *Mittagessen*, zo rond een uur of twee, geweest zijn dat Dirk Sopers en Louise Marggraff op die zaterdag in juli hun Volkswagen in de bossen nabij Palenberg parkeerden en, na een laatste blik op een recente foto van mij uit Nederland, op pad gingen. Dirk, een brute Brabantse industrieel van iets over de dertig, was een broer van Joseph Sopers, de onkreukbare notaris die door de Nederlandse rechter als toeziend voogd over mij was aangesteld. Dirks vrouw Louise, telg van een van de rijkste families van Nederland, was een verre nicht van Mimousse. In haar handtasje had ze een prop katoen en een flacon met chloroform.

Hans zou later vertellen dat hij die ochtend met zijn telescoop (die we inmiddels '*das allsehende Auge*' waren gaan noemen), tijdens zijn dagelijkse waarnemingsronde vanuit zijn erker, wel degelijk een rode kever had gezien die uit het bos was gekomen, de Aachener Strasse verder had gevolgd, zich al na een paar honderd meter kennelijk bedacht had, was omgekeerd via de oprit naar het erf van boer Huber en weer in het bos verdwenen, richting Nederlandse grens. Hij had er verder geen aandacht aan besteed, en toen we op die zaterdagmiddag op straat aan het spelen waren, sprak hij er met geen woord over. Ook had hij niet goed naar het nummerbord gekeken; had hij dat wel gedaan en gezien dat het een Nederlandse auto was, dan had ook dat waarschijnlijk de loop der dingen niet veranderd, want mijn moeder had nagelaten de buren over haar bedreigende ontmoeting met de Oude Heer in te lichten. Dat vond ze te privé. Het ging niemand iets aan, en zo bleef het natuurlijke buurtalarm uitgeschakeld.

Die zaterdag werkte Wera over bij de Amerikanen op de basis, waar ze inmiddels een jonge luchtmachtkapitein uit Denver, Colorado, uit de vrijersschare had geselecteerd. Ze zouden, voor het eerst, ergens samen gaan eten en dat was die ochtend aan haar te zien geweest. Het laatste beeld dat ik van mijn moeder jarenlang op mijn netvlies had was er een van een sprankelende schoonheid met een lach die verried dat ze haar oude flair hervonden had.

Na de lunch, die zoals altijd bestond uit een kop soep, grauw fabrieksbrood met worst en margarine, gecompleteerd met een glas waterige melk, ging ik de straat op. Hans en nog een paar jongens wachtten al op me. De stemming was landerig; de zomer zou nog heel lang duren en we wisten eigenlijk niet goed hoe we onze tijd het best konden doorbrengen. Ja, uiteraard wel met elkaar, want niemand ging met vakantie. Maar wat we precies zouden gaan doen was telkens weer onderwerp van langdurige discussie. Ondertussen probeerden we met kiezelstenen een leeg verfblik te raken.

In die situatie was het plotselinge verschijnen van twee vreemdelingen, een man en een vrouw, op de Aachener Strasse natuurlijk een bron van opwinding, zeker toen duidelijk werd dat ze een doel voor ogen hadden. Ze liepen regelrecht op me af en stelden mij, na me even gemonsterd te hebben, de vraag: '*Bist du der Bully?*' Zonder me een ogenblik te bedenken, antwoordde ik: '*Ja, der bin ich.*'

Dit antwoord en wat er allemaal op volgde verbaast mij nog steeds vanwege de ongehoorde naïviteit die ik tentoonspreidde. Zeker gezien het voorafgegane bezoek van de Oude Heer en de daardoor opgewekte angstvisioenen van mijn moeder over mijn mogelijke terugplaatsing naar Nederland – schrikbeelden die ze allerminst voor mij verborgen had gehouden – hadden er toch allerlei alarmbellen bij me moeten gaan rinkelen. Maar in plaats van naar Nadja te hollen, liet ik me door dit vreemde echtpaar inpakken. Ook toen ze zeiden dat ze uit Nederland kwamen en dat ze een ijsje met me wilden gaan eten.

'*Landgenossen!*' hoor ik mezelf in mijn herinnering heel duidelijk roepen naar Hans en de anderen, die op een afstandje toekeken. Een raar woord, dat in het Duits eigenlijk niet bestaat (zoiets als 'landskameraden'; *Landsleute* had het moeten zijn), maar dat in het Aachner grensdialect wellicht gangbaar was, want ze deden in elk geval alsof ze me begrepen, knikten vaag, draaiden zich om en gingen door met hun beraadslagingen. Waar mijn gemoedsrust vandaan kwam is mij tot op de dag van vandaag een raadsel.

Het plan om een ijsje te gaan eten bleek alras onuitvoerbaar: op zaterdagmiddag waren alle winkels in Duitsland dicht en het dikke wijf van de kiosk riep, terwijl ze boosaardig naar me lachte, dat ze uitverkocht was.

'Is er misschien iets anders, iets moois wat je wilt hebben? En dat we dan een volgende keer voor je kunnen kopen?' vroeg de man. Hij had zijn colbertje inmiddels uitgetrokken en over zijn arm gehangen. Het was warm; zijn kalende schedel glansde rozig in de middagzon en met een zakdoek bette hij de voortdurend opkomende stroompjes zweet in zijn nek. Besluiteloos bleven we staan; de kleine, armetierige winkeltjes van deze doodstille buitenwijk van het dorp met hun half doorzichtige ruiten waar het grauwe stof van de oorlog nog aan kleefde, leken niet in staat een passend antwoord op die vraag te kunnen bieden.

Opeens herinnerde ik me de winkel, een paar straten verder, waar ik een paar dagen eerder lang voor had stilgestaan. In de etalage stond een replica van de Santa Maria, het schip waarmee Christoffel Columbus in 1492 zijn ontdekkingsreis naar Amerika had gemaakt, zoals mijn moeder me die avond vertelde nadat ik haar had gezegd dat ik voor dat schip zou gaan sparen en of ze misschien wat kon voorschieten, want ik was bang dat het door iemand anders gekocht zou worden. Het was een prachtding, met elk detail tot in de puntjes afgewerkt. De kanonnen staken dreigend uit de schietgaten en de geelbruine perkamenten zeilen met hun donkerrode kruisen suggereerden door hun permanente bolling dat het schip op volle kracht voor de wind voer. Te midden van het armoedige, kermisachtige plaatselijke aanbod van speelgoed (de Charlie van oma Nadja was een uitzondering en ze had ervoor naar Aachen gemoeten) was deze Santa Maria een schitterende verschijning, welhaast uit een droom, geweest.

Ik vertelde dit alles aan de man en de vrouw, die me glimlachend aanhoorden en zich gewillig lieten meetronen. Daar stond het schip, gelukkig, nog steeds! 'Dat gaan we voor je kopen,' zei de man, en hij schreef het adres en de naam van de winkel op een papiertje. Ook schreef hij nog iets op een ander papiertje, dat hij in de brievenbus van de gesloten winkel stopte. 'Ik heb geschreven dat wij het komen kopen en dat ze het schip dus voor ons moeten vasthouden,' zei hij. Ik voelde mijn hart bonzen van vreugde: dit zou dus zeker gaan lukken!

'O, nou bedenk ik ineens...' zei de vrouw op een toon alsof ze een geweldige ontdekking had gedaan. 'Ik bedenk ineens dat we in de auto nog een paar plakken heerlijke chocola hebben. Daar hou je toch van, Bully? Ga even mee, de auto staat hier niet ver vandaan, dan pak ik ze voor je.' Ze had inmiddels haar lippen bijgestift, maar was daarbij uitgeschoten, terwijl ook op haar lange tanden rode sporen waren achtergebleven. Met haar hoge, stijf opgekamde roodbruine haar en haar lange, spitse neus had ze hierdoor iets hekserigs gekregen, wat me wel een beetje bang maakte, maar ja, die chocola...

Dirk Sopers en Louise Marggraff moeten die ochtend eerst een verkenningstocht door Palenberg hebben gemaakt en in het bos, in hun geparkeerde auto, de gang van zaken meerdere malen duchtig hebben gerepeteerd, alvorens ze zich tot de uitvoering van hun missie zetten. Anders valt het niet goed te verklaren dat ze, vrijwel zonder aarzeling en met vastberaden tred, Palenberg aan de noordzijde verlieten om de bossen te bereiken, en niet langs de zuidzijde, zoals ze gekomen waren, dus via de Aachener Strasse, waar ze Nadja's huis nogmaals hadden moeten passeren en natuurlijk meteen in de gaten zouden lopen. Het was alles bij elkaar geen grote afstand; ik denk iets meer dan een kilometer, waarvan de laatste vierhonderd meter door het bos, dus buiten het zicht van eventuele *spazierende* dorpelingen. Ik was niet verbaasd over deze route, want ze hadden gezegd waar hun auto geparkeerd stond en die plek kende ik. Zoals zij liepen was het zeker geen omweg. Als een zonnekind liep ik met hen mee.

Het laatste wat ik me herinner was dat de vrouw, die naast me stond, haar tasje opende om de autosleutels te pakken, de sleutels van de rode Volkswagen Kever die op een groen grasveldje voor ons geparkeerd stond en waar die chocoladerepen in lagen; dat de man, die achter me stond, dat tasje van haar overnam, omdat zij immers het portier van de auto moest openen – nogal wiedes, want hoe kom je anders bij die chocoladerepen?; dat het portier van de auto opengind en dat ik nog nooit zulk helgroen gras en zo'n knalrode auto had gezien.

–ACHTENTWINTIG–

Ik werd wakker in een bed in een witgepleisterde kamer die met zijn romaanse vensterbogen wel iets weg had van een kloostercel. Een dikke streep laag, wemelend zonlicht baande zich een weg naar binnen door het vrolijk gekleurde glas in lood, waardoor op de donkere houten vloer een twinkelend patroon van bonte vlekjes ontstond, dat geruime tijd mijn aandacht vasthield. Tijd die ik nodig had om weer bij mijn positieven te komen. Ik voelde dat er iets bijzonders met me gebeurd was, dat ik verplaatst was zonder daar zelf om gevraagd te hebben.

Mijn eerste conclusie was dat er geen gevaar dreigde. Ik lag niet geketend in een kerker, maar in een fris bed in een zonnige kamer. Meteen daarop dacht ik aan mijn moeder: hoe lang was ik al weg, wist ze ervan? Ik stelde me haar toestand voor en dacht terug aan haar radeloosheid toen de Oude Heer op bezoek was geweest. Inzicht in de situatie daagde. Hoe laat was het eigenlijk? Ik had geen horloge en maakte aanstalten om uit het bed te stappen en op onderzoek uit te gaan.

Meteen hoorde ik dat ik niet alleen in de kamer was. In de hoek, op een krukje, zat een omvangrijke Surinaamse vrouw in een witte jas. Ze glimlachte naar me, terwijl ze moeizaam opstond, en zei: 'Blijf maar liggen, ik kom zo terug met je kleren,' deed de deur open en schommelde een lange betegelde gang in. Omdat ik alleen een onderbroek aanhad, deed ik wat ze had gezegd.

En paar minuten later kwam ze terug met kleren die me volkomen onbekend waren, maar die ik heel mooi vond en die me ook nog eens bleken te passen: een witte linnen korte broek met een leren riem en een messcherpe vouw, een zachtblauw hemd dat heerlijk aanvoelde, alsof het van zijde was, een paar dunne sokken van ongekend goede kwaliteit en een paar glanzende bruine leren wandelschoenen met veters. Met name die schoenen waren voor mij, die gewend was geraakt aan uit een soort oorlogskarton bij elkaar geplakte aftrappers, een openbaring. Ik voelde me, voor het eerst sinds mijn verblijf op De Laan, weer chic, en dat was geen onprettig gevoel.

De Surinaamse vrouw glimlachte opnieuw, voerde me naar een wastafel in de andere hoek van de kamer, kamde mijn haar en haalde een waslap over mijn gezicht. Toen pas merkte ik dat mijn armen en benen en handen en voeten, die tijdens het spelen en rondlopen in Palenberg toch behoorlijk vuil moesten zijn geworden, al schoongemaakt waren. Kennelijk was dat gebeurd voordat ze me in bed gelegd hadden.

Palenberg – het leek al ver achter de horizon te zijn verdwenen. Ik keek naar mijn nieuwe kleren en naar mijn nieuwe schoenen, die me, zo begreep ik, een nieuw levenspad op zouden voeren. Een toekomst die me, door de entourage waarin ik verkeerde en de spullen die ik had gekregen, aantrekkelijker leek dan het paupergedoetje aan de Aachener Strasse. Maar mijn moeder dan? En wie waren eigenlijk die man en die vrouw die me hadden ontvoerd?

De Surinaamse vrouw maakte een eind aan mijn gepeins. 'Kom maar mee, iedereen zit op je te wachten,' zei ze. Zwijgend volgde ik haar lome olifantentred, die me via een paar lange gangen met overal eikenhouten deuren en lambriseringen ten slotte naar een grote serre leidde. Door de geopende tuindeuren zag ik een betegeld terras en daarachter een groot grasveld, waar vijftig meter verderop onder een paar beuken een gezelschap dames en heren aan een lange, feestelijk gedekte tafel zat. Er stonden koelers met champagneflessen en de kristallen glazen fonkelden in de namiddagzon. De stemming was, zo voelde ik, afwachtend maar ook vrolijk. De dames waren luchtig maar stijlvol gekleed, de heren allen in net pak, hoewel de meesten vanwege de warmte hun colbertje hadden uitgetrokken. Er werd veel gerookt, gedronken en gepraat. Een tableau uit een Siciliaanse maffiafilm.

Aan het hoofd van deze tafel zat, in hemdsmouwen met zilveren ophouders rond de bovenarmen, mijn grootvader, de Oude Heer.

Hij was de eerste die ik herkende – een moment dat samenviel met zijn ongeveinsd stralende blik toen hij mij uit de verte ontwaarde en met zijn hese stem triomfantelijk uitriep: 'Daar is-ie dan eindelijk! Laten we drinken op onze stamhouder!' De Surinaamse gaf me een zacht duwtje in de rug ten teken dat ik uit de serre het terras op moest lopen. Even later stond ik, in mijn nieuwe outfit, gekamd en gewassen voor de tafel, waarvan iedereen nu was opgestaan en mij, het glas champagne in de hand, in een soort feestelijke ontroering aankeek.

De Oude Heer en Omi, Xeno en Trees, Wim en Marie, Tom en zijn tweede vrouw Lyda – zij allen omhelsden en kusten me, waarbij mijn grootvader voorspelbaar met een toespeling op de verloren zoon kwam. Dokter Van Tilburg klopte me waarderend op de schouder en zei dat ik er best goed uitzag, ondanks alles. Ik registreerde onmiddellijk dat Titty en Jimmy, en natuurlijk ook Guus, ontbraken en voelde instinctmatig aan dat hun solidariteit met mijn moeder daaraan ten grondslag lag.

Er waren ook een paar mensen die ik niet kende, zoals de man die lachend mijn hand pakte en 'Welkom op mijn kasteel! Welkom op Zionsburg!' riep: Ewald Marggraff, de broer van de vrouw die me ontvoerd had en die nu naderbij kwam en, ook lachend, haar naam zei: 'Louise. Tante Louise voortaan.' Een man met een slap gezicht en een dikke hoornen bril op zijn forse neus kwam naar me toe: 'Ik ben Joseph Sopers, oom Joseph, je toeziend voogd. Ik kan me voorstellen dat je je overvallen voelt door dit alles. Probeer je goed te houden. Als er wat is, laat je het me direct weten. Ik ben er om je te helpen. Dit is mijn broer, oom Dirk.' Hij draaide zich om en wees naar de man die me in Palenberg de Santa Maria had beloofd. Dirk zwaaide even naar me, een achteloos gebaar dat het effect op me had alsof hij een lange neus maakte en trots was dat hij me zo gemakkelijk te pakken had genomen.

Ik voelde mijn weerzin tegen het uitgelaten gezelschap groeien en liep naar de twee overgebleven personen die me nog niet gegroet hadden, maar wel de hoofdfiguren in dit drama waren: mijn vader en Mimousse. Mijn vader lachte schaapachtig, mompelde iets waaruit zijn blijdschap moest blijken en nam, nadat hij gemerkt had dat zijn omhelzing niet of nauwelijks door mij beantwoord werd, snel een slok champagne en stak een sigaret op.

Mimousse daarentegen leek bevangen door diepe emoties. Met haar donkere, warme ogen keek ze me bijna verliefd aan, haalde diep adem en zei: 'Ik ben zo blij dat je nu bij ons bent, Bully. We gaan met z'n drieën een gelukkig gezin worden en daar zal ik mijn uiterste best voor doen.' Ze keek de kring aandachtig toeluisterende vrienden en verwanten, allen het opnieuw gevulde glas in de hand, rond en vervolgde: 'Deze mensen zijn mijn getuigen, Bully, dat ik je als je moeder opneem en als je moeder voor je zal zorgen.'

Het werd even stil, maar voordat Mimousse haar plechtige woorden had kunnen afronden met een omhelzing had ik het er al uit geflapt: 'Jij bent mijn moeder niet en je zult het nooit worden ook.' Ik keek haar strak aan, draaide me om en liep, stijf van de zenuwen om wat ik gezegd had, terug naar de serre.

Achter me steeg een verward geroezemoes op. Voor me zag ik, door een waas van tranen, tussen de tuindeuren de dikke witte vlek van de Surinaamse vrouw met de lieve glimlach. Ik liep snel naar haar toe en liet me terugbrengen naar mijn kamer. Ik voelde me opeens uitgeput, dood mijn mooie nieuwe schoenen uit en verzonk vrijwel direct in een diepe, droomloze slaap.

–NEGENENTWINTIG–

Kinderen zijn enorme opportunisten en ik vormde daar geen uitzondering op. Mijn afwerende houding tegenover Mimousse heb ik hoogstens een paar weken volgehouden, als ik enkele latere momenten van melancholische verwarring en het daarmee samenhangende plotseling me afwenden, meereken. Maar na een maand had ik me in mijn nieuwe realiteit geschikt en deed ik steeds meer mijn best me daaraan aan te passen.

Ik begreep dat er voortaan twee vrouwen in mijn leven zouden zijn die recht zouden hebben op een plek in mijn hart en in mijn ziel: Wera, mijn echte moeder, en Mimousse, die dat moederschap van haar had overgenomen en – zoveel was me wel duidelijk – niet van plan was die rol zomaar op te geven. Geen haar op mijn hoofd die eraan dacht mijn echte moeder te verloochenen, maar het werd me wel erg gemakkelijk gemaakt om mijn nieuwe moeder in elk geval de *benefit of the doubt* te geven.

Van Wera vernam ik namelijk taal noch teken, terwijl Mimousse zich met engelengeduld om mij ging bekommeren. In de auto waarin we daags na de ontvoering vanuit Vught naar Den Haag reden, had ze, permanent omgedraaid zittend, haar glanzende donkerbruine ogen constant op mij gericht, met haar lage, zuidelijke stem al een verslag gedaan van de omstandigheden die hadden geleid tot de beslissing om mij terug te halen. Dat de rechter had gezegd dat ik bij mijn vader en haar hoorde, ook al omdat zij inmiddels getrouwd waren, maar dat Wera dat niet had gewild en dat zíj dus eigenlijk mij ontvoerd had, naar Duitsland. En dat de Oude Heer had besloten me terug te laten halen, omdat er anders te veel tijd verloren zou gaan met rechtszaken, terwijl de uitkomst daarvan al vaststond, en tijd had de Oude Heer niet zoveel meer, want hij was ziek en wilde voordat hij doodging de zekerheid hebben dat het met mij allemaal in orde was.

Dat zij, Mimousse, daarom Dirk en Louise had gevraagd mij op te halen. Waarom Dirk en Louise? Hij was doortastend, zij koelbloedig – dat het echtpaar kinderloos was en daardoor volgens haar minder weekhartig tegenover dit soort acties zou staan, vertelde Mimousse er niet bij. Wel dat het natuurlijk een gunstige bijkomstigheid was geweest dat Zionsburg, het landgoed van de Marggraffs in Vught, als eerste comfortabel en afgeschermd opvangpunt op nog geen anderhalf uur rijden van de grens gebruikt kon worden, want daar had Louises broer, de excentrieke grootgrondbezitter Ewald Marggraff, geen bezwaar tegen gehad.

Ik hoorde het verhaal zwijgend en met een brok in mijn keel aan, keek voornamelijk naar buiten en gaf geen reactie. Het was toen allemaal nog zo vers dat ik in een soort shock moet hebben verkeerd. Mijn vader, die achter het stuur zat, zei niets en rookte voortdurend zijn geliefde Lucky Strikes uit een zwart sigarettenpijpje. Als die weeïg-zoete geur er niet was geweest, had mijn vader net zo goed een robot kunnen zijn, bedacht ik me. Ik keek naar zijn vierkante schouders en zijn strak op de weg gefixeerde hoekige achterhoofd, en vroeg me af of hij wel meeluisterde naar wat Mimousse allemaal te vertellen had.

Pas toen we Den Haag binnenreden had ik voldoende moed verzameld: ‘Weet Wera... Weet mijn moeder hiervan?’ Ik zag mijn vader opeens in de achteruitkijkspiegel korzelig naar me kijken en zijn mond opendoen, ongetwijfeld om te zeggen dat Mimousse voortaan mijn moeder was, maar die was hem voor en zei dat ik me daarover geen zorgen hoefde te maken: vlak nadat we, via een onbewaakte overgang, de grens gepasseerd waren, hadden Dirk en Louise vanuit het hoofdpostkantoor in Heerlen een telegram aan Wera gestuurd met de tekst: 'Bully veilig in Nederland, nader bericht volgt.'

Dat stelde me inderdaad enigszins gerust. Maar wat ik niet wist, en Mimousse op dat moment ook niet, was dat er met de aflevering van het telegram iets vreselijk mis was gegaan: terwijl het om kwart over vier die zaterdagmiddag was verstuurd, was het pas op maandagochtend aan de Aachener Strasse in Palenberg afgeleverd.

Dat was het eerste waarover Wera achttien jaar later, toen ik haar voor het eerst weer zag, begon: de aanvankelijke paniek, de radeloosheid toen het besef was doorgedrongen, haar zelfverwijt en, ten slotte, haar machteloze woede toen het telegram op maandagochtend al haar vermoedens bevestigde. Ze was die zaterdagavond tegen middernacht door Peter, haar jolige Amerikaanse disgenoot, in een jeep afgeleverd, en Nadja was, toen ze de koplampen het erf op zag draaien, handenwringend en huilend naar buiten gerend. Wera had het meteen begrepen en had Peter weggestuurd, waarna ook zij in huilen was uitgebarsten.

De volgende ochtend had ze gedwee meegewerkt aan de papierwinkel van de kille, ongeïnteresseerde Duitse politie, aan wie ze de vermissing van haar kind doorgaf. Met rode ogen na een doorwaakte nacht, want ze was doordrongen geraakt van de zinloosheid van dit alles en van de niet meer terug te draaien werkelijkheid dat ze haar zoon kwijt was. En nooit meer terug zou krijgen. Zij had geen juridisch verweer en evenmin een machtig netwerk, zoals de Oude Heer, waarmee ze de zaken op illegale wijze naar haar hand kon zetten.

Omdat strijd onmogelijk leek, had ze het hoofd in de schoot gelegd – zo was haar aard nu eenmaal. Zo was ook haar reactie geweest: alle mogelijke opties schreef ze a priori af. Ze probeerde niet eens meer contact met Den Haag te leggen, ook niet toen ze namens de Oude Heer de formele bevestiging van een en ander had ontvangen. Al het leed zoog ze in zichzelf op, en zo probeerde ze voortaan te leven, ingekapseld in haar verdriet met de twee mensen die haar restten: haar moeder Nadja en haar dochter Tatjana. En, in gedachten, met mij.

Maar van dat laatste had ik geen weet, en het idee dat ik nog ergens een andere moeder had, laat staan een 'echte', vervaagde naarmate de tijdsbalans doorsloeg in het voordeel van Mimousse, die ik tot haar grote vreugde gaandeweg 'Moes' ging noemen. En Moes deed het prima. Met geen woord kwam ze ooit nog terug op het incident op Zionsburg; des te meer spande ze zich in om voor mij een echte moederrol te vervullen, precies zoals ze had aangekondigd. En eigenlijk ging ze nog iets verder, maar dat doorgrondde ik later pas: ze begon me te beschouwen als haar persoonlijk project. Vooral nadat ze in 1953 een miskraam – de derde in haar leven – had gekregen en de artsen haar dringend een volgende poging hadden afgeraden, zag Mimousse in mij een levensvervullende taak die koste wat kost tot een goed einde gebracht moest worden.

We woonden eerst nog korte tijd op de 'Juno', maar nog voor het begin van het nieuwe schooljaar waren we van die krakkemikkige schuit verhuisd naar een bovenetage in de Boreelstraat, een van de secundaire straten van het welgestelde Statenkwartier aan de grens van Den Haag met Scheveningen. Uiteraard was dat door mijn grootvader geregeld; nu de zaken naar zijn zin gegaan waren en hij de controle weer in handen had gekregen, deed hij er alles aan om mijn nieuwe leven in redelijke welstand te laten verlopen. Met nadruk op 'redelijk': hij had zeker een beter onderkomen voor zijn zoon en diens vrouw kunnen betalen, maar hij was het niet eens met hun frivole levenswijze, los van zijn gereserveerdheid tegenover hen beiden, en had daarom gekozen voor een bescheiden optrekje in een rijtjeshuis.

Nu moet gezegd worden dat mijn vader en Mimousse er aanvankelijk, tot eind januari 1954, toen de Oude Heer overleed en het gekrakeel om de nalatenschap begon, maar zo'n beetje op los leefden. Minstens twee keer per week, maar meestal vaker, gingen ze dansen in Savoy, een nogal louche nachtclub aan het Plein in Den Haag onder de rook van het Binnenhof. Een en ander bracht met zich mee dat er dan thuis niet gekookt werd, wat werd opgelost door voor mij een abonnement te nemen bij Chai Yen, een morsige Chinees bij ons om de hoek op de Frederik Hendriklaan. Ik zat daar niet mee en vond het zelfs behoorlijk stoer dat ik daar in mijn eentje voor het raam zat en bediend werd door Chai zelf, een bolle oosterling die zwetend en met een besmeurd voorschoot zijn creaties uit zijn walmende keukentje kwam aandragen en op alles wat ik zei of vroeg alleen maar kon giechelen.

Ik hoopte natuurlijk dat mijn klasgenoten mij in deze decadente positie zouden waarnemen en ik oefende voor de spiegel thuis de verveelde blik, één wenkbrauw omhoog, waarmee ik hen dan zou aanstaren als ze hun neuzen tegen de ruit van de Chinees zouden platdrukken. De – aanzienlijke – wachttijd bij Chai Yen doodde ik met het aanbod van de Leesportefeuille, waarin naast het stripweekblad *Kuifje* ook al spoedig de *Donald Duck* zijn entree in Nederland maakte, terwijl ik in *De Lach* heel wat grappen tegenkwam die ik maar half begreep, maar die me toch intrigeerden. De enkele keer dat ik er tegenover mijn vader over begon en hem om uitleg vroeg, maakte hij evenwel wegwerpende handgebaren en riep dat ik daar nog te jong voor was.

Dat ik nog steeds op de Duinoordschool zat, beschouwde ik als een meevaller. Nu hoefde ik me immers niet opnieuw in een voor mij onbekende omgeving een plek te verwerven. Gelaten hoorde ik de zouteloze vakantieverhalen over de campings bij Callantsoog en zelfs helemaal in Noord-Frankrijk aan. Dat ik in diezelfde periode hoofdfiguur van een echt gebeurd avontuur was geweest, vervulde me van een heimelijk soort trots. Met sommige klasgenoten kon ik het inmiddels redelijk goed vinden, al was ik met geen van hen zo vertrouwd dat ik kon uitleggen wat voor krankzinnige zomermaanden ik net achter de rug had. Voor mijn omgeving was ik 'wegens familieomstandigheden', zoals schoolhoofd Van Westering na mijn vertrek in april in de klas had aangekondigd, een tijdje weg geweest. En dat ik nu weer terugkwam verklaarde hij met dezelfde bewoordingen, waarbij hij de hoop uitsprak dat ik nu zonder verdere problemen de schoolgang zou kunnen afmaken. Dat ik in de tussentijd ontvoerd was, in feite zelfs twee keer, kwam niemand te weten.

Zo groeide ik op als een jongen met geheimen: over mijn vader in de oorlog, over mijn armlastige moeder die met mijn onechte zusje in Duitsland woonde, over mijn streng katholieke grootvader en diens soms duistere activiteiten waarover ik gaandeweg wat meer te weten kwam, over mijn ontvoering, over dat we onderling nog steeds het liefst Duits spraken op De Laan. Allemaal zaken die een ongedwongen omgang met mijn Nederlandse leeftijdgenoten belemmerden en er de oorzaak van waren dat ik au fond een teruggetrokken, eenzaam bestaan leidde. Ik wist dat er op allerlei terreinen een groot verschil bestond tussen de levenswijze en de achtergrond van onze familie en die van de ons omringende Nederlanders, en dat was voor mij voldoende om af te zien van vriendjes die ik bij mij thuis zou moeten uitnodigen.

Bobby was mijn steun en toeverlaat: een pientere, zwartharige hond van vuilnisbakkenras met vier keurige witte slofjes en een witte punt aan zijn pluimstaart, die door Mimousse, een even groot hondenliefhebber als ik, vlak voor mijn komst naar Den Haag in huis was gehaald. Net als vroeger met Freddy het geval was geweest, werd Bobby mijn voornaamste gesprekspartner op de avonden dat ik alleen thuiszat en – televisie was er nog niet – me vermaakte met monotafeltennis. Dat was een zelfbedachte variant die erop neerkwam dat ik de overloop op en neer dribbelde met het pingpongballetje klakkend dansend op het batje, met aan beide einden een gesloten deur waartegen ik dan telkens vanaf een meter of twee een smash sloeg, die, al naargelang de afstand van zijn terugkaatsing, een bepaalde hoeveelheid punten opleverde. Dat ik mezelf daarbij in twee verschillende tafeltennissers moest opsplitsen was geen probleem voor me: de ene was ikzelf, de ander was – natuurlijk – Cor du Buy, de toenmalige onbetwiste kampioen van Nederland. Ik had gemerkt dat eerlijk spelen het spannendst was, zodat ik elke smash voluit sloeg en daarna, behoudens de gevallen dat ik kon retourneren, wat hoogstzelden gebeurde, geholpen door Bobby, die vrolijk tussen alles door liep en zich niet zelden speels grommend op het balletje stortte, de afstand tot op de centimeter nauwkeurig opmat. In twijfelgevallen besliste Bobby.

Waar de klas mij om benijdde was de zichtbare toewijding die mijn hond tegenover mij toonde. 's Ochtends trok hij me aan zijn riem, die ik dan aan het stuur van mijn autoped had vastgemaakt, voort naar school. Stipt om twaalf uur stond hij me daar weer kwispelend op te wachten om me naar huis te brengen voor de lunch, en hetzelfde ritueel herhaalde zich na de middagpauze. Ik ging vaak met hem wandelen in het voormalige tankgrachtengebied, waar hij zich tot een razendsnelle apporteur ontwikkelde en waar we mijn hoofdkwartier, dat er nog steeds stond, elke keer dat we er kwamen verstevigden en verbeterden.

Je kon Bobby overigens ook rustig in zijn eentje laten rondlopen; hij deed dan de dingen die een straathond gewoon is te doen, zoals ik een keer, toen ik hem heimelijk volgde, had geregistreerd: zijn gebied al pissend afbakenen, hier en daar iets eetbaars opscharrelen en achter de teven aan gaan. Dat hij ook, als het moest, vocht met andere honden uit de buurt merkten we als hij van zijn tochten terugkeerde met een bloedend oor of een gat in zijn poot. We hoefden overigens nooit op de uitkijk te staan of Bobby er nu eindelijk aankwam: hij had zichzelf aangeleerd twee keer achter elkaar hard te blaffen als hij naar binnen wilde, en dat signaal werd driehoog feilloos door mij opgepikt. Niemand had zo'n hond als Bobby.

–DERTIG–

Terwijl Mimousse steeds meer aandacht aan mijn opvoeding ging besteden, wendde mijn vader zich juist steeds meer van me af. In het begin, toen hij nog geen verantwoordelijkheid voor Poortensdijk droeg, was hij nog wel bereid om mee te doen. Hij leerde me veters strikken op Russische wijze – zeer onhandig, met twee lussen die je met elkaar moet verstrengelen, maar als je je zoiets eenmaal hebt aangeleerd kom je er de rest van je leven niet meer vanaf. Hij knipte mijn nagels, leerde me schoenen poetsen, nam me geregeld mee naar de kapper en deed me op paardrijles. Daar, in de stokoude manege in de Kazernestraat, midden in Den Haag, leefde hij helemaal op als hij me op zaterdagmiddag begeleidde en toekeek hoe ik, op aanwijzingen van de rijschoolhoudster, Noortje Tack, in de piste mijn kunstjes deed. De eerste keer dat ik werd afgeworpen en huilend naar hem toe liep, kreeg ik prompt een draai om mijn oren. 'Hou op met janken, oud wijf! Een paard merkt alles. Als de sodemieter weer dat zadel in, laat zien dat jij de baas bent, anders kun je het wel schudden,' beet hij me toe. Noortje Tack, een vrouw met haar op de tanden, van wie mijn vader altijd zei dat ze zo iemand was die je voor haar verjaardag een Ronson-aansteker cadeau kon doen, stond er goedkeurend bij te knikken.

Die opmerking over de Ronson was typisch zo'n bizarre uitspraak waar mijn vader patent op had en die, hoewel volstrekt betekenisloos, toch op een geheimzinnige manier een essentie wist te raken. Ik althans hoef maar aan een Ronson te denken of ik zie de fameuze Haagse amazone weer haarscherp voor me, terwijl ze met een kolossale thermometer in de hand in de reet van een ziek paard rondwroet of met daverende klappen met haar rijzweep op de schacht van haar laars de leerlingen met schelle stem tot grotere activiteit aanspoort.

Wijze levenslessen hoefde ik van mijn vader niet te verwachten. Zijn drie favoriete slogans luidden: 'De domste boeren hebben de dikste lullen', 'Met geweld gaat alles', en: 'Denken moet je aan paarden overlaten, want die hebben een veel groter hoofd dan jij'. Stuk voor stuk uitspraken die ik een Nederlandse vader nog niet zo gauw hoor bezigen.

Het Nederlandse vocabulaire van mijn vader was, sinds hij getrouwd was met Mimousse, in korte tijd aanzienlijk verbeterd, en zeker toen ze in de jaren zestig in Brabant gingen wonen, waar mijn vader al snel overstapte op een kolderiek soort zelfbedacht superboerenbroabants, was er, op het eerste gezicht, weinig allochtoons meer aan deze joviale zuiderling te bespeuren. Dat kwam pas aan de oppervlakte als hij thuis de fles ter hand nam en verzonk in zijn eindeloze reservoir aan herinneringen. Maar dan werd het ook vaak meteen heel erg angstaanjagend, zoals die keer dat ik laat thuiskwam en hem in de keuken op verbeten toon vuurbevelen hoorde geven: '*Zwei Grad nach links, Höhe achtzehn, Feuer! FEUER hab ich g'sagt, FEUER! Wo bleibt Feuer?! Der Iwan rückt schon vor...*' Met een verwilderde blik zat hij geheel alleen aan de keukentafel, volkomen van de wereld, vanuit zijn imaginaire, drankdoordesemde waarnemersputje de artillerie naar het doel te geleiden.

Mijn compassie voor mijn vader nam in de loop der jaren af. Ik begreep dat het belangrijk voor hem was dat hij zijn Duitse oorlogshart bij mij zonder gevaar kon luchten, zoals hij op zeker moment steevast elke zondagochtend ging doen. Mimousse vertelde me wel eens dat mijn vader weer schreeuwend en badend in het zweet in het holst van de nacht wakker was geworden omdat onafzienbare cohorten 'Hoera!' brullende Russen een stormaanval, met de bajonet op het geweer, op de Duitse stellingen uitvoerden. 'Daar mag je met niemand over praten,' drukte ze me dan op het hart. 'Dat is iets waar de mensen hier in Nederland toch nooit begrip voor zullen hebben. Ze zullen je vader een nazi gaan noemen, maar dat was hij niet. Onthoud dat goed: dat was hij niet. Hij was een soldaat die wilde vechten om alles wat de familie aan de bolsjewieken was kwijtgeraakt weer terug te krijgen. En daarom moet je wel naar hem luisteren, maar verder hierover altijd je mond houden.'

Dat deed ik trouw, maar het voorkwam niet dat ik steeds grotere weerzin tegen de zondagochtenden in mijn ouderlijk huis begon te ontwikkelen. In de eerste plaats omdat ik zijn verhalen na verloop van tijd wel kon dromen. In de tweede plaats omdat het gedwongen urenlang toehoren steeds minder in te passen viel in de agenda van een Haagse scholier die op zondag moet hockeyen, schaken of andere belangrijke zaken moet verrichten. Maar vooral, misschien, omdat ik steeds meer aanvoelde dat al dat gepraat over de oorlog mij geen stap dichter tot mijn vader bracht.

Toen hij begon met vertellen, ongeveer een jaar na mijn terugkeer naar Den Haag, beschouwde ik hem nog als een held uit een vreemd, angstaanjagend sprookje die na talloze avonturen als door een wonder levend uit de hel was gekomen. Het vergelijkingsmateriaal dat ik in Palenberg bij de vader van Hans had opgedaan, accentueerde dat. Toen ook vond ik de paar relikwieën die hij uit de oorlog had meegebracht nog mateloos interessant: het Kaukasische kleedje dat bedrieglijk burgerlijk in de zitkamer op tafel lag, maar dat intussen toch maar mooi als deken op een Mingreelse paardenrug had gediend. De granaatscherf die uit zijn been was gehaald en die hij als presse-papier gebruikte. De granaatkorreltjes die niet operatief verwijderd hadden kunnen worden en die door zijn lichaam zwierven, zoals hij zei, wijzend op zijn hand: 'Kijk, hier zie je er twee. Die zitten nu in mijn hand. Ik kan alleen maar hopen dat ze straks niet bij mijn hart komen, want dan ben ik er geweest.'

De dood omgaf hem, ook vele jaren na de oorlog nog. De paar

foto's van zijn omgekomen oorlogskameraden die soms als patiencekaarten op zondagochtend voor hem lagen op de keukentafel. Het speldje met het IJzeren Kruis op zijn revers als hij bij familie of vrienden in Duitsland op bezoek was. Al die dingen betekenden dat het sprookje nog echt gebeurd was ook. Dat ik er niet over mocht praten vond ik zelfs spannend; het was een geheim dat ik deelde met mijn vader.

Maar vier jaar later al, toen ik aan het puberen was geslagen, was mijn vader in mijn optiek verworden tot een wrokkig zondagochtendobstakel in de keuken die, gehuld in pyjama en ochtendjas, kettingrokend uit een zwart bakelieten sigarettenpijpje en de jeneverfles binnen handbereik, mij met zijn even klagerige als inpalmende stem dwong tot een wekelijks tijdrovend ritueel dat eigenlijk niet veel meer inhield dan het beluisteren van overjarige, niet meer ter zake doende frontcommuniqués uit een tijd die de zijne, maar absoluut niet de mijne was en waarvan ik me zo snel mogelijk wilde losmaken. Omdat er namelijk zijnerzijds niets tegenover stond: hoe het mij verging op het gymnasium of in de liefde, wat mijn plannen of dromen waren – het interesseerde hem totaal niet. Ik was zijn klankbord, zijn legitimatie voor een wekelijkse rituele onderdompeling in het verleden, niet meer dan dat.

Dat we het juist in die tijd materieel een stuk beter kregen en naar het prestigieuze Marlot op de grens met Wassenaar verhuisden, was voor mij allerminst een doekje voor het bloeden. Wat ik toen aanvoelde, zie ik nu, al schrijvend, eindelijk scherp: een vader die niet in mij geïnteresseerd was en slechts bezeten was door de idee ooit rijker te worden dan de Oude Heer – dan pas zou hij gelukkig kunnen zijn. Een door drie miskramen gefrustreerde stiefmoeder die mij, bij gebrek aan beter, tot haar levenstaak had verheven en mijn succes in de maatschappij tot graadmeter van haar eigen geluk had gemaakt. Maar dat ze echt van me hield kan ik niet zeggen. Haar liefde gold mijn vader, niet in de eerste plaats het kind dat hij aan een mislukt huwelijk uit een verleden dat zij wilde uitbannen, had overgehouden.

Het onderlinge verbond tussen Frans en Mimousse was hecht en voor mij ondoordringbaar, en eigenlijk was er geen plaats voor mij als volwaardige *Dritter im Bunde*, waar je als enig kind toch onbewust naar streeft. Zo verliepen mijn kinderjaren en de puberteit in toenemende zelfingekeerdheid, geconfronteerd als ik werd met twee mensen die elke avond na het eten, de ruggen naar mij toe gewend, tot diep in de nacht aan de keukentafel hun problemen en plannen bespraken, zaken waar ze mij absoluut geen inzage in gaven, en alleen maar vroegen of ik mijn huiswerk gedaan had als ik hun welterusten kwam wensen. 's Ochtends bracht ik hun thee en koffie op bed, waarna ik zelf, alleen in de keuken, mijn ontbijt regelde en naar school ging. Buiten het avondeten was er nooit een gezamenlijk moment waarop iets van huiselijke warmte met elkaar gedeeld kon worden, en die maaltijden verliepen over het algemeen vrijwel conversatieloos: ik vermeed al te diepgaande beschouwingen over mijn doen en laten, omdat ik wel voelde dat mijn vader er toch geen belangstelling voor had, terwijl mijn ouders – zo was ik ze inmiddels wel gaan zien – hun verhalen opspaarden voor het moment dat ik, lastige luistervink, naar mijn kamer vertrokken zou zijn.

Zelfs Kerstmis verliep zonder wezenlijke aandacht voor elkaar: methodisch werden de geschenken volgens de gezamenlijk opgestelde lijst aangeschaft, onder de boom gelegd, uitgepakt en in orde bevonden (mijn vader blonk dan uit in scrupuleuze inspectie, waarbij hij met een wantrouwig gezicht een indruk van de kwaliteit van het geschonkene probeerde te krijgen), waarna een plichtmatige bedankkus volgde. De drank deed hier godlof zijn zegenende werk, verdoezelde alras de wrange kantjes van het samenzijn onder de boom en bracht mijn vader telkens weer tot tranen als hij het 'Stille Nacht' in het Duits zong: '*Christ der Retter ist da…*'

Ik zag hem dan zitten in zijn schuttersput, hopend dat er daadwerkelijk uit de *Götterdämmerung* om hem heen een reddende

Christus op het slagveld zou verschijnen die de aanstormende goddeloze rode horden zou wegvagen, en hoewel ik sterk het vermoeden had dat met name de kerst van 1943, toen het voor iedereen duidelijk was geweest dat Duitsland de oorlog onherroepelijk zou verliezen, in een dergelijke delirische sfeer verlopen was, gunde ik hem dat melancholieke zwelgmoment na een paar jaar niet meer en begon ik hem met satanisch genoegen te overstemmen met 'Hij der schepselen Heer...' in het Nederlands en ook nog eens in de protestantse versie, wat hem onveranderlijk kwaad maakte, waarop Mimousse dan weer, mij verwijtend aankijkend, sussend tussenbeide moest komen.

En de enige die me die warmte, waar ik zeker naar verlangde, had kunnen geven, vervaagde steeds meer tot een schim waarvan ik in de loop der jaren de contouren begon te vergeten en van wie ik het stemgeluid nauwelijks meer kon oproepen.

–EENENDERTIG–

De Oude Heer geloofde het pas toen hij het van zijn zwager, Onkel Walter, nog eens bevestigd kreeg. Met een ernstig gezicht had deze de vellen met medische rapporten, die hij als Duits oncoloog van het Antoni van Leeuwenhoek Ziekenhuis ter inzage had gekregen, bestudeerd, en zijn conclusie was hard en duidelijk: 'Je hebt hooguit twee maanden, Joan. Je moet nu echt dingen gaan regelen.' Het was december 1953. Ik was negen en had zojuist van Mimousse gehoord wat ik al een tijdje bevroedde: Sinterklaas bestond niet. Ze vond het gek dat ik daar niet zelf al achter was gekomen.

Dat Opa op sterven lag, hoorde ik pas aan de vooravond van 23 januari 1954, de dag dat hij definitief de ogen sloot, omringd door vrouw, kinderen, Onkel Walter en een geestelijke, pater Kolfschoten, die elke dag langskwam en hem vlak voor zijn dood de biecht afnam en het Heilig Oliesel toediende. 'Vaarwel, lieve broeder, grote vriend, tot ziens. *In coelo quies*,' hoorde ik de jezuïtische huisvriend, die hem nog uit Riga kende en die in de herenkamer meer dan wie ook instrumenteel was geweest in de besluitvorming in talloze zaken, met gesmoorde stem zeggen. Ikzelf stond, samen met Mimousse en Trees, in de deuropening van Opa's slaapkamer, die zijn sterfkamer was geworden: hij had me bij zich laten roepen, me over mijn hoofd geaaid en niets gezegd. En ook ik had zwijgend de laatste impressie van hem in me opgenomen: bleek, met tinten lichtgeel en lichtpaars, was zijn gezicht geweest. Geen zichtbare emotie viel er te bespeuren. Mijn grootvader was verstijfd tot een keurige man met voorname gelaatstrekken, en toen zijn hand krachteloos op het laken was teruggevallen, leefde hij alleen nog maar door zijn donkere ogen, die merkwaardig strak op mij gericht waren geweest terwijl ik achteruitschuifelde, totdat hij langzaam en eventjes knipperend, alsof hij opeens bedacht dat hij toch nog iets moest zeggen, zijn oogleden sloot.

Toen dokter Van Tilburg het onomstotelijke eindvonnis geveld had – 'Hij is dood, lieve mensen' –, zeeg mijn grootmoeder, zoals dat hoort bij Russische vrouwen, krampachtig snikkend bij de Oude Heer neer. Dat had ik wel min of meer verwacht; wat me echter verbaasde was dat mijn vader meteen naar het raam liep dat op de achtertuin uitkeek en de gordijnen, die de hele week dag en nacht gesloten waren geweest, opende, waarna Xeno, die achter hem aan was gekomen, ze in een vloeiende, naadloos aansluitende beweging weer sloot. Beide broers keken elkaar een paar tellen zwijgend aan, waarna ze naar het sterfbed terugkeerden en, Xeno aan het hoofdeind en mijn vader aan het voeteneind, zo ver mogelijk van elkaar af aan weerszijden ervan plaatsnamen.

Dat beeld is me bijgebleven als een allegorie van de tweespalt die vanaf het doodsuur van Opa de relatie tussen mijn vader en mijn oom zou kenmerken; ook zag ik hierin het streven van Xeno aanschouwelijk gemaakt om de onbetwiste beheerder te worden van het erfgoed van de Oude Heer – zoals hij daar zat, met de handen gevouwen en zijn hoofd voorovergebogen en zo dicht mogelijk bij de lippen van de dode, leek het alsof hij hoopte nog een laatste ademtocht met een alleen voor hem bestemde boodschap op te vangen terwijl het gedoe met de gordijnen ten slotte voor mij een teken was dat Xeno inderdaad iets te verbergen had en dat ook zo wilde houden. Iets waar mijn vader de voorafgaande weken in steeds nadrukkelijker bewoordingen over had gesproken: 'Die gaat ons allemaal belazeren als we niet oppassen.'

Dat waren natuurlijk woorden die uit achterdocht en afgunst ontsproten waren. Daar leek ook wel reden voor. Zeker in de laatste week voor Opa's dood had Xeno de regie der gebeurtenissen strak in eigen hand genomen. Hij had zijn vader opgehaald uit het ziekenhuis om hem op De Laan te laten sterven en hij had ervoor gezorgd dat een stoet notarissen, juristen, directeuren van Opa's bedrijven en adviseurs, met attachékoffers en stapels paperassen onder de arm, bij de Oude Heer thuis langskwam om afscheid te nemen, regelingen op papier te zetten en laatste instructies te ontvangen. Met drie kussens als ruggensteun lag de Oude Heer, gekoppeld aan een zuurstofcilinder, in het grote mahoniehouten bed waar ik vroeger nog wel eens op zondagochtend, samen met Frau Kochmann, het ontbijt mocht komen brengen, met een vertrokken gezicht en in ademnood verslagen aan te horen en oekazes uit te vaardigen. De dag voor zijn overlijden vond er in die slaapkamer, bij het licht van een paar bijgeplaatste bureaulampen, zelfs 'een conferentie' plaats, zoals de in huis gehaalde verpleegster bijna vijf jaar later onder ede zou getuigen. Dat was bij een rechtszaak die Titty en Guus tegen de rest van de familie hadden aangespannen. Het ging daarbij om de vraag of de Oude Heer nog wel toerekeningsvatbaar was geweest toen hij zijn testament en andere documenten liet opmaken. Daar was die verpleegster heel duidelijk over: de patiënt was weliswaar 'doodziek, maar hij was wel bij in die zin dat er met hem nog wel te praten was [...], terwijl andere patiënten wel eens versuft wegzakken, wat hij niet deed. [...] Er was geen sprake van een coma [...] ik heb steeds behoorlijk met hem kunnen praten.'

Mede door deze getuigenis verloren Titty en Guus deze zaak, en niet lang daarna was hun echtscheiding een feit. Guus van Blaem, ervan doordrongen dat er bij de familie Münninghoff voor hem niets meer te halen viel, liet de vrouw bij wie hij vijf kinderen had, het laatste pas drie maanden oud, vallen als een zak cement en begon onverdroten een nieuw leven, net als het vorige gebaseerd op schone schijn, waandenkbeelden en allerhande losbandige kuiperij.

'Denk aan Zwitserland' waren volgens de aanwezigen bij het sterfbed de laatste woorden van mijn grootvader geweest. Deze nogal triviale aanwijzing werd het sein tot een aantal frenetieke zoektochten langs diverse Helvetische bankinstellingen die de zoons van de Oude Heer hebben uitgevoerd. Mijn vader opereerde daarbij, zoals hij gewoon was, alleen, als een *lone wolf*. Ik heb een handjevol briefkaarten van hem, de meeste uit Zürich, maar ook enkele uit Vaduz, de lonkende hoofdstad van het financieel zo schemerduistere Liechtenstein, en ook steden als Fribourg, Lausanne en Chur. Wat hem precies tot deze routes voor zijn speurtochten dreef, weet ik niet; dat zijn inspanningen hem niets opleverden staat wel vast. Maar ook de pogingen van Xeno – die Jimmy in zijn nabijheid moest dulden omdat deze zich van meet af aan assertief opstelde en het eenvoudig niet toeliet dat zijn tweelingbroer alleen op reis ging – liepen op niets uit.

Althans, dat maakten de broers elkaar wijs tijdens de zeldzame keren dat ze voor een gezamenlijke maaltijd op zondagmiddag bijeen zaten bij Omi, voor wie een appartement was gehuurd in het luxueuze flatgebouw Cats'heuvel in het Haagse Statenkwartier. Een uniek gebouw uit de jaren twintig met een geheel uit mausoleummarmer opgetrokken entreehal en, recht tegenover de ingang, een prachtig duizendkleurig glas-in-loodraam. Er was een omvangrijke portiersloge met voor elke flat een eigen postkastje en een permanent aanwezige bewaking. Via een statige trap ging je, in ons geval, naar rechts (er was ook een identieke linkervleugel), waar je langs de permanent open deur van het kantoor van de beheerder (die altijd even opstond om te groeten) een lange galerij met vitrinekasten van de meest vooraanstaande Haagse juweliers, schoenenzaken en modehuizen doorliep tot aan de lift, die gesitueerd was bij de ingang van het voorname restaurant.

Omi, die zich in deze luxe zichtbaar wel voelde, woonde op de tweede etage. Twee verdiepingen hoger was er nog een dakterras, waar je via een huistelefoon bestellingen kon plaatsen bij de bar van het restaurant. Een ober in donkerrood frak kwam dan het gewenste op een zilveren dienblad aandragen. Een handtekening en flatnummer waren voldoende. Ik was inmiddels in 1956 op het Haganumgymnasium beland en schroomde natuurlijk niet om mijn nieuwe klasgenoten, zorgvuldig geselecteerd uiteraard, op deze ongehoord exquise faciliteit te trakteren. Zo zaten wij, Frits en Ernest en ik, en af en toe een meisje, met onze Homerus of Tacitus in ligstoelen in de zon op dat dak tonic met ijs en een schijfje citroen te drinken en net te doen alsof dit de normaalste zaak van de wereld was.

Omdat behalve Frans ook Jimmy en, zij het wat later, Titty in het Statenkwartier gingen wonen, was de keuze voor Cats'heuvel een voor de hand liggende geweest: zo kon hun moeder, die nu eenmaal door haar grote doofheid niet gemakkelijk zelfstandig functioneerde, als het moest elke dag met van alles en nog wat direct worden geholpen.

In de praktijk kwam het erop neer dat ik de dagelijkse boodschappen voor mijn grootmoeder deed, wat ik helemaal niet erg vond, omdat Omi altijd heel belangstellend naar me was, grappen met me uithaalde, me tientallen Russische woordjes leerde en bovendien gewoon doorging met me te verwennen, zoals ze al op De Laan gewend was geweest. Ik had inmiddels, als twaalfjarige, enig inzicht gekregen in de zaken die binnen de familie speelden en het was me duidelijk dat er bij de verdeling van de erfenis van alles aan de hand was.

Als we op zondag *full house* hadden en de kleine eethoek van Omi barstensvol zat met haar drie zoons plus drie echtgenotes (Guus, de bezwangeraar van Wera, is bij mijn weten nooit op Cats'heuvel geweest en Titty kwam er pas na haar echtscheiding), deed ik mijn uiterste best om tijdens het opdienen, inschenken en afruimen – een taak die ik als vanzelfsprekend op me nam – iets van de venijnige twistgesprekken tussen de broers en hun vrouwen op te vangen. Omi, die gekookt had, zat dan al die tijd met een gelukzalige glimlach om de lippen naar haar kroost plus aanhang te kijken, gevangen in haar overweldigende doofheid, die haar tot niet meer in staat stelde dan tevreden te knikken als haar Baltische gerechten, met als onveranderlijke intro het loodzware gehaktflensje *Komm morgen wieder*, door iedereen met veel mimiek in nostalgische verrukking werden geprezen.

Maar ondertussen sisten de giftige beschuldigingen als adders over en weer over tafel en voelde menigeen zich gedwongen met ingehouden woede haastig de zitkamer op te zoeken teneinde daar met een sigaret tussen de trillende lippen tot bezinning te komen zonder dat Omi's idyllische perceptie van het samenzijn door geschreeuw of erger werd verstoord.

De eerste die zich aan deze situatie onttrok was Jimmy. Sowieso al verbitterd door de manier waarop de Oude Heer zich na zijn ziekte tegenover hem had opgesteld (in diens ogen was zijn gehandicapte zoon een slap, verwijfd moederskindje geweest, en misschien zelfs wel homo), had Jimmy zich in Amsterdam een nieuwe identiteit aangemeten. De progressieve kunstenaarskringen waarin hij verkeerde stonden dermate ver af van de harde no-nonsenselevensstijl op De Laan dat Jimmy algauw nog verder van het ouderlijk nest vervreemd raakte.

Zijn huwelijk in het voorjaar van 1952 met Christine Arnold, een prettig ogend meisje uit de Haagse scene, was in zekere zin het sluitstuk van deze verwijderingsoperatie: de Oude Heer en Omi hadden, samen met Xeno en Trees, er de voorkeur aan gegeven in die periode een reeds lang geplande zakelijke vakantiereis naar Finland uit te voeren en ontbraken dus glashard op de trouwplechtigheid (van Omi werd beweerd dat haar een en ander ontgaan was en dat ze later heel kwaad op de Oude Heer was geweest, wat ik voetstoots aanneem). Dat het een gedwongen huwelijk was – hun dochter Monique werd een halfjaar later geboren – droeg ongetwijfeld ook bij tot de verwijdering tussen het jonge stel en Jimmy's ouders. In elk geval had Jimmy geen enkele ambitie om zich in te zetten voor het deel van het zakenimperium van de Oude Heer dat hem zou toevallen, en toen dat uiteindelijk de ringventilatorenfabriek Stork bleek te zijn, liet hij zich zo gauw mogelijk uitkopen door Xeno.

Later zou, zoals te verwachten viel, de vraag aan de orde komen of de getroffen regeling tussen beide tweelingbroers wel geheel loepzuiver was geweest, wat tot in hun levensavond het onderwerp van hooglopende twisten zou blijven. Maar in 1954 was Jimmy nog een zorgeloze, avontuurlijke man die er met een flinke zak geld samen met Christine op uit trok om de wereld te verkennen. Het werd uiteindelijk Mallorca, waar Jimmy een huis kocht in Puerto d'Andraitx, met in de loop der tijden buren als Peter Ustinov, Jean Seberg, Gore Vidal en – op enige afstand – de Spaanse koning, en waar hij vanaf 1956 een halve eeuw lang gemiddeld zes maanden per jaar zou verblijven. De resterende maanden, doorgaans rond de kerst, bracht hij in Den Haag door. Hun huis, waarin hun dochter Monique door de moeder van Christine werd grootgebracht, werd een trefcentrum voor al diegenen die na het officiële sluitingsuur van de meer artistieke kroegen in de Haagse binnenstad nog even wilden doorgaan. Ook waren er flink wat oud-verzetsmensen vaste gast bij Jimmy en Christine, onder wie de vermaarde Kas de Graaf, oud-hoofd van het

Bureau Bijzondere Opdrachten, en Peter Tazelaar, de man die in *Soldaat van Oranje* wordt getoond terwijl hij in smoking en zogenaamd dronken de Duitse bewaking, na aan de kust gedropt te zijn, bij de neus neemt. Voor mij als adolescent vormden Jimmy's late avondjes aan de bar bij hem thuis aan de Adriaan Pauwstraat, waarbij de wodka en de wijn een passende begeleiding vormden voor de verhalen over de ontdekking van het paradijs op Mallorca en de schimmige gebeurtenissen achter de coulissen van de Koude Oorlog, waar menigeen verstand van leek te hebben, een ongedachte entree in de grote wereld.

Titty was de volgende die in het gekrakeel rond de erfenis afhaakte. Het bleek dat de Oude Heer op zijn sterfbed tot verkoop of liquidatie van een paar door hem na de oorlog opgerichte kleinere bedrijven had besloten: een voedselfabriek in IJmuiden, een fabriekje voor kantoorbenodigdheden in Amsterdam, een technisch handelsbureau in Den Haag. De opbrengst daarvan ging naar Titty, die lange tijd claimde op meer recht te hebben. Het verloren proces over de rechtsgeldigheid van het testament had haar evenwel kopschuw gemaakt en toen Guus haar even later had verlaten legde Titty zich gedesillusioneerd bij de feiten neer en betrok met haar kinderen een huis in de Viviënstraat op nog geen halve kilometer van Cats'-heuvel.

–TWEEËNDERTIG–

Al snel bleek dat mijn vader niets van het zakentalent van de Oude Heer had meegekregen. Aan het hoofd geplaatst van de handelsonderneming Poortensdijk, die voornamelijk bestond uit een behoorlijk goed draaiende olieraffinaderij in de Haagse industriewijk De Binckhorst, met een stuk of vijftien werknemers, slaagde hij er niet in het in principe perspectiefvolle bedrijf tot bloei te brengen.

Sterker nog: na nog geen drie jaar leek een faillissement onafwendbaar en voelde hij zich gedwongen zijn toevlucht te nemen tot illegale methodes om toch tot de door hem zo fanatiek nagejaagde rijkdom te kunnen komen.

Zijn voornaamste tekortkoming was zijn naïviteit, door sommige van zijn kennissen later zelfs als 'kinderlijk' omschreven. Je kon Frans Münninghoff van alles voorspiegelen en wijsmaken, hij trapte er geheid in. Hij was ook koppig in het verdedigen van mensen die hij vertrouwde. Oom Wim, zelf ook geen topzakenman maar wel iemand die een goed oog had voor charlatans die zijn pad kruisten, trok zich terug uit de beheerdersfunctie die zijn broer Joan hem indertijd had gegeven, toen neef Frans op eigen houtje in zee ging met een Syrische oliehandelaar in Aleppo. Waarschuwingen van zijn oom sloeg Frans in de wind: het zicht op gouden bergen werd voor hem geopend en hij geloofde daarin. Het eerste, door hem verzorgde olietransport, ter waarde van ongeveer honderdduizend dollar, bereikte, volgens zijn zakenrelatie althans, nooit de Syrische kust. Vragen omtrent de raadselachtige teloorgang van dit cargo bleven onbeantwoord. De man in Aleppo had goed ingeschat dat Frans Münninghoff met zijn kleine bedrijfje in Nederland geen middelen tot controle en doeltreffende reactie op een en ander zou hebben en had de gehele lading zonder een cent aan mijn vader te betalen op de zwarte markt gegooid.

Een andere tussenpersoon op de internationale oliemarkt, iemand in Londen, spiegelde mijn vader grote winsten voor bij het leveren van zware motorolie aan Bulgarije, op dat moment al een door en door corrupt communistisch Balkan-land waar een fatsoenlijk westers bedrijf eigenlijk geen zaken mee kon doen. De Londense partner zou de ingewikkelde materie van de importcertificaten op zich nemen. Ook hier weer werd mijn vader het slachtoffer van de firma List & Bedrog en had hij het nakijken, terwijl duizenden ponden hun weg naar de bankrekening van de Londense broker vonden.

Hetzelfde verhaal in Nederland. Er staan een paar namen in mijn geheugen gegrift van personen die eerst opdoken in de flarden die ik opving als mijn ouders de stand van zaken en de perspectieven met elkaar doornamen, vervolgens af en toe langskwamen op de Boreelstraat (waarbij ze onveranderlijk heel aardig, om niet te zeggen overdreven aardig tegen mij waren), na verloop van tijd zelfs bleven mee-eten en, rap van de tongriem gesneden als ze waren, een sfeer van aanlokkelijke vergezichten wisten te creëren waaraan mijn vader geen weerstand kon bieden. Totdat, meestal na een paar maanden al, ook hier weer de waarheid aan het licht kwam, de fata morgana zich in al zijn verpletterende platvloersheid openbaarde, de betrokkene met de noorderzon en met medeneming van een aanzienlijk bedrag was verdwenen en mijn vader, de vreselijkste vloeken op de lippen, aan de keukentafel de treurige balans van alweer zo'n oplichterszaak opmaakte. Het was precies zoals zijn oude vriend Hans-Erich Seuberlich mij een paar jaar later zou zeggen: de kameraadschap en de daarmee samenhangende eerlijkheid en trouw van de frontsoldaten onderling bestond nu eenmaal niet in de zakenwereld, waarin je elkaar constant de loef moest zien af te steken, als het moest door woordbreuk en bedrog. En dat nekte mijn vader.

Zijn eerste reactie was de Nederlandse samenleving van alles de schuld te geven. Urenlang kon hij tekeergaan over de gluiperige salonsocialisten en de gereformeerde cententellers met hun uitgestreken smoelen die dit waardeloze land in hun verderfelijke greep hadden en het ontstaan van een zompige, van bedrog en verneukerij doortrokken sfeer in de zakenwereld hadden toegelaten, om niet te zeggen aangewakkerd.

Hij ging zelfs zover dat hij officieel een aanvraag tot emigratie indiende. Omdat Edith, een van de zussen van Mimousse, inmiddels in Nieuw-Zeeland was getrouwd, leek dat land voor deze onderneming het meest geschikt. Avondenlang zaten mijn ouders formulieren in te vullen en hun doopceel op papier te zetten. Wat ik ervan vond werd me niet gevraagd, waar ik behoorlijk de pest over inhad, want toevallig was een van mijn klasgenoten van het Haganum net geëmigreerd naar Australië en ik had bij het klassikale afscheid op de kade van de Rotterdamse haven, te midden van de geforceerd feestelijke opwinding, de sluimerende wanhoop en desolate onzekerheid in de ogen van onze Rob Lagendijk wel degelijk opgemerkt, en toen de kleurrijke serpentines tussen de wal en het langzaam op gang komende schip bij bosjes knapten, zag ik hem aan de reling staan met schokkende schouders en zijn handen voor zijn gezicht. Een dergelijke sprong in het duister schrikte mij af, wellicht omdat ik na alles wat ik had meegemaakt nu eindelijk eens rust en vastigheid wilde. Bovendien begon ik inmiddels goed te functioneren op school; ik had vriendjes en vriendinnetjes van wie ik geen afscheid wilde nemen en ik vond het in Nederland, en in Den Haag in het bijzonder, lang zo kwaad nog niet.

Maar Frans en Mimousse sloegen geen acht op mijn gesputter, en zo zaten we op zekere dag op de thee bij de Nieuw-Zeelandse consul, die ons vriendelijk mededeelde dat alles in orde was en dat we ons konden gaan vestigen in Auckland.

Op de terugweg naar huis spraken we geen woord met elkaar. Maar eenmaal thuisgekomen haalde mijn vader een fles wodka uit de ijskast, schonk zichzelf, Mimousse en mij een glas in, hief dat glas en zei: 'We gaan niet. Wij zijn Europeanen. Als ik het in Nederland niet kan redden, lukt het me wel in Duitsland. We hoeven niet naar het andere eind van de wereld te vluchten. Dit is ons deel van de wereld. We blijven hier.'

Ik was dertien en toen ik het glas, op een paar steelse sippen na de eerste wodka van mijn leven, net als mijn ouders in één teug naar binnen goot, voelde ik dat ik hiermee samen met hen een belangrijk verbond had bezegeld. Voor de eerste keer in mijn leven voelde ik me honderd procent met hen verwant. Ik kreeg kippenvel en knikte mijn vader toe: 'Goed gezegd!'

Maar ook in Duitsland, zijn terrein immers, waar hij dacht met mensen te maken te krijgen die eenzelfde mentaliteit als hij bezaten, wachtten Frans Münninghoff bittere teleurstellingen. De laatste keer dat hij op een eerlijke, strikt zakelijke manier probeerde op de oliemarkt zijn geld te verdienen werd hij op een kolossale manier getild door een Duitse man die zich, al flirtend met Mimousse en mij met cadeautjes paaiend, een onaantastbare vertrouwenspositie in ons gezin wist te verwerven. Zijn naam was omineus: August Sondergeld.

Ik herinner me hem als een zacht pratende dandy, doorgaans gehuld in een camel overjas, wat in die tijd heel chic was. Doordringende blauwe ogen, de juiste plooien en vouwen in het verweerde, gebruinde gelaat. Ze spraken Duits, wat mijn vader zichtbaar prettig vond. Een groot *Abkommen* met de in Duitsland gelegerde Amerikanen lag in het verschiet. De *Amis* van vroeger waren nu, met het Marshallplan, van onze vijanden tot onze helpers geworden, zo verklaarde Sondergeld als oprechte Duitser. Een betere garantie voor zakendoen bestond er eigenlijk niet, en dankzij hem zou Franz Münninghoff daar nu ook van kunnen meeprofiteren. De al snel aan de borreltafel loskomende bekentenis van mijn vader omtrent zijn ss-verleden en de mogelijke complicaties die dat kon opleveren, werd door Sondergeld hartelijk lachend van tafel geveegd: '*Das ist dem Onkel Sam ganz Wurst. Die wollen ja nichts anderes als mit uns Geschäfte machen.*'

Waar het de Amerikanen om ging was afgewerkte olie. Dat mijn vader daarover kennis had vergaard en er zelfs een monografietje over had geschreven, was Sondergeld bekend. Die gebruikte olie was, zo verklaarde Sondergeld, in feite ultiem gekraakt en daardoor uitermate geschikt als brandstof voor straalmotoren. Daar waren ze onlangs pas achter gekomen, en het was nu zaak om snel te handelen, overal waar dat maar kon carters leeg te pompen en het spul voor een woekerprijs aan de Amerikanen te verkopen. Als mijn vader nu voor de toelevering kon zorgen, zou Sondergeld het financiële deel beheren. Eens per kwartaal zou dan de afrekening volgen. Franz Münninghoff zou willen dat hij eerder met hem, August Sondergeld, in contact was gekomen!

Het eerste kwartaal moest de levering nog op gang komen en bracht het spul veel minder dan de helft op van wat er beloofd was. '*Kinderkrankheit*' was het sussende toverwoord van Sondergeld, en daarmee was de kinderhand van mijn vader alweer afdoende gevuld. Maar drie maanden later was het de bank die de transacties vanwege internationale financiële belemmeringen niet op tijd rond had kunnen krijgen, en nog drie maanden verder keek mijn vader, die verzuimd had om tussentijdse controles uit te voeren en vol goed vertrouwen eens per week met Sondergeld zijn vermeende winsten in de kroeg zat te bewieroken, tegen een gederfd bedrag van bijna een half miljoen gulden aan. Sondergeld verdween zoals de andere zakenboeven: plotseling, zonder een woord, opgelost in het niets waarin ze thuishoorden.

Maar dit was een Dúitse oplichter geweest. Iemand die iets van de Teutoonse oersaamhorigheid had moeten uitstralen waarin mijn vader altijd geloofd had en die nu zo pijnlijk op niets bleek te berusten. Daar werd hij zo verschrikkelijk ongelukkig en kwaad van dat hij vanaf dat moment bewust in Duitsland wegen ging zoeken die hem illegaal grote winsten konden brengen. Hij moest en zou rijker worden dan zijn vader, en als dat niet op een normale manier kon, dan maar via het schemerduister van de sjoemelaars.

Tegelijkertijd moest hij proberen om 'Poortensdijk' te redden, dat steeds meer klagende leveranciers aan de deur kreeg en waarvan het faillissement bij gebrek aan inkomsten nu vrijwel onafwendbaar leek.

In arren moede wendde Frans zich tot zijn broer Xeno. Die ontving hem met de nodige scepsis, maar niet afwijzend. Voor Xeno, die zich, geheel volgens de verwachtingen van de Oude Heer, ontpopt had tot een dynamische zakenman die zijn Verf- en vernisfabriek W. Paulussen tot een behoorlijk grote speler op de nationale en internationale verfmarkt had gemaakt, was reputatieschade een schrikbeeld. Een falende broer in de zakenwereld was niet iets waar hij op zat te wachten.

'Je begrijpt zeker wel dat ik je geen geld ga geven,' begon Xeno streng. 'Ook al zou ik het willen, ik heb het eenvoudig niet over. Alles wat ik verdien gaat regelrecht weer de eigen zaak in. Alleen zo kun je groter worden. Zo heb ik het van de Oude Heer geleerd.' Met onverholen minachting keek hij zijn oudere broer aan. 'Jezus, Frans, wat heb jij je een oor laten aannaaien. Maar gelukkig voor jou kan ik je toch helpen. Ik heb een zakenvriend, Boelie Ommering, verteld over jouw business met afgewerkte olie. Ommering is bereid om je crediteuren te betalen en verder ook om met jou in zee te gaan, op voorwaarde dat hij de dagelijkse leiding op Poortensdijk en een direct toezicht op die handel in Duitsland krijgt. Die wil hij overbrengen naar Nederland, want ook op Soesterberg hebben ze belangstelling. En uiteraard wil hij meer dan de helft van de winst, want hij steekt zijn nek uit door zich aan jou te verbinden en het kost hem ook in eerste aanleg een bom duiten. Maar dat moeten jullie verder onderling maar regelen.'

'Dus ik word onder een soort curatele geplaatst?' vroeg mijn vader ongelovig.

'Zo zou je het kunnen noemen,' antwoordde Xeno onbewogen, 'maar je hebt het er zelf naar gemaakt. Veel keus heb je niet, volgens mij.'

'Wat is die Ommering voor iemand?' wilde mijn vader nog weten.

'Tja, hij heeft de middelbare school niet afgemaakt,' wist Xeno, 'maar hij kan tenminste rekenen. Iets waar jij niet toe in staat bent gebleken. Ommering was eigenlijk van plan te gaan rentenieren – hij heeft zo'n zeventig straten in Den Haag in zijn bezit –, maar dit vond hij toch een leuke uitdaging en hij doet het ook om mij een plezier te doen. Het belangrijkste is dat hij echt te vertrouwen is.' En, na een meesmuilende blik van mijn vader: 'Als ik dat zeg, is het zo.'

– DRIEËNDERTIG –

De samenwerking met Boelie Ommering was in zoverre succesvol dat mijn vader ruimschoots de gelegenheid kreeg zijn eigen plannen, die hij uiteraard strikt geheim hield, gestalte te geven. Ommering, een joviale man, die evenwel als het op zakendoen aankwam geen enkele vorm van in- of tegenspraak duldde, ging uiterst voortvarend te werk. Allereerst werden de crediteuren betaald, waardoor de goede naam van Poortensdijk hersteld werd. En vervolgens werd de handel in afgewerkte olie gewoon als een van de onderdelen van het aanbod van het bedrijf geafficheerd en niet meer als een product waar alleen maar in speakeasy-kroegen over bedisseld kon worden. Poortensdijk startte een ophaaldienst voor carterolie van vrachtwagens, regelde in de eigen fabriek de laatste raffinage en bracht het product panklaar in de handel. Het was iedereen duidelijk dat hier een gat in de markt gevonden was waar een gerenommeerd zakenman optimaal gebruik van had gemaakt, en zo duurde het nog geen jaar of Ommering had Poortensdijk geheel in het normale zakencircuit teruggebracht.

Voor Frans Münninghoff was dit een ontwikkeling die eigenlijk een bron van frustratie had moeten zijn, maar in werkelijkheid telde hij zijn zegeningen. Niet alleen was hij van zijn schuldeisers af, maar ook kreeg hij van Ommering een maandsalaris dat hem in staat stelde ruimer te gaan leven dan hij, behalve dan in zijn jeugd, ooit gewend was geweest. Goed, het was misschien minder dan hij op grond van de inkomsten van 'Poortensdijk' onder de nieuwe leiding had mogen verwachten, maar het was toch genoeg om een rijtjeshuis aan de Bezuidenhoutseweg aan de rand van de voorname villawijk Marlot te huren. Iets waar de standsbewuste Mimousse erg gevoelig voor was en waar hij zelf ook behoorlijk trots op was. Dat ik na de verhuizing uit de Boreelstraat elke dag in plaats van vier kilometer opeens wel twintig kilometer moest fietsen om op het Haganum te kunnen blijven, was uiteraard geen punt van overweging.

Maar het belangrijkste voor mijn vader was dat hij, omdat Ommering hem er in het dagelijks bedrijf eigenlijk liever niet bij had, over veel vrije tijd kon beschikken. Tijd die hij nodig had om in Duitsland een onderneming te beginnen die hem uiteindelijk over de rand van de afgrond zou stoten.

Het was simpel, als je eenmaal wist hoe het moest. Landbouwdiesel, ook wel 'boerendiesel' genoemd, had van overheidswege in verband met een subsidieregeling een roze kleurtje gekregen, zodat je kon zien dat er geen accijns op betaald was en er dus een veel lagere prijs dan voor gewone, kleurloze diesel mét accijns voor berekend mocht worden. Als je nu in staat zou zijn die boerendiesel weer kleurloos te maken, dan zou je hem voor de normale, veel hogere prijs aan de pomp kunnen verkopen. Het verschil, algauw minstens 60 procent op de prijs van een liter diesel, kon je dan in je zak steken. Simpel, maar uiteraard streng verboden.

Het ontkleuringsprocedé, zo had Frans Münninghoff indertijd van Stubka geleerd, was lastig in de uitvoering, hoewel het principe eenvoudig was. Eigenlijk kwam het erop neer dat de roze boerendiesel over een zwavelbed heen geleid moest worden; dan zouden er voorspelbare chemische reacties optreden en zou de goedkope roze boerendiesel in de gedaante van de normale, kleurloze en veel duurdere diesel uit het proces tevoorschijn komen.

Hoe mijn vader, slechts gewapend met deze basale kennis (Stubka was inmiddels overleden), erin geslaagd is een en ander tot een uiterst lucratieve fraudemachine uit te bouwen, weet ik niet. Hij was hierover zwijgzaam, volgens mij ook tegenover Mimousse. Vaststaat dat hij, ongetwijfeld met hulp van derden, niet ver over de Nederlandse grens, in de buurt van de Duitse stad Lingen aan de oever van de Ems, een soort fabriekshal had neergezet, met twee gebouwtjes. Dieselschepen voor de binnenvaart, met soms wel honderd ton boerendiesel aan boord, voeren het eerste gebouw binnen, loosden daar hun vracht en voeren door naar het tweede gebouw, waar ze de inmiddels door het zwavelbed ontkleurde diesel weer aan boord namen en huns weegs gingen, buitensporige winsten bij de verkoop tegemoet.

Ook hier weer wreekte zich de naïeve instelling van mijn vader. In plaats van zichzelf in één klap tot miljonair te maken – wat hij altijd gewild had en wat nu inderdaad binnen handbereik leek – liet hij zich dwarsbomen door allerlei lieden die lucht van de zaak hadden gekregen en zich erin gingen mengen. Het was, al met al, wellicht ook een te grote onderneming, waarbij noodgedwongen te veel mensen betrokken waren: in de havens van Hamburg en Bremen moesten dieseltransporten 'gekaapt' worden (lees: uit de boeken gehaald, weggemoffeld en soms zelfs gestolen) en dat kon alleen maar via louche tussenpersonen, die allen hun deel wensten. Het transport naar de ontkleuringsinstallatie kon ook alleen maar plaatsvinden als op z'n minst de kapitein van de hoed en de rand wist, en ook bij de afnemers moest de bereidheid gegarandeerd zijn om aan deze strafrechtelijk vervolgbare procedure mee te doen. Later, toen alles door de Duitse overheid ontdekt was en mijn vader bij verstek tot vier jaar cel was veroordeeld, zou hij tegenover Xeno en een van de kinderen van Titty volhouden dat ook grote maatschappijen met wereldfaam zich met zijn proposities hadden ingelaten.

In elk geval, echt rijk werd hij er ook nu niet van. Wat niet wegneemt dat ik me tot op de dag van vandaag zijn kinderlijke vreugde herinner waarmee hij de auto presenteerde die vanaf dat moment de oprijlaan van ons huis in Marlot zou gaan bezetten: de Armstrong Siddeley, 'het dure broertje van de Rolls-Royce', zoals hij met door emoties gesmoorde stem meldde. Het blauw-zilverwitte tweedehands gevaarte, met op de motorkap een zilveren sfinx die de chique geruisloosheid van deze grotendeels met de hand afgewerkte auto moest afficheren, wekte voornamelijk mijn lachlust op. Ik was zestien toen dit gebeurde, al ruimschoots in de puberkrijg met mijn ouders, en ik vond het vooral belachelijk hoe mijn vader hiermee indruk probeerde te maken. Mimousse vond het daarentegen prachtig en ondernam geregeld tochtjes naar de stad met deze superkar.

Lang heeft mijn vader niet van zijn illegale dieseltriefelarijen kunnen profiteren. De inval van de politie in Duitsland vond in 1961 plaats op aanwijzing van streekbewoners die de zwavellucht onaangenaam hadden gevonden, maar geen mogelijkheid hadden gekregen om met de veroorzakers van de stank in contact te komen – de zoveelste fout van mijn vader in deze operatie. Het vonnis, vier jaar cel, werd in absentia in 1961 uitgesproken voor de rechtbank in Keulen en vanaf dat moment was mijn vader opgejaagd wild.

Den Haag werd, hoewel er geen zekerheid bestond over uitlevering, op slag door hem als te gevaarlijk ervaren. Nog datzelfde jaar vertrokken hij en Mimousse naar Netersel, het kerkdorp in het zuiden van Brabant waar hij in 1945, op doortocht naar België, al eens geweest was. Daar kochten ze een vervallen boerderij, die ze, zoals ze me met glanzende ogen verzekerden, binnen een paar jaar zouden herscheppen tot een waar paradijs met vides, terrassen, een enorme zitkamer en vele slaapkamers voor de komende kleinkinderen, stallen voor de paarden en een klein, vrijstaand gebouwtje voor de bibliotheek. De tekeningen van de architect (die een vermogen hadden gekost) lagen al klaar.

Er is nooit iets van terechtgekomen. Tot op het eind van hun gezamenlijke dagen hebben Frans en Mimousse in het voorhuis van de boerderij gehokt, waarin ze, net als vroeger, hun plannen aan de keukentafel bespraken.

Het heeft uiteindelijk tot de lente van 1969 geduurd voordat ik mijn moeder weerzag. Achttien jaar waren verstreken zonder dat ik ook maar enig levensteken van haar had vernomen. Toen ik in 1963 in Leiden ging studeren, besloot ik haar te schrijven. Dit ter onderstreping van het onloochenbare feit dat ik vanaf dat moment op eigen benen stond en geheel zelfstandig, zonder dwang of ruggenspraak met mijn ouders, dingen zou gaan doen en beslissingen zou gaan nemen.

Ik kon, toen ik die zomer naar een onooglijke pijpenla in Oegstgeest verhuisde, niet bepaald op een harmonische tijd terugkijken. Toen mijn ouders Marlot hadden verlaten en zich in Netersel hadden teruggetrokken, was ik ingetrokken bij Omi in Cats'heuvel, waar ik in haar piepkleine logeerkamer – eigenlijk meer een alkoof – een bed, een tafeltje en een stoel tot mijn beschikking had. In het laatste schooljaar werd ik overgeplaatst naar het gastenverblijf in de andere vleugel van het gebouw, waar ik beduidend meer ruimte had en me ook, op het ontbijt en avondeten na, kon onttrekken aan het nogal bewerkelijke huiselijke leven met mijn grootmoeder, die nu eenmaal een gezellige, communicatieve vrouw was en me met haar vele verhalen, waar ik dan weer met een stentorstem vanwege haar diepe doofheid op moest reageren, uit mijn broodnodige concentratie haalde.

In feite had ik in dat appartement het rijk alleen en had ik daar allerlei onvergetelijke zedeloze uitspattingen kunnen arrangeren, maar niets van dat al gebeurde. Misschien was de tijd anders en deed je dat toen nog niet als zeventienjarige, misschien ook was ik een ander soort jongetje. In elk geval: ik werkte daar in mijn eentje hard en geconcentreerd naar mijn eindexamen toe, slaagde alleszins redelijk en maakte toen, ik denk voor de eerste keer in mijn leven, de balans op.

Mijn vader had zich al die jaren niets van mij aangetrokken. Stilzwijgend was er een verwijdering tussen ons beiden ontstaan die zich, al voordat hij naar Netersel was gevlucht, snel verdiepte toen ik hem met zijn sermoenen op zondagochtend links liet liggen om me, soms wel een uur voor het begin van de wedstrijd, in de kleedkamer van mijn hockeyclub HGC of tegen het oefenmuurtje op de tennisbaan van Marlot een alibi te verschaffen. Maar ook Mimousse had geen wezenlijke belangstelling voor me gehad. Vier jaar lang had ze me achter de vodden gezeten, me naar een strenge huiswerkcursus gestuurd, me naar vermogen overhoord en de ouderavonden waakzaam bezocht, maar toen ik eenmaal in het juiste leerritme was gekomen en het duidelijk was dat ik het verder zelf wel kon redden, had ze me de rug toegekeerd en was ze met haar man de rimboe van Netersel binnengestapt. Waarom ze uit Den Haag verdwenen werd me overigens niet verteld; het hele verhaal over de dieselfraude hoorde ik pas vele jaren later.

Daar, in de bossen van de Brabantse Kempen, was ik in rap tempo tot een personage in een fotolijstje op het dressoir vervaagd, slechts kortstondig tot leven gewekt tijdens de verplichte bezoeken met Kerstmis en Pasen. Gebeld werd er nauwelijks en bezoeken aan Den Haag hadden altijd een hoofddoel dat buiten mij om lag. Frans en Mimousse hadden hun eigen agenda en ik maakte daar geen deel van uit. Ik realiseerde me dat geen van beiden ooit naar wedstrijden waaraan ik deelnam was komen kijken, niet naar de hockey- of tenniswedstrijden, waar het altijd wemelde van vaders en moeders die hun kinderen luidkeels aanmoedigden, maar ook niet naar de schaaktoernooien waarin ik successen begon te halen. En ook op belangrijke momenten in mijn schoolleven, zoals toneelvoorstellingen waarin ik een rol had, mijn verkiezing tot praeses van de Bond van Haagse Gymnasiasten, schoolfeesten die ik met mijn bestuur had georganiseerd en – tragisch dieptepunt – bij mijn diploma-uitreiking, waren ze geen van beiden aanwezig geweest. Nu het allemaal voorbij was en de constante, absorberende en levensvervullende werkdruk van het gymnasium eensklaps was opgelost en plaatsmaakte voor een lange, lege zomer in de aanloop naar een nieuwe levensfase, merkte ik hoe alleen ik er eigenlijk voor stond.

Ook werd me duidelijk hoe maatschappelijk geïsoleerd ons gezin had geleefd, want terwijl vrijwel al mijn klasgenoten die in Leiden gingen studeren dankzij het netwerk van hun ouders toegang hadden tot de betere studentenhuizen aan het Rapenburg en omstreken, had ik die connecties niet. Ik was door die mallotige teruggetrokkenheid van mijn ouders en de wereldvreemdheid van mijn lieve, dove Russische grootmoeder aangewezen op dat onmogelijke kamertje in Oegstgeest en ik viel bij de formering van de jaarclubs op sociëteit Minerva ook al niet in de eerste divisie. Het woord bestond toen nog niet, maar ik voelde wel aan dat een tweedegeneratieallochtoon in het conservatieve Leiden een niet bepaald gemakkelijke tijd tegemoet ging, ook al sprak ik vlekkeloos Nederlands en reed mijn vader in een Armstrong Siddeley rond.

In de lange brief die ik, in het Nederlands, aan mijn moeder schreef, probeerde ik deze balans te verwoorden. En hoewel het verhaal neerkwam op een veroordeling van de mensen die ik mijn ouders was gaan noemen, ontkwam ik er niet aan om ook een beschuldigende vinger naar haar te richten: waarom had ze nooit gereageerd op mijn ontvoering? Waarom had ze niets ondernomen om mij terug te krijgen? Maar terwijl ik dat schreef, voelde ik de twijfel bij me opkomen aan de oprechtheid van die verwijtende woorden. Want was ik niet veel beter af geweest in Nederland, moest ik niet vooral blij zijn dat ik niet bij Wera was gebleven en geen Duitser was geworden? Ja, Frans en Mimousse waren geen toonbeelden van ouderliefde geweest, maar wie zei mij dat Wera dat wel geweest zou zijn? 'Je moet begrijpen dat ik deze vragen stel om mijn positie tegenover jou, mijn moeder, te kunnen bepalen. Dat kon ik de afgelopen twaalf jaar om allerlei redenen niet, ook al omdat ik niets van je hoorde. En er werd bij ons thuis nooit over je gepraat; wat ik van je weet heb ik van Titty en Omi,' zo besloot ik mijn brief.

Toen er na zes weken geen antwoord was gekomen, schreef ik Wera nogmaals, ditmaal in het Duits. Ik merkte hoe gekunsteld dat was; ik moest zelfs af en toe een woord opzoeken en was niet altijd even zeker over naamvallen en vervoegingen. In elk geval was dit niet de vanzelfsprekende taal tussen een kind en zijn moeder; verdrietig registreerde ik bij mezelf dat de vervreemding kennelijk al deze definitieve vorm had aangenomen. Maar toen er na twee maanden nog steeds geen antwoord uit Duitsland was gekomen, sloeg mijn droefenis om in ergernis. Het adres in Würzburg waar Wera naartoe verhuisd was en dat ik van Omi had gekregen, klopte toch, verdomme nog aan toe? Waarom schreef ze me dan niet terug? Ik besloot me niet te laten kennen en dit hoofdstuk van mijn leven af te sluiten. Het was kennelijk mijn lot om zonder Wera verder te gaan en dat zou ik dan ook doen.

Er gingen nog eens zes jaar voorbij. Ik studeerde op ongecoördineerde wijze en zonder iets af te maken eerst rechten, daarna Slavische taal- en letterkunde, kwam in het leger terecht en werd KVV'er (kortverbandvrijwilliger) bij de Militaire Inlichtingen Dienst MID. Trouwplannen doemden op en werden daadwerkelijk gemaakt – ook nadat ik wegens gebrek aan discipline uit het leger was getrapt. Maar toen zaten Ellen en ik al uitnodigingen te schrijven voor de grote dag, 20 september 1969. Dat het allemaal doorging was voor mij een hele opluchting, want ik had Ellen zo ongeveer de gehele inhoud van dit boek opgebiecht, maar dat had haar niet afgeschrikt.

Te midden van de vele trouwformaliteiten was er één die mij enige zorgen baarde: in die jaren was het nog noodzakelijk om voor een huwelijk toestemming van de natuurlijke ouders te krijgen. Die van mijn vader kreeg ik, nadat ik erom gevraagd had, per post opgestuurd. Ellen, wier vader al bijna tien jaar eerder was overleden, kreeg de handtekening van haar lieve moeder in Voorschoten. Bleef over Wera, mijn natuurlijke moeder in Würzburg.

Omdat het postverkeer met haar zo onbevredigend was verlopen en ik ook geen telefoonnummer van haar bezat, besloten we haar te gaan opzoeken. Daar had ik aanvankelijk totaal geen oren naar gehad, omdat ik immers mijn moeder uit mijn gevoelswereld had gebannen, maar Ellen wilde haar per se leren kennen. Bovendien kregen we aan het begin van de zomer van 1969 een uitnodiging van vorst Leonid von Manssyreff, mijn leraar bij de MID en, net als mijn familie, afkomstig uit Riga, om zijn huwelijk met een Nederlandse vrouw bij te wonen. Dat feest, waarop zowat de hele oude Russische exil-adel in Europa aanwezig zou zijn, zou plaatsvinden in het kasteel van Bad Mergentheim, niet ver van Würzburg.

Ellen en ik stopten wat nette kleren in onze reistassen en staken bij de rotonde van Voorburg onze duim op; geld hadden we niet en liften was toen nog een normaal verschijnsel. En met Ellen erbij was het nauwelijks een probleem.

Het was al schemerdonker toen de taxi ons de volgende dag naar Wera's onderkomen bracht. Met toenemend afgrijzen had ik waargenomen hoe we vanuit het centrum van de oude Beierse bisschopsstad, waar we door onze laatste liftgever waren afgezet, regelrecht de pauperwijken aan de oever van de Main in reden. Het huis van Wera vond de chauffeur pas na enkele malen vragen, wat niet verwonderlijk was: het hoorde kennelijk bij dat groepje vervallen woningen van de rijweg af op een zandpad dat niet verlicht was en ook geen huisnummers of naambordjes bezat. Ongeveer tweehonderd meter verderop stroomde de Main onaangedaan voorbij.

Slechts door een paar keer hard 'Wera' te roepen slaagde ik erin van deze stille, duistere plek een reactie los te krijgen. Er ging, op de eerste verdieping, een raam open en een man met zilverwit haar stak zijn hoofd naar buiten. Na enig turen sprak hij dezelfde woorden die ik lang geleden ook in Palenberg had gehoord: '*Bist du der Bully?*' En net als toen antwoordde ik, me wederom niet realiserend hoe vreemd het was dat mijn naam bekend was, met een argeloos: '*Ja, der bin ich.*'

'*Ich komme sofort und werde dich zu deiner Mutter bringen*,' riep de man, die nog geen tien seconden later voor ons stond. '*Sie wird sich ohne Ankündigung bestimmt zu Tode erschrecken.*' De man, die zich als Peter voorstelde, zei dat hij van Wera – *Verzeihung, Frau Bauer* – al veel over mij gehoord had. '*Sie hat vor kurzem ein Bild von dir in Uniform erhalten, deshalb habe ich dich erkannt*,' lichtte hij toe, de in het Duits toch opmerkelijke tutoyage tegenover mij handhavend. Ik begreep dat Omi aan Wera die recente, nogal stoere, maar inmiddels niet meer relevante foto van mij in officierstenue had doorgestuurd en vroeg me af waarom ik onkundig was gehouden van het feit dat mijn moeder hertrouwd was en nu Bauer heette. Veel tijd om hierover na te denken kreeg ik niet, want een paar minuten later al gebaarde Peter ons te wachten en ging hij, na twee keer kort geklopt te hebben, een soort loods binnen. De laatste vijftig meter was het voetpad drassig geworden en inmiddels was de duisternis definitief ingevallen. De Main, nu een stuk dichterbij dan zoeven, glansde kil in het bleke maanlicht. Ik dacht aan het beeld van mijn moeder dat ik al die jaren geprobeerd had te bewaren, maar dat zo onherroepelijk vervaagd was, net als haar stem.

Peter hield de deur open en maakte een uitnodigend gebaar. '*O, mein Gott!! Nein!*' hoorde ik achter hem iemand roepen.

Ik begreep dat ik een vrouw zou gaan zien die, om wat voor reden ook, zich als een gewond dier jarenlang voor mij verborgen had gehouden en die ik nu, met die flauwe Nederlandse formaliteit als excuus, tot een confrontatie had gedwongen die zij misschien net zo weinig prettig vond als ikzelf.

Maar 'prettig' is nu eenmaal geen woord dat in een moeder-zoonrelatie van wezenlijke betekenis is.

Armoede vervormt de mens, lichamelijk en geestelijk. Eigenlijk begreep ik meteen toen ik de vochtige, slecht verlichte en kille spelonk binnenstapte waar mijn moeder nu alweer vele jaren met die monsterlijk dikke man aan het hoofd van de tafel samenwoonde, dat ik haar geen verwijten mocht maken. De muren waren uitgeslagen door het geregeld wassende water van de Main, muren die tot mijn ontzetting geen ramen hadden. De resten van het karige avondmaal op de ongedekte formica tafel, de geur van futloze berusting, de vale kleding, de troosteloze rommel overal en vooral hun gezichten: moedeloos, niet meer openstaand voor impulsen of ideeën, passief op weg naar het einde – dit alles pleitte haar vrij van welke schuld dan ook.

Wera, mijn moeder, zat als verstard achter de tafel. Haar haar was hier en daar wat grijs, maar gelukkig had ze nog wel steeds de volle krullenbos die ze altijd had gehad. Haar gezicht was echter dikker geworden, afgeleefd ondanks haar van nature elegante hoge jukbeenderen. Het was lang geleden dat ze me, met die twinkeling in haar ogen, had gezegd: '*Now, wish me luck.*'

Ik zag haar leven na mijn kidnapping als in vogelvlucht voor me: eenzaam, nachtenlang schreeuwend om het kind dat haar was ontroofd, machteloos tegenover de Oude Heer en diens meedogenloze kornuiten, hemel en hel vervloekend dat die stomme oorlog haar verbond met Frans, van wie ze echt, maar dan ook he-le-maal echt had gehouden, en misschien nog wel hield, had vernietigd, versnipperd, haar huwelijk had gedegradeerd tot een Lili Marleen-achtige affaire die geen stand had kunnen houden, terwijl ze dat zo onnoemelijk graag gewild had. 'We zijn voor elkaar voorbestemd' – die woorden hadden ze beiden plechtig uitgesproken, eens in Riga, toen alles nog toekomst bood en het leven hun toelachte.

Ze had, uit pure angst voor eenzaamheid en gebrek, deze Siegfried

Bauer uiteindelijk tot de hare gemaakt. Ze koos haar woorden zorgvuldig – met zijn 135 kilo kon je nu eenmaal moeilijk van 'aan de haak slaan' spreken, vond ze, toen we fluisterend vrijwel meteen de juiste golflengte hadden gevonden. Zo zaten we, na een scheiding van achttien jaar, na een paar onwennige minuten al zenuwachtig samen te lachen. Het was onbegrijpelijk dat ze nog zo goed Nederlands sprak. De dikzak, stofzuigerverkoper en in zijn vrije tijd tafeltenniskampioen van Beieren, zat erbij als half potentaat, half argwanende sukkel.

Ze hadden een dochtertje gekregen, Monika. Het kind van vier jaar keek me, verscholen onder Wera's rokken, aandachtig aan. Een forse snottebel, kleine, onprettige varkensoogjes, net als haar vader. Weer een halfzusje, registreerde ik. En Tatjana? Mijn moeder sloot haar ogen toen ze dit vertelde. Tatjana, daar ging het niet goed mee. Ze was nu achttien, maar al een paar jaar het huis uit. Ze woonde in Frankfurt, of beter gezegd: daar had ze gewoond. Want Tatjana was in het drugscircuit beland, was heroïne gaan gebruiken en was door verkeerde mannen gedwongen koerier te worden. Vorige maand was ze tegen de lamp gelopen en nu zat ze, in afwachting van haar berechting, in de gevangenis. Voor het eerst zag ik tranen bij Wera, niet om mij, maar om haar dochter. Het deed me niets.

Ik realiseerde me opeens dat mijn moeder inmiddels bijna vijftig moest zijn. Dat betekende dat ze vijfenveertig was geweest toen ze Monika in deze kansloze armoetroep ter wereld had gebracht. Had ze dat werkelijk gewild, had het iets bijgedragen aan haar relatie met Siegfried Bauer? Ze legde een hand op mijn arm: '*Schatz*, niet te vlug. *Mir bleibt ja die Spucke weg.* Even bijkomen, hoor.' Bauer begon te zoeken naar vier glazen om bier te kunnen inschenken. Peter, een huisvriend naar ik had begrepen, was inmiddels weer verdwenen.

Ellen zag intussen dingen die ik niet zag. Inderdaad, die soldatenfoto waarop ik, meer dan ooit, op dr. Zjivago leek. Prominent op het dressoir, naast dat malle glazen donkerbruine teckeltje met die rooie worst in zijn bek, een zinloos ornament waarvan ik me opeens herinnerde dat ik dat in een vorig leven om god weet welke reden met mijn eigen gespaarde zakgeld voor haar verjaardag had gekocht. Maar ook een doos, ergens onder op een plank, waar DOLLY op stond geschreven. Tekeningen, een opstelletje, wat prullaria die me vaag bekend voorkwamen, maar die mijn moeder al die tijd had meegezeuld.

We hadden elkaar nauwelijks aangeraakt, slechts formeel gekust, onmachtig als we allebei waren om dit herenigingsmoment naar behoren gestalte te geven. ‘Heb je mijn brieven gekregen?’ was mijn eerste vraag geweest. Ik hoopte dat ze verbaasd zou opkijken en nee zou zeggen, dat het een domme fout zou blijken te zijn van de Duitse post, die natuurlijk weer te beroerd was geweest om in deze uithoek het juiste adres te zoeken.

Vergeefse hoop. Ja, die brieven had ze gekregen.

En waarom had ze die dan niet beantwoord?

Diepe zuchten, opeens een waterval van tranen. Ellen deed achter mijn schouder hartstochtelijk mee, ik bleef grootinquisiteur.

‘Omdat ik niet durfde, *Liebes.* En omdat er al zo veel jaren voorbij waren gegaan. Toen ze je hadden meegenomen wilde ik natuurlijk meteen proberen je terug te krijgen. Natúúrlijk, Schatz, wat denk je? Maar ik begreep ook meteen dat ik kansloos was tegenover je opa. Ik had niemand, begrijp je, die me kon helpen. Ja, Guus misschien, maar die was toen al helemaal afgeserveerd op De Laan. En Jimbo, je oom Jimmy, waar ik een zwak voor had. Maar die onttrok zich aan alle perikelen, hij was een zondagskind. En Frans was al helemaal met Mimousse, hè. Die waren samen een nieuw leven begonnen.’

Ja, zei ik, alles goed en wel, maar dat verklaart nog niet waarom jijzelf geen antwoord hebt gegeven op die twee brieven die ik jou, nadat ik mijn eindexamen had gehaald en ging studeren, heb geschreven.

Weer diepe, diepe zuchten. Tranen in de ogen, een trillende hand op mijn arm. 'Iedereen was tegen mij. Als ik contact met jou wilde, zouden ze er met z'n allen voor zorgen dat ik niet tot je toegelaten werd. Als ik je geantwoord had, zou er iets op gang gekomen zijn dat je familie meteen had afgekapt. En dan hadden ze me weten te vinden. Dat hebben ze me heel duidelijk gezegd: handen af van Bully!'

Dus je bent eigenlijk gechanteerd, zei ik, en meteen volgde, schreeuwend, de innerlijke explosie die ik al vele jaren binnenboord had gehouden: 'Ik ben toch godverdomme jóuw kind?! We waren toch sámen sinds Posen en al die rottigheid daarna? Wie of wat kan daar nog tussen komen? *Zum Teufel, ich habe das alles nicht gewollt!*'

We waren op Duits overgegaan, en Siegfried Bauer, die inmiddels vier bierglazen had volgeschonken, achtte het moment aangebroken om ook iets te zeggen: '*Prosit! Damit wir fröhlich weiterleben!*' Mijn moeder keek me droevig-lacherig aan. '*Verstehst du, so ist mein Leben*,' fluisterde ze.

'*Verstehen schon*,' antwoordde ik, '*aber billigen nicht.*' Ik kon zien dat dit kille antwoord haar pijn deed, maar ik was niet bij machte daar iets aan te veranderen.

In het halve etmaal dat we bij mijn moeder en haar nieuwe gezin in Würzburg doorbrachten heb ik geen enkele maal gehuild of ook maar de aanzet daartoe gevoeld. Ellen was voortdurend in tranen, maar ik voelde me ijskoud, bevangen door een gevoel van jarenlang onrecht dat mij door mijn moeder was aangedaan. Misschien was het een kunstmatig pantser dat ik me had aangemeten om niet in kolkende emoties ten onder te gaan.

De volgende avond, toen we met tachtig verbannen Russische prinsen, graven en baronnen in het Schloss Mergentheim aan een lange tafel gezeten, onder leiding van een ingehuurde zangeres, enkele weemoedige liederen ten gehore brachten, schoot ik wel meteen vol. '*Odnozvoetsjno gremit kolokoltsjik...*' het eentonige avondklokje woelde toen wél iets los in mijn ziel. Ik voelde me via mijn beide grootmoeders sterk met de aanwezigen verwant, hoewel ik op dat moment nog nooit in Rusland geweest was, en de verre weg die voor mij lag, *doroga predo mnoj daleka, daleka*, maakte me melancholiek. Ik was trouwens lang niet de enige die het op die avond niet droog kon houden.

We hadden met Wera afgesproken dat we voortaan geregeld contact zouden onderhouden. Ook daar is niets van terechtgekomen. Het zou ditmaal vijftien jaar duren voordat Wera weer iets van zich liet horen.

DEEL 3

DE BESCHERMENGEL

–ZESENDERTIG–

Karl Reinhard was niet gelukkig met zijn leven. Op zijn vijfenvijftigste verjaardag, 17 september 1976, moest hij constateren dat hij er simpel gezegd een puinhoop van had gemaakt. Zijn laatste baan als monteur bij Garage Degenhardt in Kiel, die hij door bemiddeling van zijn oorlogsmakker Frans Münninghoff veertien jaar geleden had gekregen, was uiteindelijk toch op een fiasco uitgelopen. De oude Degenhardt, een Baltische baron die met dat garagebedrijf zijn SS-verleden had afgeschud en energiek aan een nieuw leven was begonnen, had hem ten slotte ontslagen, omdat hij, Karl, steeds meer fouten begon te maken, de nieuwe ontwikkelingen in de Duitse auto-industrie niet bijhield en door zijn jonge collega's achter zijn rug werd uitgelachen. Daar kwam bij dat hij met zijn trillende handen, gevolg van niet-aflatend drankmisbruik, nauwelijks nog een schroef op de juiste wijze kon aandraaien. *Alte Kameraden* of niet, Degenhardt zag zich genoodzaakt Karl Reinhard te ontslaan. Dat was al in 1972 geweest, na nog geen tien jaar dienstverband. Daarna was hij werkloos gebleven, nu alweer bijna vijf jaar.

Hij wist het: het lag aan hemzelf. Hij kreeg de oorlog en alles wat daarbij opdoemde maar niet uit zijn kop. Na de capitulatie in 1945 had hij, net als zovelen van zijn lotgenoten, een paar jaar als losarbeider over de puinhopen van Duitsland rondgezworven. Overdag hard werken aan het weer bewoonbaar maken van straten en pleinen en vloeken op Hitler en die hele nazitroep, 's avonds in morsige logementen met zijn zogenaamde kameraden goedkope schnaps drinken en toch weer *Kriegserinnerungen* ophalen en die verloren tijd bewieroken, toen ze als SS nog trots konden zijn, omdat ze aan de winnende hand waren geweest. Hoe vaak hadden ze niet met hun zatte kop die liederen van toen gezongen, hoewel ze officieel verboden waren. Maar daar maakte niemand zich echt druk om; dat hoorde nu eenmaal bij de *Vergangenheitsbewältigung*.

Maar of hij, Karl Reinhard, uiteindelijk ook echt een streep onder dat oorlogsverleden had kunnen zetten, viel zeer te betwijfelen. Hoewel het lot hem daartoe een uitgelezen kans had geboden toen hij in 1949 in Limburg an der Lahn, zijn geboorteplaats in Hessen, zijn schoolliefde Claudia Lüscher had ontmoet. Of beter: na tien jaar had herontdekt. Dat hij het ooit als zeventienjarige met haar had durven aanleggen, en dat zij, als meest begeerde meisje van de stad, daarop in was gegaan, had hij uitsluitend te danken gehad aan zijn knappe voorkomen: dik, zwart haar met zware wenkbrauwen, ogen als fonkelende zwarte karbonkels, atletisch gebouwd en – toen nog wel – begiftigd met een stralend witte rij tanden. Daar was na vijf jaar oorlog een interessant, mannelijk en doorleefd residu van overgebleven.

Maar het was ronduit ongelooflijk, zoals Claudia haar overweldigende sensualiteit door de oorlog heen had weten te bewaren. Karl wist niets van haar doen en laten in die jaren – ze had de meeste tijd in Berlijn doorgebracht, vertelde ze –, maar hij kon zeer goed begrijpen dat Claudia met haar blonde lokken, haar fantastisch lange benen en haar peilloos diepblauwe ogen, die hem tien jaar geleden tijdens schoolfeestjes altijd zo betoverend hadden aangekeken, in de oorlog beschermheren had gehad, waarschijnlijk vieze oude opperofficieren die haar in ruil voor allerlei diensten hadden gevrijwaard voor de gebruikelijke oorlogsellende. Claudia in Berlijn, onweerstaanbare Madonna én hoer van Babylon tegelijk in het op hol geslagen carrousel van het Duizendjarig Rijk – Karl kon zich er van alles bij voorstellen.

Maar daarover had zij hem in het ongewisse gelaten. En hij had er ook niet op doorgevraagd toen ze elkaar in 1949 weer ontmoetten in hun slaperige Limburg an der Lahn. Geheel naar waarheid had hij, overrompeld door haar hernieuwde verschijning, gezegd dat hij de hele oorlog door alleen maar aan haar had gedacht. Dat was ook echt zo: in de zwarte oorlogsellende was zij, Claudia, zijn laatste baken geweest, vergelijkbaar met de heilige Maagd Maria, maar dan anders – godallejezus, wat had hij in de modderige loopgraven van de Oekraïne naar haar verlangd!

Ze had geglimlacht en de oude banden weer aangeknoopt alsof er niets gebeurd was. Hij was nu eenmaal haar vriendje van vroeger, en nu de oorlog was afgelopen had ze in Berlijn geen vrienden meer, althans geen mensen die aan haar herinnerd wilden worden. De vlucht naar burgerlijke geborgenheid was voor hen beiden dringend gewenst en Claudia en Karl waren, misschien omdat er geen betere alternatieven waren, maar ook omdat ze weer echt dol op elkaar werden, meteen in 1949 getrouwd. Hij had geprobeerd in Limburg an der Lahn iets op te zetten, had een opleiding tot timmerman gevolgd bij een oude meester in de binnenstad en stond al aan het hoofd van een steeds beter draaiend bedrijfje met drie werknemers, toen in 1951 Frans Münninghoff hem bij een *Kameradentreffen* in Keulen op de schouders tikte.

Tollkühner Franz! Karl was zijn krijgsmakker natuurlijk niet vergeten. Hoe zou dat ook ooit kunnen? Vanaf begin 1943 hadden ze vier maanden lang tijdens de terugtocht uit Rusland schouder aan schouder gelopen, gevochten, gevloekt, gezopen en de dood in vele gedaanten onder ogen gezien. Frans was iemand geweest naar wie Karl zich graag voegde. Je kon toen al goed merken dat je, nu de kansen keerden, aan het front meer gebaat was bij iemand die gevechtservaring had, zoals Frans, al was hij maar een sergeant geweest. De meeste van die arrogante lulletjes van de officiersschool verloren hun kop toen de Russkis massaal begonnen op te rukken en de chaos in de eigen gelederen toesloeg; je had toen echt iemand nodig die op pelotonsniveau het hoofd koel hield en je met kennis van zaken door de gevaren heen kon leiden. Pas toen Frans naar een strafbataljon was overgeplaatst – 'Wat had je toch uitgevroten, rare vent? Een Rus laten lopen? *Erklär doch mal!*' – was Karl hem uit het oog verloren.

Maar nu was er gelegenheid om bij te praten, met veel gelach, prosits en hartelijk beuken op elkaars schouders. Frans vertelde over zijn ouders, zijn mislukte huwelijk en hoe hij uit handen van de Nederlandse justitie was gebleven en dat hij – kijk, hier! – zelfs zijn paspoort onlangs had teruggekregen, zodat hij vrij kon reizen. Hij schetste ook het perspectief van een erfenis van zijn rijke, zieke vader. Karl gaf een overzicht van zijn belevenissen, liet hem een foto van Claudia zien en nodigde Frans uit om hem in Limburg an der Lahn te komen opzoeken.

Een jaar later stond mijn vader voor de deur van de Reinhards. Hij heeft me dat bekend toen we vele jaren later een keer samen over de *Autobahn* reden en Limburg an der Lahn passeerden: 'De vrouw die opendeed maakte me op slag sprakeloos. Ik geloof dat ik wel een halve minuut zonder iets te zeggen naar haar heb gekeken, en zij naar mij. Echt, mijn hart bonkte in mijn keel. En we wisten allebei meteen, dat voelde ik, wat er ging gebeuren.'

Karl en Claudia hadden, ondanks verwoede pogingen, geen kinderen. Ze stonden op het punt een gynaecologisch onderzoek te laten doen en daarom was het verheugend dat Claudia halverwege 1952 – ze was toen nog net geen dertig – ineens zwanger bleek. Op 5 maart 1953 kwam hun dochter Andrea in Limburg an der Lahn ter wereld; Frans kreeg een kaart en antwoordde meteen dat hij peetvader wilde worden. Een week later was hij bij de doopplechtigheid in de mooie kathedraal van het stadje prominent aanwezig, zonder Mimousse, die hem vragend had aangekeken toen hij onder het mom van 'kameradendienst' naar Duitsland was vertrokken.

Karl Reinhard doorzag al snel de verhouding tussen Claudia en Frans. Dat kon ook moeilijk anders: tot 1961, toen zijn ontkleuringsinstallatie bij Lingen werd opgerold en hij zich schuilhield in Netersel, kwam mijn vader tientallen keren naar Limburg an der Lahn. Aanvankelijk als huisvriend en niet lang daarna als partner in een telkens terugkerend ménage à trois. Dat had Karl, nadat hij zijn vrouw en zijn oude kameraad in de echtelijke sponde had aangetroffen, vrijwel direct geaccepteerd – zo genadeloos zelfverzekerd hadden ze hem aangekeken toen hij een keer eerder dan verwacht was thuisgekomen.

Eén eis zijnerzijds: geen kinderen meer. Daar werd voortaan voor gezorgd. Ook wilde hij – kwestie van zelfrespect – geen toespelingen horen over wie Andrea's vader was. Dat werd toegezegd. Voor de rest werd hij, Karl Reinhard, voornamelijk gedoogd en moest hij de hiaten tussen de buitenechtelijke hoogtepunten op een aanvaardbare manier zien te overbruggen.

En Mimousse? Het waren telkens maar korte perioden van afwezigheid, meestal niet meer dan een week, veelal verklaard door Frans' Zwitserse zoektochten naar de bankgeheimen van de Oude Heer. Later was het verhaal natuurlijk dat hij zakenreizen in Duitsland moest maken en nog later dat hij een fabriek bij Lingen ging opzetten. Hij, de entrepreneur.

De meeste tijd was hij toch altijd bij ons op de Boreelstraat in Den Haag. Maar nee, ik twijfel er eigenlijk niet aan: ze moet het geweten hebben. Mimousse was immers een sensuele vrouw. Dat soort vrouwen ziet en ruikt en voelt, ze hebben een zesde zintuig, die bedonder je niet en je kunt eigenlijk alleen maar op hun genade hopen.

Toen in 1961, door het gerechtelijk vonnis van de rechtbank in Keulen, Duitsland voor mijn vader een *no go area* was geworden, veranderde er in Limburg an der Lahn opeens heel veel. Karl Reinhard nam het roer weer over – dat probeerde hij althans. Maar hun dochter Andrea, inmiddels acht jaar oud, was aan Onkel Franz gehecht geraakt; hij was haar favoriet, met zijn grapjes en cadeautjes. Veel leuker dan haar vader. Die Onkel, zei Claudia, zou *bestimmt* terugkomen, het was allemaal maar tijdelijk.

Voor Karl was dat bepaald geen uitgemaakte zaak. '*Bin ich der Vater oder nicht?!*' had hij een paar keer met een slok te veel op gebruld. Alsof hij dat zelf niet wist. Claudia had aanvankelijk bezwerend een vinger op zijn lippen gelegd en naar Andrea gewezen, maar na enige tijd pikte Karl dat niet meer en begon hij erop los te meppen.

Claudia ging apart slapen en praatte niet meer met hem. Tot overmaat van ramp ging zijn timmermanswerkplaats door een onvoorzichtigheid van een van zijn werknemers geheel in vlammen op. Hout overal: 'De fik van de eeuw,' had een van de spuitgasten bijna eerbiedig gezegd. Dat Karl Reinhard verzuimd had een afdoende verzekering af te sluiten en hierdoor in feite volkomen berooid was geworden, was een korte slotalinea in het krantenverslag.

Dat kwam Frans ter ore. Hij kon niet naar Duitsland; daar zou hij meteen opgepakt worden en voor vier jaar de gevangenis in gaan. Maar hij had nog wel oude vrienden die Karl Reinhard zouden kunnen helpen. *Meine Ehre heisst Treue* – en op de achtergrond speelde natuurlijk het welzijn van Claudia en Andrea mee. Het lijntje met zijn oude Baltische *Reitmentor* baron Degenhardt was in 1962 snel gelegd. Na twee telefoongesprekken had hij geregeld dat Karl in Kiel een baan als monteur in Garage Degenhardt zou krijgen.

Ging Claudia mee? Wild gesnik over de telefoon toen hij haar alleen aan de lijn kreeg. Ze wilde niet, ze wilde naar hem. Met Andrea, die immers de hele dag door naar hem vroeg. '*Bist du mein Vater oder nicht?*' kwam er met een piepmuizerig meisjesstemmetje nog achteraan.

'*Ich bin dein Schutzengel, Andrea,*' antwoordde hij, intuïtief een mystiek waas aanbrengend. Voltreffer! Een beschermengel, wie had dat nou? Nog beter dan een vader, want die had iedereen.

Claudia ging uiteindelijk wel mee naar Kiel. Maar het werd een regelrechte ramp. Het gestuntel van Karl in de garage, waar hij als timmerman totaal niet op zijn plaats was, vertaalde zich in klappen in het huiselijk verkeer. Er was geen sprankje hoop meer op een redelijke toekomst. Na een jaar vertrok Claudia, veertig jaar inmiddels. Opeens, niemand wist waarheen. Haar dochter Andrea bleef achter bij Karl. Het meisje had een portret van Frans, mijn vader, verborgen in haar klerenkast. 's Nachts haalde ze het er wel eens uit en bekeek hem langdurig.

Dat was de situatie waarin mijn vader Karl Reinhard aantrof in 1976, het jaar waarin hij weer naar Duitsland kon reizen omdat zijn vonnis van 1961 verjaard was.

Het was ook het jaar waarin Mimousse, geheel tegen haar natuur in, Frans verbood nog langer bij haar in de boerderij in Netersel te verblijven. Zijn hang naar Duitsland, het land waar zij de pest aan had, kon ze misschien nog wel verdragen, en toen hij te kennen had gegeven daar, nu de kust weer veilig was, opnieuw zaken te willen gaan doen, had ze hem haar zegen gegeven. Maar dat gold niet voor zijn gedrag na de dood van Granny de Heusch de la Zangrye, haar moeder, in Den Bosch in 1973.

De baronesse had in Indië samen met haar dochters Jacquot, Yvonne en Edith, en Dieuwke, een dochter die ze bij haar nieuwe man Pietersma had gekregen, gedurende de oorlogsjaren in een jappenkamp gezeten. Na de capitulatie vernam ze dat haar man al twee jaar eerder bij de aanleg van de Birma-spoorlijn aan uitputting was overleden. Dat brak haar, nog meer dan de ellende die ze zelf in het kamp had doorstaan. Ze trok met de kinderen in bij haar dochter Yvonne, die inmiddels getrouwd was met een Tsjech, Jozka Komzak, vertegenwoordiger voor Zuidoost-Azië van het wereldwijd bekende schoenenmerk Bata. Ze hadden een groot, typisch koloniaal huis nabij Djakarta, maar toen het gedonder met de politionele acties begon, kreeg Jozka van zijn directie te horen dat hij naar Europa moest terugkeren. Dat betekende algehele repatriëring voor alle betrokkenen.

Yvonne en Jozka, altijd kinderloos gebleven, gingen in Eindhoven wonen omdat Jozka in Best een managementfunctie bij Bata kreeg. Jacquot, de oudste dochter, trouwde in Nederland met Frans Hin, een telg uit een bekende Haarlemse textielfamilie en olympisch zeilkampioen. Ze gingen in Bloemendaal wonen, waar Dieuwke zich later ook zou vestigen. Alleen Edith was na Indonesië de andere kant op gegaan, na een ontmoeting met een Engelse zakenman, en in Nieuw-Zeeland terechtgekomen.

Granny, al vrij snel bedlegerig, hield vanuit haar patriciërswoning in Den Bosch de ontwikkelingen rond haar geboortegrond bij kasteel Ridderborn via de Waalse familietamtam nauwlettend in de gaten, en toen haar hoogbejaarde ouders midden jaren vijftig binnen een maand na elkaar gestorven waren, liet ze zich door Frans, met wie ze goed kon opschieten, direct naar België brengen om daar persoonlijk de afhandeling van de aanzienlijke erfenis te begeleiden. Als enig kind werd ze, hoewel het kasteel en de landgoederen eromheen onverzorgd en vervallen waren, op deze manier op haar oude dag toch nog miljonair.

Op papier dan, want om sentimentele redenen weigerde Granny het familiekasteel, met een geschatte waarde van ruim anderhalf miljoen gulden, te verkopen. Dit tot nauwverholen ergernis van haar schoonzoon Frans, die haar herhaalde malen dringend om financiële steun had verzocht bij het realiseren van de zakenplannen die hij had bedacht.

Slechts één keer wist hij Granny over te halen een flink stuk grond van de hand te doen; de opbrengst moest natuurlijk als schenking over de vijf dochters gelijkelijk verdeeld worden, maar wat Mimousse toeviel was toch genoeg geweest om de eerste overzeese oliedeal met zijn contact in Aleppo te financieren. Toen duidelijk werd dat Frans Münninghoff zich door de Syriër had laten belazeren, keerden zijn schoonzussen zich en bloc tegen hem: waarom had hij Granny zo lastiggevallen? Niemand had immers op dat geld zitten wachten. Hij had met zijn gedram de kadastrale eenheid van Ridderborn in gevaar gebracht. En waarom dit alles, zo vroeg men zich in Eindhoven, Wellington en Bloemendaal af. *Down the drain!* Mimousse zou er beter aan doen wat minder blind vertrouwen in die man te stellen.

De argwaan van die kant jegens mijn vader werd wel getemperd doordat de mannen dat wantrouwen niet deelden. Zowel Frans Hin, een goedmoedige ruige, bebaarde zeebonk, als de sluwe en onbedaarlijk grappige Jozka Komzak, die het Slavische element in zijn zwager met verve activeerde – bij Jozka leefde mijn vader altijd op en was hij op zijn best –, vond Frans Münninghoff weliswaar een onbesuisde naïeveling, maar zeker geen kwaaie vent. Hin zou het niet meer meemaken, maar Komzak moest twintig jaar later erkennen dat hij met dat oordeel de plank flink had misgeslagen.

–ACHTENDERTIG–

Ellen en ik waren in een onoverzichtelijke fase van ons leven terechtgekomen. De eerste vijf jaar na ons bezoek aan Würzburg waren we bezig met – in Ellens geval – afstuderen en zoeken naar een baan. Aanvankelijk waren we reisleiders; omdat we met groepen Amerikanen op weg waren door Europa waren we veel van elkaar gescheiden, en alleen in de wintermaanden gingen we met z'n tweeën in Leiden als marmotten in een korte winterslaap. In 1974 kwam er structuur in het geheel toen we naar Den Haag verhuisden, Ellen Franse les ging geven en ik een vaste aanstelling kreeg bij de *Haagsche Courant* als reizend redacteur.

Een jaar later werd onze eerste zoon geboren, Michiel. In mijn eentje danste ik de sirtaki toen ik na de bevalling in het ziekenhuis 's nachts thuiskwam. Totaal geluk: Michali, Misja, onze lieve Michiel.

Uit Würzburg kwam geen reactie. Wel uit Netersel. Mijn vader: hij zou dit kind met deze naam nooit als zijn kleinkind erkennen. *Michiel* – Nederlandser kon toch bijna niet? Hoe haalden we het in ons hoofd?

Onbegrip en terneergeslagen woede onzerzijds. Dat hij tot zoiets in staat was. Uiteindelijk zwichtten we omwille van de lieve vrede. Per gerechtelijk vonnis lieten we de naam van onze eerste zoon veranderen van 'Michiel' in 'Michael', zodat het niet meer Nederlands zou klinken en als internationale naam kon fungeren. Daarmee was mijn vader tevredengesteld. De kosten – vierhonderd gulden – zou hij betalen, maar dat is nooit gebeurd.

Wat mijn vader in de jaren zeventig allemaal uitspookte, is Ellen en mij grotendeels onbekend gebleven. Hij deed voorkomen dat hij en Mimousse een soort van herenboerenleven in Netersel leidden, waar de lokale boeren, die ook alleen maar de buitenkant zagen, bij wijze van spreken met de pet in de hand stonden als hij langskwam of het woord tot hen richtte. Zijn zilverwitte haar, zijn wandelstok met zilveren knop, zijn bakelieten sigarettenpijpje, zijn gemoedelijke manier van spreken en zijn goede manieren, die hij overal met een zekere nadruk tentoonspreidde – dit alles maakte hem in de gemeente Bladel en Netersel, maar ook daarbuiten, tot een gerespecteerd man, een notabel. Zeker bij de gewone mensen, die tegen hem opkeken als tegen een eerste gezant uit een geheel andere wereld. De grote exodus van welgestelde Randstedelingen naar de rustieke boerderijen op het platteland moest nog beginnen. Er bestond een immens verschil in levensstijl tussen het westen van Nederland en het donkere zuiden onder de grote rivieren, zeker in het afgelegen oude smokkelgebied van de Acht Zaligheden bij de grens met België, waar Mimousse en hij waren neergestreken.

En het ging hem eigenlijk helemaal niet zo slecht. Hij had op zeker moment twee benzinestations gepacht in Limburg, van kleinere maatschappijen die vooral in het grensgebied met Duitsland en België actief waren. Af en toe, als de boerenjongens die hij als pompbediendon had aangenomen thuis op het land of in de stal moesten bijspringen, stond hij zelf achter de kassa of met de slang in de hand; daar voelde hij zich niet te goed voor. En de klanten vonden het prachtig, die gesoigneerde meneer die hun tank kwam vullen, de ruiten schoonveegde en vaak grappen maakte in zijn wonderlijke zelfbedachte generaliteitstaaltje. De zaken draaiden behoorlijk en hij slaagde er zelfs in om maandelijks iets opzij te leggen voor de beoogde verbouwing van de boerderij.

Maar tevreden was hij niet, laat staan gelukkig. Daarvoor was zijn leven toch te marginaal, vond hij. En rijk worden, zijn hoofddoel in het leven, zou op deze manier natuurlijk nooit lukken. Steeds vaker verzonk hij 's avonds, thuis op de boerderij, hierover in door drank gevoede rancuneuze bespiegelingen, die Mimousse tot stille wanhoop brachten.

Na de dood van Granny, in het najaar van 1973, leek hier evenwel verandering in te komen. Alles bij elkaar viel er, na aftrek van belasting, ongeveer een miljoen gulden te verdelen, een slordige twee ton per kind. Alleen, de afwikkeling van een en ander zou nog wel wat tijd vergen. Eerst moest er grond verkocht en een koper voor Ridderborn gevonden worden. De zussen lieten het graag allemaal over aan Jacquot.

Deze kordate weduwe uit Bloemendaal was van meet af aan zeer op haar hoede voor Frans. Diens voorstellen om gezamenlijk met haar de diverse erfrechtelijke valkuilen te ontwijken wees zij resoluut van de hand. Het argument van Frans dat hij vele malen met Granny in België was geweest en van de hoed en de rand wist, achtte Jacquot ondergeschikt aan haar sterke vermoeden dat Frans met zijn drankprobleem en zijn megalomane plannenmakerij een allesbehalve betrouwbare partner bij het omzeilen van de successierechtelijke klippen zou blijken te zijn. Daarvoor ging ze liever te rade bij Koos Wijkers, de man van Dieuwke, die met zijn gezin nog geen kilometer van haar af woonde. Koos, een pragmatische scheikundige, nam de zaken daadkrachtig ter hand. Hij gaf Frans te kennen hem geen inzage in de gang van zaken te zullen verlenen en dat hij rustig moest afwachten hoeveel Mimousse uiteindelijk zou krijgen.

Deze houding, waarin Mimousse zich zonder moeite schikte, zette uiteraard kwaad bloed bij mijn vader. De sfeer op de boerderij in Netersel werd hierdoor maand na maand grimmiger, zoals Ellen en ik tijdens onze hoogtijbezoeken met Kerstmis en Pasen ook duidelijk konden constateren: mijn ouders communiceerden niet meer met elkaar zoals vroeger. Er werden, ook in ons bijzijn, harde verwijten van verraad (Frans aan Mimousse: 'Je hele familie is tegen mij en jij vindt dat goed') en lapzwanzerij (Mimousse aan Frans: 'Door de drank komt er geen verstandig woord meer uit je') gesproken – kortom, diepe frustratie over de gang van zaken rond Granny's erfenis had zich als een splijtzwam in hun huwelijk gevestigd.

Ellen en ik stonden er machteloos bij; van mij verwachtten ze sowieso niets, omdat ik nu eenmaal nooit een actieve rol in hun onderlinge relatie gespeeld had, en ten aanzien van Ellen was het, denk ik nu, vooral schaamte die hen dwong de oplaaiende twistgesprekken zo snel mogelijk weer te doven. Een schaamte die ikzelf overigens deelde: Ellen was afkomstig uit een keurig intellectueel gezin, waarin het soort misstanden waarin mijn familie grossierde geheel onbekend was, maar werd hier geconfronteerd met gekrakeel dat in een volksvariététheater thuishoorde.

De zaak kwam tot een climax in 1976, toen alle handtekeningen onder de notariële akten waren gezet en de afrekening had plaatsgevonden. Mimousse, zo berichtte het Bloemendaalse bastion, zou ruim 200.000 gulden ontvangen en dat gold ook voor de vier overige zussen. Inderdaad, zo liet Koos weten, in België had de fiscus hard ingegrepen. Daar moest mijn vader schamper om lachen: 'Zie je wel? Ze hadden mij erbij moeten halen. Dat komt door die uitgestreken calvinistische kop van Koos, daar doet geen enkele Belgische ambtenaar concessies aan. En verder denk ik dat ik hier zwaar belazerd word.'

Typerend voor hem betrok hij die waarneming alleen op zichzelf en niet op hem en Mimousse samen. Dat hij met zijn rancuneuze opmerking midden in de roos had geschoten zou ik pas veertien jaar later, na zijn dood, horen.

Het leven werd op de boerderij in Netersel ten slotte onverdraaglijk. 'Waarom donder je niet op naar dat heerlijke Duitsland van je?' had Mimousse geroepen aan het eind van een lange zomer, waarin Omi twee maanden was komen logeren en met haar doofheid en Rigase herinneringen allerminst de bliksemafleider was geweest waarop Mimousse gehoopt had; voor haar schoonmoeder was Frans nog steeds de martiale adonis van dertig jaar geleden, en hoe ze ook in haar oor toeterde en op een blocnote allerlei bezwaren tegen Frans probeerde uit te leggen, de oude gravin had er niet op gereageerd en haar alleen maar nadenkend aangekeken.

Het was in deze maalstroom van zwarte gevoelens van achterdocht, minachting en verkilling, en tegen dit decor van verdwenen liefde en platte hebzucht dat mijn vader op 16 september 1976 een telegram uit Duitsland kreeg: '*Habe morgen Geburtstag. Muss dich unbedingt sprechen. Probleme mit Andrea. Hbf Köln 1400 OK? Karl.*'

Het bericht kwam in zekere zin als geroepen. Frans Münninghoff bedacht zich geen ogenblik, pakte zijn koffer en vertrok.

Hij herkende Karl Reinhard nauwelijks toen die hem in de grote hal van de *Hauptbahnhof* van Keulen stond op te wachten. De vijftien jaar die waren verstreken sinds Frans, noodgedwongen door de Duitse justitie, een eind had moeten maken aan de relatie met Claudia, hadden Karl geen vreugde of welvaart gebracht, zoveel was zichtbaar. Er waren verbeten trekken in de eens zo opgewekte skilerarenkop geslopen en zijn kleren en schoenen waren duidelijk versleten, wat hem een sjofel aanzien gaf.

Natuurlijk wist Frans van het vertrek van hun gemeenschappelijke femme fatale, zoals hij ook wist dat ze uiteindelijk in Stuttgart terecht was gekomen. Heel toevallig had hij in Netersel op een dag dat hij eerder was thuisgekomen dan normaal de brievenbus gelicht, terwijl Mimousse met de spaniëls op de heide aan het wandelen was, een exercitie die meestal meer dan twee uur duurde. Een envelop met Claudia's ontroerende ronde scholierenhandschrift, dat hij meteen herkende, had bij hem alle alarmbellen laten afgaan. Wat wilde deze vrouw nog van hem, na zo veel jaar? Haastig had hij de in de brief vervatte onheilslitanie gelezen, het adres genoteerd en de brief verbrand.

Dat was vijf jaar geleden geweest. Andrea, toen net achttien, was zwanger geraakt, zo schreef Claudia. Haar dochter had het met Karl niet kunnen uithouden en was gaan rondzwerven in het semiartistieke milieu van Keulen. Daar was het gebeurd, met een galeriehouder van vijfenveertig.

'*Du verstehst doch,*' had Claudia geschreven, '*die Andrea ist ja sehr attraktiv, die hat überhaupt keine Schwierigkeiten irgendwo reinzukommen.*' Daar had hij spontaan om moeten grinniken: hoewel hij toen nog geen foto van Andrea had gehad, leek die constatering hem op voorhand zonder meer gerechtvaardigd. Of Karl of hij nu de werkelijke vader was (honderd procent zeker was hij niet) maakte niet uit: Claudia was de beeldschone Moeder Aarde en Karl en hij waren nu eenmaal niet de lelijkste mannen op de wereld. Maar dat Andrea nu al zwanger was maakte zijn zelfbenoemde beschermengelfunctie, waar Claudia in die brief ook naar verwees – '*Du hast ihr das damals versprochen, das habe ich auch gehört*' – meteen dubbelzwaar. Hij had er het geld en de mogelijkheden niet voor.

Meteen had hij Claudia geantwoord: dat hij haar verbood nog ooit een brief naar hem op zijn huisadres te schrijven. En dat zij of Andrea, als die dat wilde, hem kon schrijven op een postbusnummer in Den Haag, maar dat hij helaas niet in staat was iets zinnigs of concreets voor hen te doen. Die postbus was, tegen zijn verwachting in, leeg gebleven. Hoe het kind van Andrea heette en of het een jongetje of een meisje was, wist hij niet eens.

Maar nu stond daar Karl Reinhard voor hem. De uitgebluste blik in de ogen van zijn vroegere strijdmakker trof hem, een blik waarin op het moment van de ontmoeting, na vijftien jaar, toch iets was opgegloeid. Alsof alle rottigheid met Claudia, waarvan Frans zich zeer goed bewust was, even werd weggezet om plaats te maken voor wat er ooit eerder tussen hen beiden was geweest: eerlijke kameraadschap. Ze gingen naar het café naast het station, namen plaats aan een hoektafel, en Frans bestelde bier. Karl legde een hand op zijn onderarm, een vertrouwelijk gebaar dat Frans niet meer voor mogelijk had gehouden.

'Ik ga je niet belasten met wat ik allemaal heb meegemaakt,' begon Karl. 'Je hebt me mijn vrouw afgepakt, maar daar waren zij en ik zelf bij. Kennelijk waren we niet tegen jou bestand, maar ik heb dat leren accepteren. Hoe het met Claudia zit weet ik eerlijk gezegd niet, ik heb geen contact meer met haar. Maar nu de gevolgen van een en ander.'

Zijn donkere ogen stonden van het ene moment op het andere op scherp en waakzaam. Frans realiseerde zich opeens dat het vandaag

Karls verjaardag was en wilde, al was het maar om de spanning te breken, iets van een heildronk uitbrengen. Maar Karl, geconcentreerd zoals hij hem nog nooit had meegemaakt, negeerde dat gebaar en vervolgde: 'Je hebt ooit, en dat weet ik zowel van Claudia als van haar dochter Andrea, gezegd dat jij de Schutzengel van Andrea bent en zult blijven. Dat heeft Andrea haar hele jonge leven lang als een soort mantra bij zich gehouden. Ze is nu drieëntwintig. Ze leeft in een hippiecommune hier in Keulen en ze heeft een kind. De vader is galeriehouder, een losbol van de eerste orde, die zich onvoldoende bekommert om wat hij op de wereld heeft geschopt. Of eigenlijk helemaal niet; als ze hem twee keer per jaar ziet, is het veel. De dochter van Andrea heet Daniela. Een schattig meisje, inmiddels vijf jaar oud. Ik heb haar alles bij elkaar vier keer gezien.'

Karl zuchtte opeens zo verschrikkelijk diep dat Frans er bang van werd en nog twee bier bestelde.

'Maar Andrea is hulpbehoevend geworden,' vervolgde Karl. 'Dat wil zeggen, ze heeft geen eigen inkomen en leeft van wat die groep hippies waarmee ze samenhokt haar geeft. Het is een minimum, begrijp je? Die mooie, intelligente en artistieke dochter van mij zit met haar kind op een houtje te bijten in een of ander kraakpand hier in Keulen met allemaal verkeerde mensen om zich heen. Als je daar binnenkomt, wat ik een keer gedaan heb, slaan de hasjdampen je tegen de vlakte. Andrea was er toen niet; ik vroeg natuurlijk waar ik haar kon vinden, maar ik kreeg alleen stompzinnige en vijandige antwoorden; niemand wilde me helpen. Ze keken me aan alsof ik Adolf Hitler was. Ik ben weggegaan en daar nooit meer teruggekomen. Al het contact dat ik met haar heb gaat via de telefoon en heel af en toe een briefkaart. Maar eigenlijk wil ze geen contact met mij. Ze wil contact met jou.'

Karl haalde nogmaals diep adem, maar mijn vader was hem voor. '*Hör mal, Karl*,' zei hij op enigszins pathetische toon, 'wat ik gezegd heb over dat beschermengelschap stáát. Ik ga Andrea beschermen voor zover dat in mijn vermogen ligt. Deze zaak is voor mij heilig, dat begrijp je. Vooralsnog is mijn financiële armslag nogal beperkt, maar binnenkort verwacht ik een erfenis via mijn vrouw. Laat Andrea contact met me opnemen, dan komt het allemaal in orde, ook met Daniela.’

‘Ik denk dat het beter is dat jij haar zelf gaat opzoeken,’ zei Karl na een korte stilte. ‘Dat kind is volslagen apathisch door al dat drugsgebruik.’ En, op een vragende blik van Frans: ‘Ja, je weet toch wel hoe dat gaat tegenwoordig? Ze beginnen met marihuana of hasj, maar dan is het al snel van “laten we iets anders proberen”, want zelf iets leukers verzinnen lukt al niet meer, en voor je het weet snuiven ze lijntjes coke en doen ze hun benen wijd voor geld.’

‘Je wilt toch niet zeggen dat Andrea de hoer speelt?’ riep Frans ontzet.

‘Nee, nog net niet,’ antwoordde Karl, met moeite zijn opkomende tranen bedwingend, ‘maar ze heeft dringend iemand nodig die haar weer op het rechte spoor brengt. In haar eentje lukt dat haar niet, en mij vraagt ze niet, nog afgezien van mijn kennelijk totale ongeschiktheid om iets voor haar te betekenen, noch als vader, noch als *Erbonkel*.’ Het was de eerste en enige keer dat Karl Reinhard lachte tijdens het gesprek, en Frans lachte maar een beetje sullig mee om dit grapje, terwijl hij intussen donders goed begreep wat Karl bedoelde: die suikeroom zou hij, Frans Münninghoff, moeten worden, *und zwar sofort*.

Hij overwoog hoe hij dit moest aanpakken. Weliswaar had hij zijn erewoord niet expliciet gegeven tijdens dat telefoongesprek van nu alweer vijftien jaar geleden, maar hij wist nog precies wat hij toen gezegd had, en dat had hij gemeend. Zo hadden Claudia en de meeluisterende Andrea dat ook opgevat, en terecht: zijn soldateneer stond hem eenvoudig niet toe daarop af te dingen, zo voelde hij. Dus dat betekende dat hij Andrea en Daniela onder zijn hoede moest nemen, koste wat kost.

Hij dacht aan de twee ton die op weg naar de bankrekening van Mimousse waren. En volgens hem lag er nog meer verscholen in dat onoverzichtelijke financiële moeras van Ridderborn. Mimousse had gezegd dat het uiteindelijk allemaal bestemd was voor Michiel en de eventuele andere kinderen van Bully en Ellen. Michiel – hij kon die oer-Hollandse naam nauwelijks uit zijn strot krijgen. In een koppige ontkenning van dat Hollanderschap was hij hem Timofej gaan noemen. Hij vond het zeker een grappig ventje, maar als hij moest kiezen…

En opeens doorstroomde hem een gevoel dat altijd wel latent bij hem aanwezig was geweest, maar zich op dit moment met ondubbelzinnige kracht nogmaals bij hem aandiende: hij wás geen Nederlander, *verdammt noch mal*, hij had voor Duitsland gevochten en zijn leven op het spel gezet. Karl was zijn kameraad, een van de velen, en dat hij zijn vrouw had afgepikt deed er in dit opzicht niet toe; dat gebeurde nu eenmaal, ook onder de beste vrienden. Het ging erom dat dit zijn mensen waren, deze Duitse mensen hier in de Duitse stad Keulen, en dat zij in moeilijkheden waren geraakt, problemen die hij, *Franz* Münninghoff, kon en zou oplossen.

Hij rechtte zijn rug, keek naar het afwachtende, inmiddels betraande gezicht van Karl en zei vastbesloten: '*Mach dir keine Vorwürfe. Ich werde alles erledigen. Bring mich jetzt zu Andrea.*'

–VEERTIG–

Het was minder erg dan hij, afgaande op de berichten van Karl, gedacht had. Het adres waar de taxi de twee oud-ss'ers naartoe bracht bleek een uitgewoond pand in de wijk Mülheim te zijn, halverwege de Berliner Strasse. Karl had gezegd dat hij in een café een eind verderop zou wachten. Frans moest dit helemaal zelf opknappen want hij, Karl, werkte bij Andrea nu eenmaal als een rode lap op een stier.

En ook die vage *Halbstarken* bij haar in huis wilden niets van hem weten. Hij was werkelijk benieuwd of Frans, die nota bene een das om had, in dit abjecte wereldje zou kunnen binnendringen. 'Maak je geen zorgen,' had Frans geantwoord terwijl hij zijn das had losgeknoopt en afgedaan. 'Ik kan met jonge mensen omgaan. Ik kan dat, omdat ik ook een rebel ben, zoals jij als geen ander weet. Dat merken ze direct, let maar eens op.' En met een zelfverzekerd gebaar had hij op de verveloze deur van het tot 'Meinhofburg' herdoopte pand geklopt. Kennelijk vernoemd naar Ulrike Meinhof, kopstuk van de terroristische Rote Armee Fraktion, die een paar maanden eerder in Stuttgart in de gevangenis onder verdachte omstandigheden was overleden.

De jongen die zijn ongeschoren kop met een bos verwarde haren uit het raam van de eerste verdieping stak, was ongemakkelijk defensief. '*Wer da?*' snauwde hij.

'Ik kom voor Andrea en Daniela,' antwoordde mijn vader. '*Parole Schutzengel.*'

Dat wachtwoord bleek wederom een voltreffer, net als de eerste keer, toen hij zich vijftien jaar geleden met dat toverwoord bij Andrea telefonisch had geïntroduceerd. Nog geen halve minuut later vloog de voordeur open en hing een jonge vrouw van drieëntwintig jaar om zijn nek. '*Du bist also doch gekommen,*' fluisterde Andrea in zijn oor. '*Hol mich und meine Tochter bitte bitte hier raus.*'

'*Genau dafür bin ich gekommen,*' antwoordde hij.

Ze ging hem voor een verveloze trap op. Onwillekeurig vergeleek hij haar met haar moeder, Claudia. Dezelfde lange benen en datzelfde lange blonde haar, en voor zover hij dat in de gauwigheid had kunnen waarnemen, was het met de rest ook allemaal in orde. Maar in haar ogen en in haar mond had hij trekken van zichzelf herkend, zeker in haar ogen, die groot en donkerbruin waren. Niet fonkelend en pikzwart, zoals die van Karl in diens beste dagen, of stralend blauw als poolsterren, zoals die van Claudia, maar fluwelig bruin. Zoals die van hem.

Bovengekomen had hij Daniela gezien, een frêle meisje van vijf met vlechtjes dat met nog een stuk of vier lotgenootjes rondscharrelde in de puinhoop die de *Besetzerbrigade* in het mooie fin-de-siècle kraakpand had aangericht. Te midden van de onopgemaakte kampbedden, de rondslingerende kleren en de stapels onafgewassen borden, glazen en bestek zaten drie mannen aan een tafel die hem achterdochtig opnamen. Andrea beduidde hem te blijven staan en liep haastig naar de oudste van de drie, een somber kijkende man van een jaar of veertig met een grijze baard en een ijsmuts op, en fluisterde hem iets in het oor.

Frans vroeg zich meteen af of oorfluisteren, waarmee ze hem immers ook had begroet, haar gebruikelijke manier van communiceren was geworden, een absurde gedachte, die hem zo vermakelijk voorkwam dat hij een glimlach niet kon onderdrukken.

'Ja, wat valt hier te lachen?' informeerde de ijsmuts geïrriteerd, en zonder een antwoord van de ongenode gast af te wachten wendde hij zich tot de andere twee en zei op een toon die een beschuldiging leek in te houden: 'Kameraden, ik hoor hier van Andrea dat ze ons wil verlaten. Meneer hier' – hij maakte een denigrerend handgebaar richting Frans – 'is haar oom en zij wil met hem mee.'

'Doe maar wat je niet laten kunt, trut,' zei een van de aangesprokenen, de jongeman die even tevoren zijn hoofd uit het raam had gestoken. Hij keek Andrea met een onverholen vijandige blik aan, die Frans ogenblikkelijk interpreteerde als de oogopslag van een afgewezene; hij had natuurlijk niets bij haar kunnen klaarspelen, hoewel hij dolgraag met haar de koffer in was gedoken, zoals waarschijnlijk alle mannelijk bewoners van dit huis, en god weet ook de vrouwen. Hoe had ze zich deze nietsnutten van het lijf weten te houden? Hij vroeg zich af wat zich hier allemaal kon hebben afgespeeld, onder de ogen van de vijfjarige Daniela.

De derde man aan tafel, een potige dertiger met een haarband met Chinese tekens erop, gekleed in een mouwloos spijkerjack en een groene camouflagebroek waaronder zwarte legerkistjes, liet als statement een keiharde boer terwijl hij nadenkend een sjekkie begon te rollen. 'Dat gaat zomaar niet,' zei hij na enige tijd. 'Andrea en d'r dochter hebben al die tijd op onze kosten meegevroten, ik althans heb haar nooit iets zien betalen.'

'Maar ik heb steeds het huishouden gedaan,' begon Andrea op verontwaardigde toon. 'Dat was toch ook de afspraak drie maanden geleden?'

'Ja, en kijk maar eens rond hoe goed je dat gedaan hebt,' riposteerde de hoofdband, en hij maakte een verduidelijkend gebaar naar de augiasstal om hem heen. 'Nee, juffie, jij hebt hier de boel zitten uitvreten, en nu wil je met je suikeroompje mee omdat je denkt het bij hem beter te krijgen. Wat een waardeloze *Genosse* ben je toch eigenlijk. Wat vind jij ervan, Herbert?' wendde hij zich tot de ijsmuts.

Mijn vader vond het tijd worden om in te grijpen. 'Ik begrijp jullie probleem,' begon hij. Maar Herbert brak hem af. 'Driehonderd mark,' zei hij kortaf, terwijl hij naar het plafond staarde.

'*Wie bitte?*' vroeg mijn vader ontsteld.

Herbert keek hem aan alsof hij door hem op een goed idee was gebracht. 'Voor drie maanden is dat inderdaad een schijntje,' zei hij met een malicieuze glimlach. 'Bij nader inzien vragen we vierhonderd mark voor onze bijstandskas. En ik zou het maar snel accepteren, *alter Trottel*. Anders gaat het hele feest niet door.'

Andrea, zojuist van activiste gedegradeerd tot handelswaar op de krakersmarkt, wilde hierop iets zeggen, maar met een gedecideerd armgebaar legde Frans haar het zwijgen op. '*Hol eure Klamotten*,' beval hij haar terwijl hij zijn portefeuille uit zijn binnenzak haalde.

Nog geen tien minuten later stonden ze gedrieën buiten op straat; wat Andrea en Daniela bezaten kon makkelijk in twee sporttassen. In het kille najaarslicht en in die kale straat was de armzaligheid van moeder en dochter schrijnend.

'Je vader zit in een café verderop,' begon Frans, maar Andrea schudde meteen beslist haar hoofd: '*Wieso mein Vater?* Die vent wil ik van mijn levensdagen niet meer zien, die zatladder. Weet je wel dat hij Claudia zowat het ziekenhuis in heeft geslagen? Door die klootzak ben ik mijn moeder ten slotte kwijtgeraakt, want ze kon het niet meer bij hem uithouden. *Wenn es dir recht ist...*' – haar stem veranderde moeiteloos van kwaad naar flemerig. 'Als je het goedvindt, ga ik naar een pension op de Hacketäuerstrasse, hier om de hoek. Ik ken daar de eigenaresse en kan het heel goed met haar vinden. En duur is het niet. Ik zal daar twee kamers nemen, een voor jou en een voor Daniela en mezelf. Als jij nou naar Karl gaat en afscheid van hem neemt – want ik begrijp dat je dat wilt – dan wacht ik daar op je en dan kunnen we de situatie rustig samen doornemen en bespreken. *Einverstanden?*'

Karl Reinhard had goedkeurend geknikt toen Frans hem in het café verslag kwam doen van de geslaagde operatie. 'Het is wel een hoop geld,' vond hij, 'en ik kan het je met geen mogelijkheid terugbetalen. Heel hartelijk dank.'

'*Keine Ursache*,' vond mijn vader. 'Ik zie dit als mijn plicht. Tegenover jou, tegenover Claudia en vooral tegenover Andrea en Daniela. Ik ga nu een tijdje bij die twee in dat pension wonen en zorgen dat ze weer wat op orde komen. Ik ben niet rijk, zoals je weet, maar ook niet arm, en ik heb wat gespaard. Bovendien heb ik nog wat te goed van een erfenis. We zullen zien hoe dat allemaal afloopt. Weet je, Karl, we moeten het leven maar nemen zoals het is. Het is tussen ons niet gegaan zoals het had gemoeten, *verdammtes Frauenzimmer*! Maar daar moeten wij ook niet meer over *grübeln*. Dus laat mij maar de reddende engel zijn in deze fase van jullie leven. Kom, we nemen er nog eentje en dan *Schluss*.'

Ze hadden elkaar zowaar omarmd toen ze, twee *Doornkaat* later, het café verlieten en afscheid namen, waarna ieder zijns weegs ging. Frans naar het pension Salm, waar hij een kleine eenpersoonskamer betrok en vervolgens Andrea en Daniela ophaalde uit hun gezellige en ruime appartement om in een Italiaans restaurant om de hoek te gaan eten en bijpraten.

Karl nam de tram naar zijn etagewoning aan het andere eind van de stad. De hele rit lang staarde hij onbeweeglijk naar buiten, in gedachten verzonken.

Andrea. Hij kende zijn dochter van haver tot gort, dat loeder, dat na het vertrek van Claudia acht jaar lang zijn leven vergald had met haar eeuwige gedrein en gelieg. Je kon haar nooit vertrouwen, zo wist hij uit bittere ervaring. En ze was een kleptomane. Ze stal voortdurend geld, niet alleen van hem, maar ook op school, in winkels en bij vrienden thuis, en zelfs een paar keer in het garagebedrijf van de oude Degenhardt, waar ze met een onschuldig gezicht was binnengelopen om zogenaamd iets aan haar vader te vragen.

Ja, hij wist wel dat het allemaal kwam doordat haar moeder opeens was vertrokken; daar kon geen enkel kind tegen en dat was ook voor hem een grote schok geweest, al moest hij, als hij eerlijk was, toegeven dat hij daar met zijn gewelddadige dronken buien de oorzaak van was geweest. Maar dan nog! Een moeder laat haar kind toch niet zomaar in de steek?

Hij had, als man alleen, zeker geprobeerd Andrea een goede opvoeding te geven. Maar het kind liet dat op een of andere manier niet toe. Ze had zonder meer talenten, bijvoorbeeld voor tekenen en schilderen, en ze was ook heel intelligent. Dat had hij laten meten: een IQ van 132, dat trof je niet vaak. Toch had ze het gymnasium niet afgemaakt. In plaats daarvan had ze met een stel domme horken in een Kieler jeugdbende gezeten.

Ze was een vals kreng, zo wist hij. Als klein kind had ze hem al verbaasd door de moeiteloze manier waarop ze een vleiend stemmetje wist op te zetten als ze iets van hem gedaan wilde krijgen, om van het ene moment op het andere in dolle drift te exploderen als het haar niet lukte. De laatste jaren was ze vooral bitter en provocerend geweest, bijna zo uitdagend dat hij dacht dat ze wilde dat hij haar sloeg, net als hij dat bij haar moeder had gedaan. Iets waar hij zichzelf gelukkig van had kunnen weerhouden. Maar haar beschuldigingen en verwijten waren bijna ondraaglijk voor hem geweest als ze probeerde hem op zijn zwakke momenten, als hij 's avonds met een borrel aan de keukentafel zat te mijmeren over vroeger, te confronteren met zijn ss-verleden dat ze treiterig ('Dat heb je zeker als kampbewaker geleerd?') in verband bracht met de manier waarop hij Claudia het huis uit had gemept. Iets waar ze, naarmate ze ouder werd, steeds feller en onverbiddelijker over fulmineerde: hij had haar leven en dat van haar moeder kapotgemaakt, ze zou hem nooit vergeven, dat moest hij eens en voor altijd beseffen.

Andrea had gelijk, maar ook weer niet. Het was de drank geweest, en de rancune. Gerechtvaardigde rancune. Frans Münninghoff, die was de echte oorzaak. Tollkühner Franz, die zich ook nog eens tot een regelrechte versierder had ontpopt. *Alter Kamerad*, jazeker, en hij had ook twee keer zijn leven aan hem te danken gehad bij de terugtocht uit Rusland. Dat bepaalde hun onderlinge verhouding, zo merkte hij, ook nu in vredestijd.

Die keer dat Frans als verkenner een ander waarnemingspunt had gekozen dan door de compagniescommandant was opgedragen, waarna ze de voltreffer van de Russische houwitser op het hun oorspronkelijk toegewezen heuveltje met een soort fatalistische juichkreet hadden geregistreerd. En die keer dat hij in een bos, na een aanval van partizanen, in het grimmige gezicht van een sterke, jonge, korenblonde Russische vrouw had gekeken, die plotseling boven op hem zat, hem met haar forse dijen omklemmend, en die haar bajonet als een wraakgodin hoog boven hem had geheven, gereed om de fatale stoot toe te dienen, die niet kwam omdat Tollkühner Franz haar net op tijd had neergeschoten. Dat soort dingen vergat je niet, maar dat betekende toch goddomme niet dat hij zijn eigen vrouw aan Frans Münninghoff zomaar had mogen afstaan? Of juist wel? Hij werd er radeloos ongelukkig van.

Al met al was het bijna een opluchting voor hem geweest dat Andrea, eenmaal achttien geworden, de benen had genomen. Maar toen hij hoorde dat ze in Keulen in kringen van drugsgebruikers terecht was gekomen en zwanger was geraakt van een of andere geflipte kunsthandelaar – en hij had natuurlijk op zijn vingers kunnen natellen dat zoiets zou gebeuren –, was hij haar, toen hij vlak daarop door Degenhardt ontslagen werd, in een soort van vaderlijke opwelling vanuit Kiel achternagereisd. Met zijn spaargeld en zijn vertrekbonus had hij een miezerig optrekje gehuurd, eigenlijk alleen met de bedoeling om zijn enige kind niet helemaal kwijt te raken.

Maar ook dat was een catastrofe geworden. Toen hij voor de eerste keer contact met haar probeerde te leggen, had ze het leuk gevonden om hem in het openbaar op straat, ten overstaan van wel twintig van die luizenbollen in Vietnam-pakken, haar nieuwe zogenaamde vrienden, en daarnaast nog de stroom voorbijgangers, luidkeels voor *Nazischwein* en *Drecksau* uit te maken. In het ziekenhuis mocht hij van haar niet op kraambezoek komen en in de jaren daarna, jaren waarin hij als klusjesman met moeite in Keulen het hoofd boven water had weten te houden, had hij precies vier keer zijn kleindochter Daniela mogen zien. Vier keer à raison van tweehonderd mark, welteverstaan. Hij had er elke keer weken over gedaan om dat geld bij elkaar te krijgen.

Bij die gelegenheden had hij gemerkt dat zijn vadergevoel eigenlijk niet meer bestond. Andrea was een hardvochtig, berekenend secreet, een kwaadaardig mens. Niet toevallig geboren op de sterfdag van Stalin, had hij wel eens bedacht. En tegenover Frans Münninghoff zou ze keihard zijn. Die zou ze om haar vinger winden, daarbij gebruikmakend van Daniela – bij wie hij inmiddels ook al ontluikende lelijke karaktertrekjes had waargenomen – en hem vervolgens tot de laatste cent uitknijpen. Deze prooi zou ze pas loslaten als er werkelijk niets meer te halen viel en Frans als oud vuil gedumpt kon worden.

Was zij zijn wraakmachine voor het verlies van Claudia? Hij wist het niet. Misschien wel.

Maar wat deed het er nog toe? Andrea en Daniela, zijn laatste molensteen, had hij aan Frans Münninghoff kunnen overgeven. De man die hij gehaat had, en tevens geduld. Waarom hij hem niet had vermoord toen hij Frans samen met Claudia in bed had betrapt, wist hij niet. Waarschijnlijk verbood de gemeenschappelijke oorlogservaring dat. *Alte Kameraden.* Maar het was ook niet meer van belang. Hij genoot van het gevoel van vrijheid dat hem nu overviel. Geen verantwoordelijkheden meer.

Thuisgekomen liep Karl Reinhard zonder aarzeling naar de klerenkast en haalde van de bovenste plank zijn oude Luger tevoorschijn. Het in katoenen lappen en oliepapier gewikkelde wapen lag, eenmaal uitgepakt, vertrouwd en gebruiksklaar in zijn hand toen hij aan de keukentafel plaatsnam. Hij keek er bijna vertederd naar: ruim dertig jaar goed onderhouden als het was, zou het 9 mm-pistool niet weigeren. Hij probeerde zich er een voorstelling van te maken hoe de keuken er straks uit zou zien als de politie, gealarmeerd door de buren die de knal gehoord hadden, de deur had geforceerd. Ook probeerde hij, terwijl hij de kille, dofglanzende loop behoedzaam schuin omhoog in zijn mond stak, nog een laatste vraag te beantwoorden: was hij nog iemand vergeten, iemand voor wie hij op zijn vijfenvijftigste verjaardag nog wél iets betekende?

Hij schudde zijn hoofd, sloot zijn ogen en haalde in serene rust de trekker over.

–EENENVEERTIG–

De man naast wie ik plaatsnam op die ochtend in maart 1979 op de voorste rij in de kerk van de Heilige Antonius en Brigida in Netersel leek nauwelijks op mijn vader zoals ik hem kende. Hij droeg een jacquet, toen al een ongebruikelijk kostuum voor een crematie, zeker op het Brabantse platteland. Hij was sterk afgevallen en hij had zijn haar geverfd in een rare oranjeblonde kleur. Zonder iets te zeggen schoof hij een eindje op toen Ellen en ik gingen zitten. Pas toen de dorpspastoor aanstalten maakte om de dienst te beginnen gaf hij een eerste teken van leven. 'Ga jij nog iets zeggen?' informeerde hij. Zijn troebele bruine ogen stonden onverschillig. Hij had, zo merkte ik, gedronken.

Tussen ons en het altaar stond een eenvoudige houten kist met een paar bloemstukken.

Mimousse.

Achter ons was de kerk, op zich al niet zo groot in deze kleine geloofsgemeenschap, voor niet meer dan een tiende gevuld. Hooguit dertig mensen, meest boeren uit Netersel en een enkel familielid, waren gekomen om Marie-Louise Amédée Huberte Ghislaine Münninghoff-Van Blaem, mijn stiefmoeder Mimousse, de laatste eer te bewijzen. Drie dagen eerder was ze gestorven, na een laatste ellendig jaar dat ze in een gehuurde doorzonwoning aan de Dr. Schaepmanlaan in Bladel had doorgebracht. De boerderij, die op haar naam had gestaan, had ze verkocht toen de huisarts haar eenmaal het doodvonnis had medegedeeld. Longkanker – ze had immers al die jaren samen met Frans stevig doorgepaft.

De laatste maanden van haar leven was Frans weer bij haar ingetrokken. Om haar te helpen, zoals hij erbij zei. Mimousse had hem na enige aarzeling toegelaten. En al verbeterde de sfeer onderling niet noemenswaard, het was toch prettig voor haar dat hij haar de dagelijkse beslommeringen uit handen nam, wat hij aanvankelijk ook trouw deed. Wat hij in het anderhalve jaar daarvoor precies gedaan had kwam niemand van ons te weten, ook Mimousse niet.

Het interesseerde ons op de dag van de begrafenis ook weinig. Ellen en ik verkeerden zelf in diepe rouw, want op 4 maart, twee dagen voor het overlijden van Mimousse, was ons derde kind gestorven: Valentijn, volgens de artsen te vroeg ter wereld gekomen om levensvatbaar te kunnen zijn. Achtentwintig weken – hij had na het medische vonnis nog twaalf uur op eigen kracht geleefd. Na de dood van onze tweede zoon, Sebastiaan, die in december 1977 een maand na zijn geboorte aan een hersenvliesontsteking was gestorven, was dit meer dan we aankonden.

Op de dood van beide kinderen was overigens noch uit Bladel, noch uit Würzburg enige reactie gekomen. We hadden dat als symptomatisch voor de stand van zaken ervaren: iedereen was iedereen uit het oog verloren, niemand had kennelijk echte belangstelling voor de ander. We stonden alleen en daar moesten we maar mee leven. Naar de crematie van Mimousse kwamen we uit louter plichtsbesef. Voor de rest kon je ons opvegen.

In mijn toespraak was ik niet verder gekomen dan een aantal platitudes, die ik met gesmoorde stem, voornamelijk ten prooi aan andere, eigen emoties, ten gehore bracht. Na afloop van de dienst, in de koffiekamer van de pastorie, klopten de condoleanten me daarom zorgzaam op de schouder voordat ze met mijn vader, die natuurlijk bier en jenever had laten aanrukken, in een hoek van de zaal de overledene gingen herdenken. De klanken die uit die groep opstegen namen een steeds opgeruimder timbre aan en het olijke Brabantse kletstaaltje van mijn vader was pijnlijk goed te horen.

Twee dagen later, het was zondag, kwam tante Jacquot ons, samen met een van haar zoons die haar met de auto uit Bloemendaal had gebracht, in Den Haag opzoeken. Haar gelaatsuitdrukking verried dat ze ons iets onplezierigs ging vertellen.

'Op de crematie zelf heb ik me uit piëteit voor Mimousse afzijdig gehouden,' begon ze, 'maar nu vind ik toch dat ik jullie iets moet vertellen wat ik misschien liever verzwegen had, maar dat jullie wel moeten weten in je verdere omgang met Frans.'

Haar blauwe ogen – zij was de enige van de vier dochters die de ogen van hun vader Antoine van Blaem had gekregen – stonden kil toen ze haar relaas deed. Frans, zo vertelde ze, had geen vinger uitgestoken om zijn vrouw te helpen op het moment dat zij niet meer voor zichzelf kon zorgen. Ten einde raad had Mimousse haar, Jacquot, opgebeld; omdat Yvonne het jaar daarvoor was gestorven en Edith in Nieuw-Zeeland woonde, was dit haar enige optie geweest, 'want ze wilde jullie er niet mee belasten, omdat Ellen zwanger was', voegde ze eraan toe. Dus was Jacquot in huis bij haar zuster in Bladel komen wonen om haar te verzorgen en bij te staan.

'Je vader kreeg brieven van een vrouw,' ging mijn tante verder. 'Dat zag ik aan het handschrift, en ik zag de post als eerste omdat hijzelf vaak een groot gedeelte van de dag weg was naar zijn benzinepompen in Limburg, of god weet waarheen. Die post heb ik, om het allemaal niet erger te maken dan het al was, voor Mimousse verborgen gehouden. Maar 's avonds, als zij naar boven was gegaan om te slapen, bleef ik meestal nog met Frans beneden in de keuken zitten en dan zei ik er wat van. Dat hij die brieven niet zo moest laten rondslingeren. Hij moest daarom lachen. Mimousse merkte het niet, dacht hij; daar was ze veel te ziek voor, en bovendien kon het haar niks meer schelen, want ze had sowieso de pest aan hem. Hemzelf kon het ook geen donder schelen. Vreselijk kil en cynisch was hij.'

Jacquot zweeg even om de herinnering te laten bezinken aan die avonden, die steevast eindigden in knetterende ruzie, waarna zij naar de logeerkamer vertrok en hij in zijn kamerjas voor de televisie, onveranderlijk op een van de Duitse kanalen ingesteld, in zijn nieuwe, verstelbare relaxstoel was blijven zitten tot hij in slaap viel.

'Enfin,' vervolgde ze, 'op zeker moment ben ik die brieven gaan lezen. Ik bedoel, ze slingerden overal rond, het zou toch een beetje raar geweest zijn als ik ze ongelezen voor Mimousse had verborgen, niet? Ook ontdekte ik een map met oudere brieven die achter het dressoir was gevallen; die waren naar een postbus in Eindhoven gestuurd, gericht aan Herr Franz von Schumacher Münninghoff. Ze waren afkomstig van een zekere Andrea Reinhard uit Keulen. Die vrouw schreef hem praktisch elke week en het ging altijd over geld dat ze van hem wilde hebben of over haar dochter, Daniela, voor wie iets betaald moest worden. Die Andrea is een aasgier, Bully. Die heeft je vader helemaal in haar greep.'

Ze pakte uit haar tas een grote envelop en schoof die over tafel naar ons toe. 'Ik heb die brieven ten slotte maar meegenomen, want hij zal ze in de alcoholdampen niet missen, maar vooral ook omdat ik vind dat jullie ze moeten lezen om te begrijpen in wat voor situatie Frans terecht is gekomen.'

Jacquot leunde achterover. Ellen ging thee zetten, een duidelijk signaal dat ze hier niets mee te maken wilde hebben. Ik opende de envelop, die een stuk of twintig brieven bleek te bevatten, en begon te lezen. Met stijgende verontwaardiging ervoer ik hoe mijn vader zich willoos had laten inkapselen in het web van dwangmatige toegeeflijkheid, dat die Andrea uit Keulen met kennelijk gemak om hem heen had gesponnen. Ze hoefde maar te kikken of hij stuurde geld naar haar en haar dochter Daniela, aanvankelijk om hen beiden aan een etagewoning in de Keulse binnenstad te helpen en in hun dagelijks levensonderhoud te voorzien.

Maar ook toen Andrea op een van haar drugsfeestjes, waar ze onverdroten mee doorging terwijl ze mijn vader daar onbeschaamd tot in detail over berichtte, met een Engelsman, een zekere Richard Powell, kennismaakte en een relatie was begonnen, bleef mijn vader haar financieel bijstaan.

Tweeduizend mark voor een afkickprogramma in een kliniek, vijfhonderd voor een schildercursus die Andrea opeens zo nodig moest gaan volgen en die haar *Erleuchtung* gaf ('*Jetzt weiss ich, was für Bilder ich malen muss um glücklich zu sein*'), balletlessen voor Daniela à honderd mark per maand, een vakantie van zes weken in Florence waar ze met haar kind en die Richard, duidelijk net zo'n profiteur als zij, in een villa 'tot rust kon komen'. En hij maar betalen. Het duizelde me en ik begreep er niets van. Wie was deze Andrea, behalve een doorgedraaide drugsverslaafde? Een vriendin?

Ik keek naar enkele aanhefregels: '*Bel Ami*', '*Lieber Engel Franziskus!*', '*Lieber, lieber Franz*', nog geen drie maanden voor de dood van Mimousse: dat leek inderdaad op een liefdesrelatie te duiden. Maar onder andere brieven zag ik '*Deine "Tochter" und Freundin. Einen herzlichen Wunsch für die Genesung Deiner Frau*', '*Schönstes Väterchen Franz! Alles Gute!*', '*In Liebe und Sorge um Dein Wohlbefinden*', en: '*Deine verrückte Adoptivtochter Andy*' – zo was ze zich sinds die Powell gaan noemen. Dat leek weer aan te geven dat hier sprake was van een soort vader-dochterrelatie, zij het een zwaar verknipte. Werd hij misschien gechanteerd? Maar waarmee dan?

Ik keek op van de correspondentie en zei tegen Jacquot: 'Ik begrijp het gewoon niet. Behalve dat ik moet vaststellen dat mijn vader als een idioot al zijn geld naar dat mens opstuurt, kan ik hier geen chocola van maken.' Met een droefgeestige glimlach haalde mijn tante een schoolschrift uit haar tas: 'Andrea heeft behalve artistieke pretenties ook schrijfambities. Ze heeft een kort verhaal geschreven waarin ze precies vertelt hoe de vork in de steel zit. Lees het straks maar, het is overigens best aardig geformuleerd allemaal.

Maar de essentie is: Frans heeft een langdurige affaire gehad met haar moeder, in Limburg an der Lahn. Die was getrouwd met een oorlogsmakker van hem, die zich uiteindelijk van kant heeft gemaakt. Dat kwam vooral door Frans, zegt Andrea, want die is volgens haar honderd procent zeker haar verwekker. Uit plichtsbesef jegens zijn bedrogen kameraad, wiens leven hij met dat overspel kapotgemaakt had, heeft hij Andrea onder zijn hoede genomen.

Letterlijk, want hij noemt zich haar beschermengel. Zo heet het verhaal ook: "*Der Schutzengel*". Als je het mij vraagt wordt er hier een keihard psychologisch spel gespeeld met als hoofdingrediënten aan jouw vaders kant schuldgevoel en, daarmee samenhangend, een verlangen om gewaardeerd te worden. En omdat hij noch door Mimousse, noch door jou werd gewaardeerd, heeft hij zich bij die Andrea een nieuwe, stralende rol aangemeten als vader, en ook als opa.'

Ik knikte en zei: 'Het is me duidelijk, en ik vind het ongelooflijk allemaal. Andrea is dus vrijwel zeker, naast Tatjana en Monika, mijn derde halfzusje, eveneens een onecht kind, ditmaal van vaderskant. Hoe noem je zo iemand in familietaal? Nou ja, doet er ook niet toe. Maar Frans zal hier toch niet eindeloos mee kunnen doorgaan? Volgens mij verdient hij nauwelijks iets en ik zie hier staan' – ik zocht de passage op in de stapel brieven – 'dat ze een huis willen kopen in Wimbledon en dat ze daar 38.000 Engelse pond voor nodig hebben en erop rekenen dat hij kan bijspringen. Ik bedoel, dat staat toch buiten alle realiteit?'

Weer die droefgeestige blik, ditmaal vergezeld van een zeer diepe zucht. Ik voelde dat Jacquot nog niet alles had gezegd.

'Is er nog iets wat je ons wilt vertellen?' vroeg ik.

Ze schudde gekweld haar hoofd. 'Probeer eerst hier maar eens mee in het reine te komen,' besloot ze.

–TWEEËNVEERTIG–

Uit brieven die ik na mijn vaders dood in januari 1990 in zijn huis in Bladel vond, blijkt dat hij in een periode van ongeveer vier jaar aan Andrea tienduizenden guldens heeft uitgegeven. Dat zij een uitgesproken promiscue leven leidde, waarbij er, naast onenightstands met allerlei kerels uit het Keulse drugscircuit, ook sprake was van een lesbische relatie (waar ze *unverfroren* gedetailleerd verslag over uitbrengt), bracht hem niet op het idee de betalingen stop te zetten of desnoods te gebruiken als pressiemiddel om haar op het juiste pad terug te brengen. Als gehypnotiseerd blijft hij geld sturen, bijvoorbeeld voor haar verjaardag, waar jubelend op gereageerd wordt: '*Genau am Tag vor meinem Geburtstag kam ein Tausender an, so dass ich völlig euphorisiert bin.*'

Haar verhuizing naar Wimbledon, de thuisbasis van Richard, gaat door. Dochter Daniela, op dat moment tien jaar oud, wordt net zo gemakkelijk ondergebracht bij haar overgrootouders in Odenthal nabij Keulen, lieve mensen van rond de tachtig, die de zelfmoord van hun zoon Karl nooit begrepen hebben en die hun achterkleindochter zonder verdere vragen met liefde opnemen en jarenlang zullen verzorgen.

In Wimbledon wordt het appartement van 38.000 pond inderdaad aangeschaft, zij het dat Richard daar een lening bij de bank voor moet afsluiten. De eerste dissonant in dit even merkwaardige als macabere spel van schijn en wezen is daarmee een feit: Andrea verwijt mijn vader dat hij zijn belofte niet nagekomen is. Of hij die inderdaad ooit gedaan heeft en in welke bewoordingen, valt niet te achterhalen.

Hij maakt het in elk geval goed – probeert dat althans – door een stuk of vijftien schilderijen uit eigen bezit mee te nemen naar Engeland, waar hij ze bij Sotheby's wil laten veilen. De documenten van de douane vermelden tevens dat hij zijn oude Renault Quatre had meegenomen, kennelijk om in Engeland nog enigszins mobiel te zijn. Hij neemt zijn intrek in een hotel in Haslemere, een rustiek plaatsje ten zuidwesten van de hoofdstad.

De veiling in Londen eindigt in een flop: nog geen vierduizend pond kan hij aan Andrea en Richard afdragen. Ze zijn er nauwelijks blij mee, vinden dat ze onverantwoord veel hypotheekschuld op zich hebben genomen omdat Frans had beloofd, of minstens de indruk had gewekt, dat hij substantieel zou meehelpen. Een pover, miezerig en desolaat beeld rijst op. Toen ik de uitklaringspapieren over de schilderijen van de douane las schoten de tranen me, ondanks de afstand die mijn vader inmiddels van ons had genomen, in de ogen.

Frans Münninghoff had ook, zo blijkt, kortstondig het plan om een eetcafé te beginnen in Londen. Daarom financierde hij die flat in Wimbledon ook niet: hij wilde met het geld van Mimousse voor zichzelf beginnen en dacht daar Andrea bij te kunnen gebruiken als mooie barmeid. Zo zou hij ook controle over haar houden.

Ik kan wel raden hoe die tent zou gaan heten: *Arshin*, de Russische ellenmaat, in de Engelse transscriptie uiteraard. Hoe vaak had hij mij zijn plannen dienaangaande niet ontvouwd! Je kon in dat café van hem wodka per el – per *arsjin* dus – krijgen: negen glaasjes, zo had hij berekend, op een rij in een houten meetlat van zeventig centimeter met negen gaten erin. Dan zei je gewoon: 'Een arsjin wodka,' en hup, daar werden de kelkjes volgeschonken en kon je je gang gaan, het liefst met twee vrienden natuurlijk, want *Bog troïtsoe ljoebit* – alle goede dingen komen in drieën, zoals de Russen zeggen, en drie keer drie is een heilig getal, een noodzakelijke voorwaarde voor een mooie avond met drie mannen onder elkaar. Het leek hem een geheide succesformule.

En natuurlijk zou hij voor de *zakoeski* zorgen, de Russische borrelhapjes met paddenstoelen, haring, kaviaar of zalm op *blintsjiki* met *smetana*, boekweitpannenkoekjes met zure room, waarvan hij de recepten van Omi had geleerd. En voor het geval er nog serieus gedineerd moest worden: boeuf Stroganoff, kip à la Kiev, borsjtsj – hij draaide er zijn hand niet voor om. Een betere kok dan hij was er niet te vinden op dit ondermaanse, dat had ik in de loop der jaren toch zelf kunnen proeven?

Bij die uiteenzettingen dacht ik aan de keren dat hij voor Kerstmis de fazant twaalf uur lang nauwlettend in de oven in de gaten had gehouden en voortdurend had bedropen, 'want voor je het weet wordt het vlees opeens taai en dan is er niets meer aan te doen', zoals hij me dan belerend toevertrouwde, met als gevolg dat we op kerstavond op een pezig stuk fazantenborst zaten te kauwen, terwijl de rest als vrijwel oneetbaar in de keuken achterbleef.

Zijn naïeve optimisme had ook in het culinaire zijn zelfbeeld vertroebeld; ik weet niet of Andrea dit doorgrond had, in elk geval liet ze tamelijk bits weten dat ze geen zin had om achter de tap te gaan staan. Na nog geen maand keerde Frans gedesillusioneerd uit Londen naar Bladel terug.

Hierna gingen de financiële aderlatingen evenwel onverdroten verder, hoewel er wederzijdse irritaties ontstonden. Andrea, die hem afwisselend 'Sir Francis', 'Francesi' en '*old agony uncle*' noemt, krijgt het van hem gedaan dat ze op zijn kosten een studio kan huren die ze als schilderatelier mag inrichten. Als hij naar resultaten vraagt, stuurt ze hem een tekening van een kop en schotel – beginnerswerk, dat ze vergezeld laat gaan van een korzelig: 'Nou goed?' Ook gaat ze, voor omgerekend tweehonderdvijftig gulden per maand, naar een toneelschool omdat rollen leren volgens haar goed is om haar ochtenddepressies te bestrijden.

Het is duidelijk dat ze het drugsgebruik allesbehalve heeft afgezworen: haar zinnen springen van de hak op de tak en haar roep om geld wordt steeds ongenuanceerder. Als Richard bij een verkeersongeval op The Strand in Londen een gecompliceerde beenbreuk oploopt en voor geruime tijd in het ziekenhuis belandt, beklaagt ze zich over de geringe hulp die ze van de Britse *Social Security* kan verwachten en eist dan van 'Sir Francis': '*Du solltest mir etwas schicken, alldieweil Du es mir und ihm versprochen hast. Was ist mit Dir los, lieber Francis? Du wolltest mir doch ein Auto kaufen!*' En zo zijn er wel meer stekeligheden in de correspondentie.

De bom barst uiteindelijk in het voorjaar van 1983 als ze, stoned en dronken, opbelt en hem een klein uur lang de mantel uitveegt over van alles en nog wat, maar vooral over het feit dat hij eigenlijk een schofterige ss'er is en de moordenaar van haar vader, Karl Reinhard.

Daarmee overschrijdt ze een grens, die ze als point of no return had moeten aanvoelen.

De volgende dag schrijft mijn vader haar een brief, de enige van hem aan haar waarvan ik een kopie heb gevonden, waarin hij zegt dat hij er niet meer aan denkt 'zich door haar te laten manipuleren en domineren'. Hij is wel bereid, zegt hij, om haar ellendige woorden als een gevolg van haar drugsgebruik te interpreteren, maar tegelijkertijd sluit hij het hoofdstuk Reinhard af zolang drugsgebruik de onderlinge communicatie vertroebelt.

Hij zegt erbij: '*Unsere Freundschaft und Zusammenhörigkeit sind mir heilig und durch nichts zu erschüttern – merke Dir das. Ich bin aber sehr traurig.*'

Er volgen nog een paar brieven, waarvan de eerste veelzeggend is. Andrea nodigt Frans uit naar Wimbledon te komen en zegt: '*Sagen wir eine Woche. Würde ich an Deiner Stelle schon einplanen. Schreibe mir einen Antwortbrief, ich gebe Dir 2 (zwei) Wochen Zeit. Deine Andrea.*'

Hier spreekt voor de laatste keer de strenge meesteres, maar mijn vader houdt ditmaal stand: hij gaat niet naar Wimbledon en stuurt geen geld meer.

De twee laatste berichten van Andrea aan mijn vader, geschreven in 1985, zijn op een surrealistische manier onthullend.

In het eerste meldt ze dat Richard het appartement, waar 38.000 pond voor is betaald, heeft verkocht voor 82.000 pond.

In het tweede, allerlaatste bericht, gedateerd op 29 december 1985, schrijft ze op papier van het kantoor van Powell: '*Dear Sir Münninghoff! I will remind you that you still owe me the sum of thirty-eightthousand pounds. Best wishes, Andrea Reinhard.*'

Dit was het laatste wat Frans Münninghoff ooit van haar vernam.

'Je zult het niet willen geloven, maar ik heb hier nog een moeder wonen,' zei ik tegen mijn vriend en reisgezel Hendrik de Jong, redacteur van *de Volkskrant*. We hadden een spannende reportagereis van drie weken door Hongarije, Roemenië en Joegoslavië achter de rug en waren op de terugweg voor de lunch gestopt bij een *Raststätte* bij Würzburg. Het was begin december 1984 en overal in het Duitse land waren de voorbereidingen voor het kerstfeest al aan de gang. De besneeuwde heuvels van Unterfranken vormden een passend decor.

Halverwege de reis was mijn schoonmoeder, niet geheel onverwacht, in een verpleeghuis in Leiderdorp overleden. Ik had Ellen vanuit het binnenland van Roemenië via een krakende telefoonlijn – mobieltjes bestonden toen nog niet – kunnen bellen en het droevige nieuws van haar vernomen. 'Ze wordt overmorgen gecremeerd. Je vader heeft gezegd dat hij komt,' zei mijn vrouw. We hadden afgesproken dat ik niet alles op alles zou zetten om de crematie bij te wonen. Ik stak op de bewuste dag een kaars voor mijn schoonmoeder op in de kathedraal van Tirgu Mures in Transsylvanië, en vertelde Hendrik uitgebreid over haar leven als moeder, dat gekenmerkt werd door grote zorg en opofferingsbereidheid en een ouderliefde die zich ook volop uitstrekte tot haar kleinzoon Michiel en Tessa, onze adoptiefdochter, die we in 1981, een maand oud, uit Sri Lanka hadden meegenomen.

Hendrik was het quasiachteloze van mijn opmerking in de Raststätte natuurlijk niet ontgaan en het volgende uur luisterde hij aandachtig naar wat ik hem nu allemaal over Wera vertelde.

'Je hebt haar dus in de afgelopen drieëndertig jaar welgeteld één keer gezien,' vatte hij lichtelijk verbijsterd samen. 'Kun je dan nog wel van je moeder spreken?'

Het was een opmerking die me aan het denken zette. Fysiek gescheiden zijn van je moeder wordt na je adolescentie natuurlijk steeds normaler. Het gaat er vooral om hoe iemand zich in je geest heeft genesteld. En daarin zat het tussen Wera en mij niet goed. Telkens als ik aan haar dacht, en dat gebeurde nogal eens, kwamen er vooral verwijten boven. Was dat wel terecht? Moest ik nou echt steeds zo kwaad worden op de willoze manier waarop ze mij van zich had laten afpakken? Inderdaad misschien wat overdreven, maar daar kwam nog meer bij, stelde ik met bitter gemoed vast. Na onze ontmoeting van vijftien jaar geleden was mijn moeder weer in haar gebruikelijke zwijgen vervallen. Twee dode kleinzoons waren kennelijk niet genoeg geweest om haar tot een reactie te bewegen. Ik vroeg me af of het woord '*Totalschweigen*' in het Duits bestond en bestempelde haar gedrag op z'n minst als ziekelijk. Dat deed een moeder toch niet?

Hendrik dacht daar anders over. 'Er kunnen toch redenen zijn waarom ze het gewoonweg niet kon opbrengen jullie te schrijven, omdat ze bijvoorbeeld van zichzelf vond dat ze nietswaardig was geworden? Een mens is een mens, per slot van rekening. Ze was straatarm, heb je me zelf verteld; ze wist dat ze niet eens geld genoeg had om naar je toe te komen. Ze kon op geen enkele manier inhoud geven aan haar moederschap en ze schaamde zich daarvoor, begrijp je dat dan niet? Ze voelde zich uitgerangeerd, en dat heb je haar vijftien jaar geleden hier, in deze stad, ook laten merken met je afstandelijke gedrag.'

Zoals gebruikelijk nam Hendrik geen blad voor de mond, wat ik zeer in hem waardeerde. Toch kwam ik er langs deze weg ook niet uit. Wat was mijn moeder dan? Een icoon soms, die me, onbereikbaar, zwijgend vanuit een duistere hoek gadesloeg, mijn leven lang? We rekenden af en reden huiswaarts, naar onze gezinnen.

Toen ik die avond, na Hendrik in Amsterdam te hebben afgezet, thuiskwam, stond Ellen me met grote blauwe ogen op te wachten. 'Weet je wie er vanmiddag gebeld heeft? Je moeder! Wera! Voor het eerst sinds vijftien jaar!' Ze barstte in huilen uit, en dit keer deed ik ook mee, vooral ook door het ijzingwekkende toeval, dat ons kippenvel bezorgde. Het bleek namelijk dat Wera rond één uur gebeld had, precies op het moment dat Hendrik en ik bij Würzburg geluncht en over haar gesproken hadden.

Wat had ze verteld na al die jaren van zwijgen? Niet bijster veel aanvankelijk. Ellen had natuurlijk meteen gezegd dat haar moeder net gecremeerd was, en daar had Wera plichtmatig op gereageerd – of nou ja, plichtmatig… Ze was zeker onder de indruk geweest, maar ze had de juiste woorden niet kunnen vinden. 'We spraken Nederlands, begrijp je, en het was natuurlijk ook onwerkelijk: je belt na al die tijd en je zit opeens midden in een familietreurnis waar je zelf eigenlijk in had moeten delen.'

Dat begreep ik, zei ik, maar had Wera verder nog iets losgelaten? Hoe was ze eraan toe?

Beter dan ooit, wist Ellen. Wera had in een goede wijk van Würzburg een huis gekregen, dat gekocht was door de vader van Dorothea, de dochter van Tatjana. Dat was bijna een sprookje geweest, zo mooi. Tatjana had zich na haar gevangenisstraf van twee jaar voor drugskoerier met grote zelfdiscipline verre van het criminele circuit van vroeger weten te houden. Ze had een baantje in een kantoorboekhandel weten te krijgen en was daar tegen een spannende kerel aan gelopen, Hans Rakemann. Hoogblond en Duits als een adelaar. Al spoedig was Tatjana zwanger geraakt.

Rakemann, een succesvolle zakenman die een schitterende villa aan de Main bewoonde, had daar geen probleem mee gehad, al wilde hij eigenlijk niet trouwen. Evenmin wilde hij in zijn villa ingekapseld worden in een huiselijk leventje. Hij was een man van vrijheid, zeilen op de oceaan, paardrijden op de Argentijnse pampa's en klimmen in de Himalaya.

Hij deed aanvankelijk wat veel mannen in zo'n situatie doen: hij onttrok zich aan de verantwoordelijkheden, en toen Dorothea in 1973 geboren werd, was Hans Rakemann nergens te bekennen. Voor Tatjana brak net zo'n rampscenario van armoede en uitzichtloosheid aan als indertijd ook Wera was toegevallen.

Maar Rakemann bleek toch uit edeler hout gesneden. Hij kreeg na ruim tien jaar wroeging, ging op zoek naar zijn kind, vond het in diezelfde troosteloze garage aan de Main-oever waar Tatjana bij Wera was ingetrokken, en besloot hier definitieve redding te brengen. En hij bedacht een constructie waar iedereen in zijn directe omgeving blij mee was. Voor Dorothea kocht hij een degelijk appartement in Hochberg, een goed-burgerlijke voorstad van Würzburg met veel ambtenaren en gezapige rust. Daar mocht Wera, die inmiddels door Siegfried Bauer verlaten was, met Monika, Tatjana en Dorothea haar intrek nemen. Het huis was met vier kamers groot genoeg voor vier dames en Rakemann gaf er bovendien een maandgeld bij.

'Ze heeft nu ook telefoon. We gaan het contact herstellen en over een paar weken, als we terugkomen van de wintersport, gaan we bij haar langs,' zei Ellen energiek.

Ze vertelde ook hoe mijn vader zich op de crematie van haar moeder had gedragen. 'Als een heer, ik kan niet anders zeggen. Hij was de hele dag in jacquet. Tijdens de dienst in de Laurentiuskerk in Voorschoten bood hij mij heel galant zijn arm en maakte hij grote indruk op al die ouwe vriendinnen van Mammie – je weet wel, de dames van de Unie van Vrouwelijke Vrijwilligers. En toen we eenmaal thuisgekomen waren en de mensen die we hadden uitgenodigd kwamen binnendruppelen, verdween hij, nog steeds in jacquet, naar de keuken om broodjes te smeren en glazen in te schenken. Nee, hij heeft zich niet in het gezelschap gemengd. Hij was in de keuken echt op zijn gemak, én nuttig, en dat heb ik maar zo gelaten.'

Ik dacht terug aan de laatste keer dat ik mijn vader van nabij had meegemaakt, in maart 1982 toen Omi, negentig jaar oud, in het Rode Kruis-ziekenhuis in Den Haag was overleden. We waren voor het laatst allemaal bij elkaar geweest toen we haar in het familiegraf op het kleine Sint-Janskerkhof in Laren bijzetten. Xeno en Trees, Jimmy en Ellen Vogel, met wie hij, na de vroege dood van Christine, inmiddels getrouwd was, Titty, mijn vader en Ellen en ik. Ook daar had mijn vader, als enige, een jacquet gedragen. Net als op de crematie van Mimousse en ook op onze bruiloft, herinnerde ik me. Hij hield nu eenmaal van plechtstatigheid.

Maar destijds droegen alle mannen nog een jacquet bij dit soort gelegenheden; dat was in de afgelopen vijftien jaar drastisch veranderd. Mijn vader, die in 1984 broodjes smeerde in jacquet in de keuken en met niemand communiceerde: het kwam op mij over alsof hij daar, in vol ornaat, zwijgend zijn Baltische bastion van zelfgekozen eenzaamheid en afstandelijkheid ten aanzien van de Nederlandse omgeving had geëtaleerd.

–VIERENVEERTIG–

Het was wonderlijk, zo snel als de relatie met Wera weer genormaliseerd werd. In januari 1985 kwamen we voor de eerste keer langs in Würzburg, met roodbruine koppen van twee weken skiën in het Zwitserse St. Luc. Er was veel te vertellen, de toekomst overheerste. Ik zou naar Moskou gaan om daar correspondent voor mijn kranten en de AVRO te worden, ons leven zou radicaal gaan veranderen. 'Wat vindt je vader daarvan?' had Wera gevraagd. Ik had haar, heel even, zeer donker aangekeken en gezegd dat mijn vaders mening hier totaal niet ter zake deed. Mijn moeder had slechts, wegkijkend, vaag geglimlacht.

Natuurlijk vroegen we haar om ons te komen opzoeken in Den Haag, maar daar had ze kopschuw op gereageerd. 'Den Haag heeft heel slechte herinneringen aan mij, en ik aan Den Haag,' zei ze, 'maar ik kom jullie zeker een keer opzoeken, met Dorothea,' en ze woelde door de blonde krullen van haar mooie twaalfjarige kleindochter, aan wie ze uiteindelijk alles te danken had.

Wat me trof in die hernieuwde band tussen mijn moeder en mij, was het gemak waarmee alles weer in de gezapige stroom van de orde van de dag werd opgenomen. Alle drama's, oorlog en armoe meegemaakt, ontvoerd, elkaar tientallen jaren niet meer gezien – het bleek allemaal na een paar gesprekken weer vergeven en vergeten, verzwolgen en weggevaagd. Door wat? Door de tijd, kennelijk. En door het verlangen om door te gaan op een menswaardige manier. Daar speelde ook mijn vader een rol in.

We zagen Wera nog een keer of vier, voordat mijn vader in januari 1990 overleed. Eind jaren tachtig, ik denk rond de jaarwisseling, kwam ze met een bekentenis.

'*Ach ja, weisst Du*,' – ze sprak meestal Nederlands met ons, maar nu werd het opeens Duits – '*ich habe deinem Vater, nach dem Tod der Mimousse, noch mal vorgeschlagen mit mir das Leben fortzusetzen*.'

'Jezus, Wera, dat lijkt me eigenlijk een prima idee,' zei ik. 'En wat zei hij daarop?'

De blik waarmee mijn moeder me toen aankeek vergeet ik nooit meer. Daarin weerspiegelde zich alle liefde, onzekerheid en wanhoop die haar leven met mijn vader, de man tot wie ze zich *voorbestemd* had gedacht, gekenmerkt had. '*Er hat nur gelacht*,' zei ze, '*und die Verbindung unterbrochen*.'

Toen mijn vader uiteindelijk op de ochtend van 9 januari 1990 in zijn doorzonwoning in Bladel stierf, waren er nog nauwelijks mensen die zich om hem bekommerden. Dat wilde hij ook niet. Hij stierf met meer dan twintig lege of halflege flessen drank om zich heen, de televisie vanwege zijn toenemende doofheid keihard op *Das Zweite*, geheel alleen in zijn televisiestoel. De laatste die hem gezien had was de baas van de afhaalchinees, die hem volgens afspraak de avond tevoren een portie nasi goreng was komen brengen.

Twee lokale steuntrekkers, Jos en Theo, die hij tot zich had toegelaten, stumpers die maandenlang zijn verhalen hadden aangehoord en zwijgend hadden meegedronken, belden mij. 'Hij heeft zich dood gezopen,' was hun eerlijke mening.

De begrafenis in de kerk was zo mogelijk nog soberder dan die van Mimousse twaalf jaar daarvoor. Het verschil was dat er dit keer eigenlijk geen mensen uit Bladel of Netersel meer bij waren. En ook Wera ontbrak. Dat kon ik goed begrijpen.

Ik begon mijn toespraak met de woorden: 'Een hard en moeizaam leven is voorbij.' Ik zag mijn tante Ellen, naast oom Jimmy, instemmend knikken. Ook Xeno en Trees en de kinderen van Titty, die in 1986 gestorven was, leken het eens met deze aanhef. In tegenstelling tot mijn gewoonte had ik voor deze keer niets op papier gezet, omdat ik me had willen laten leiden door de emoties van het moment. Waarom ik dat wilde, weet ik niet meer. Misschien omdat ik aanvoelde dat ik uiteindelijk toch te ver van hem af geraakt was om een verhaal te kunnen houden dat hem recht deed. Veel verder dan een gesmoorde erkenning dat ik zijn inzet voor de Waffen-ss in 1940 kon begrijpen en, vanuit zijn optiek, kon billijken, kwam ik niet. De muziek die ik had aangevraagd, *Der Grosse Zapfenstreich* van de Pruisische armee, bleek in Bladel niet voorhanden.

Bij de condoleances sprak tante Jacquot me met een bezorgd gezicht aan. Nadat ze haar leedwezen had uitgesproken – dat ik stoïcijns in ontvangst had genomen, omdat ik wist hoezeer ze met mijn vader over de erfenis van Granny en de behandeling van Mimousse op ramkoers had gelegen – stopte ze een envelop in de zak van mijn colbert.

'Ik heb je indertijd na de dood van Mimousse niet alles verteld. Je had dat in de gaten, maar het moment ging voorbij. En het is ook goed om niet meteen alles openbaar te maken.'

Jacquot keek me doordringend aan met haar blauwe ogen. 'Je zou er opstandig van geworden zijn, denk ik,' vervolgde ze.

Ik keek haar niet-begrijpend aan. Opstandig? Hoezo?

Jacquot beperkte haar verhaal tot de hoofdlijnen. De details zaten, met documenten gestaafd, in de envelop: er was een deel van de erfenis van Granny, 100.000 gulden per kind, buiten de fiscus gebleven. Mimousse had Jacquot verzocht dat geld – 100.000 gulden dus – op een aparte rekening of anderszins te beheren zodat Frans er niet aan zou kunnen komen. Het geld, had ze erbij gezegd, was voor haar kleinzoon Michiel bestemd. Net als wij was Mimousse hem zo blijven noemen, ondanks die malle afgedwongen naamsverandering.

Frans was er uiteindelijk toch achter gekomen toen Mimousse zich in de steeds frequentere huiselijke ruzies niet meer had kunnen beheersen en haar heimelijk beoogde schenking aan haar kleinzoon als argument in de woordenstrijd had geworpen. 'Míjn kleinzoon,' riep ze dan, een provocatief bedoelde kreet, die tot haar ontsteltenis nooit door mijn vader tot 'onze' werd gecorrigeerd – 'Mijn kleinzoon zal dat geld niet verkwanselen aan kansloze projecten zoals jij dat doet. Mijn kleinzoon gaat dat geld niet over de balk smijten op zakenreisjes naar god weet waar in Duitsland, met weet ik veel welke hoeren – zal me ook een zorg zijn.'

Waarop hij dan riposteerde met: 'Je weet niet waar je over praat. Ga toch met je honden wandelen op de hei. Maar één ding is zeker: dat geld is niet voor Timofej, maar voor ons. We zijn in gemeenschap van goederen getrouwd, zoals je je misschien nog kunt herinneren.'

Hierna was het oorlog geworden. Dat haar goede intenties op deze botte manier werden getorpedeerd opende Mimousse de ogen. Frans, haar man, die ze altijd op het schild had geheven, bleek te zijn afgegleden tot een geldbeluste parvenu. Misschien kon ze het wel begrijpen, gezien zijn diepe frustraties tegenover zijn vader, die hij had willen overtreffen, maar ze zou dit nooit accepteren. Met Jacquot, die bij dit soort scènes aanwezig was geweest, sprak ze af dat er uiterste maatregelen genomen zouden worden om te verhinderen dat Frans ooit aan dat geld kon komen.

Maar uiteindelijk was Frans er toch achteraan gegaan. 'Frans kwam meteen na de dood van Mimousse bij me in Bloemendaal,' zei Jacquot met plotseling trillende, vervormde stem. 'Je vader heeft me toen gechanteerd. Hij heeft gedreigd dat hij alles aan de Belgische fiscus ging vertellen als hij die ton van Mimousse niet kreeg. Daar kon ik niets tegen uitrichten, Bully. Ik moest ook aan mezelf denken. Dus ik heb een machtiging voor hem geschreven. De volgende morgen ging hij al naar Zürich om dat geld op te halen.'

Ik vertelde dit verhaal aan Wera, vlak na de crematie van mijn vader, toen ze eindelijk naar ons toe kwam om een maand bij ons te logeren. Ze kwam vooral in haar rol als oma om onze jongste, Maurits, te zien en om samen met ons te rouwen om het verlies van onze zoon en haar jongste kleinkind, Floris, die acht maanden oud was toen hij overleed. Maar telkens kwam ze terug op haar verhouding met Frans. Zij, die naar hem had terugverlangd, moest toch ook deze waarheid weten.

Ze sloeg haar handen voor haar ogen.

'*Ist das alles wahr, mein Liebstes?*'

'*Ich habe keinen Anlass anders zu denken, Mutti.*'

Wera haalde diep adem en keek me aan zoals alleen zij me kon aankijken.

'*Trotzdem habe ich ihn wie keinen geliebt. Das stimmt immer noch.*'

Ik knikte: '*Na, was machen wir jetzt? Alles vergessen?*'

Ze knikte terug, stuurloos en dodelijk vermoeid, naar het me leek. '*Alles, ja, alles vergessen.*'

Ik sloeg een arm om haar heen, aaide haar over haar lieve natte wangen, kuste haar op haar voorhoofd. Zo zaten we lang naast elkaar op de bank, ieder in eigen gedachten verzonken en tegelijkertijd in een en hetzelfde fluïdum verweven.

Wera Bauer, eigenlijk Wera Lemcke, maar voor alles Wera mijn moeder, stierf op 11 juni 1999 aan kanker, achtenzeventig jaar oud.

Volgens de humanistische voorganger die de *Totenfeier* leidde, wilde ze geen crematie wegens een trauma dat ze gedurende de Tweede Wereldoorlog tijdens mijn geboorte had opgelopen in een schuilkelder, waarin ze bijna onder het puin bedolven was geweest en die daarna was uitgebrand. Het denkbeeld dat je na je dood zou verbranden was daardoor voor haar een onaanvaardbaar schrikbeeld geworden.

Haar graf is inmiddels dermate overwoekerd door wilde rozen dat haar naam niet goed meer te lezen valt.